U0597248

大学生

创新创业教程

思维、原理与实践

焦晓波◎主编

刘冬华 陈汉辉◎副主编

人民邮电出版社

北 京

图书在版编目（ＣＩＰ）数据

大学生创新创业教程 ：思维、原理与实践 / 焦晓波
主编. -- 北京 ：人民邮电出版社，2021.8（2022.2重印）
高等院校通识教育"十三五"规划教材
ISBN 978-7-115-56485-6

Ⅰ．①大… Ⅱ．①焦… Ⅲ．①大学生－创业－高等职
业教育－教材 Ⅳ．①G647.38

中国版本图书馆CIP数据核字(2021)第082124号

内 容 提 要

本书选取了大量一手案例，力求充分反映我国高等学校创业教育教学实践的新进展，也参考了国
内外大量创业指导与创业教育方面的研究资料，以及相关专家学者的理论和观点。全书共 10 章，分别
是创新创业创青春、创新创业思维与方法、企业家精神与创新创业能力培育、创业机会的识别与评估、
创业团队的组建与管理、创业资源的获取与利用、商业模式设计与创新、《创业计划书》的撰写、创业
风险和创业失败应对、新创企业的设立和管理。

本书可作为普通高等学校创新创业课程的教材，也可以作为社会读者学习创业基础知识的自学参
考书。

◆ 主　　编　焦晓波
　　副 主 编　刘冬华　陈汉辉
　　责任编辑　刘海溧
　　责任印制　王　郁　马振武

◆ 人民邮电出版社出版发行　　北京市丰台区成寿寺路 11 号
　　邮编　100164　电子邮件　315@ptpress.com.cn
　　网址　https://www.ptpress.com.cn
　　涿州市京南印刷厂印刷

◆ 开本：787×1092　1/16
　　印张：15.75　　　　　　　　　　2021 年 8 月第 1 版
　　字数：383 千字　　　　　　　　2022 年 2 月河北第 4 次印刷

定价：59.80 元

读者服务热线：(010)81055256　印装质量热线：(010)81055316
反盗版热线：(010)81055315
广告经营许可证：京东市监广登字 20170147 号

前　言

　　改革开放 40 余年来，我国的经济和社会发生了天翻地覆的变化，创业者和企业家在其中功不可没。从改革开放初期允许个体户经商到当下大力弘扬优秀企业家精神，创业的价值越来越被肯定。

　　2020 年，人类遭遇了由新冠肺炎疫情带来的艰巨挑战，加上气候变化、逆全球化趋势等因素的影响，世界经济和社会面临韧性增长的需求。在党的正确领导下，我国经济保持了持续健康发展的良好势头，中国的企业在保增长方面取得了举世瞩目的成绩，在科技创新、社会责任等方面也表现卓越。党的十九届五中全会提出："坚持创新在我国现代化建设全局中的核心地位，把科技自立自强作为国家发展的战略支撑。"强化国家战略科技力量，提升企业技术创新能力，是中央对科技创新工作新的重大部署，也是中国企业家社会责任的新内容。"十四五"时期是我国全面建成小康社会之后，开启全面建设社会主义现代化国家新征程的第一个五年，是承前启后的关键时期，是跻身世界创新型国家前列，进一步建立以企业为主体、市场为导向、产学研深度融合的技术创新体系，全面提升企业的集成创新、原始创新、颠覆性创新能力的重要阶段。创新是社会进步的灵魂，是国家兴旺发达的不竭动力，是从根本上打开增长之锁的钥匙，是建设现代化经济体系的战略支撑。创业是推动经济社会发展、改善民生的重要途径。大力推进创新创业工作是落实国家战略、服务"大众创业、万众创新"的重要举措，更是我国高等教育自身改革发展的根本需要，使命光荣、任务艰巨、前景广阔。

　　创新创业教育是高等教育发展的时代性特征、阶段性特征、标志性特征，是国际发展潮流和趋势。有效培育大学生的创新精神、创业意识和创新创业能力，是高校创新创业工作的出发点和落脚点。开展创新创业教育要求以创新精神、创业意识和创新能力培养为导向，创新人才培养体制机制，全面深化人才培养模式和教育教学方法改革，推动专业教育与创新创业教育有机融合，积极探索产教协同、科教协同等育人模式，实现学生、教师和课程的全覆盖。

　　教材是高校开展创新创业教育的重要组成部分。编者团队致力于打造一本既有科学体系又与时俱进且通俗易懂的精品教材。根据外部环境的变化和打造新经管战略的要求，编者对原教材进行了全面修订。修订后本书的具体特色如下。

　　（1）突出时代性。本书新增加了许多生动鲜活的案例，摆脱了内容过时、陈旧的面貌，进一步增强了教材的吸引力。

　　（2）确保科学性。本书努力做到结构合理、逻辑严密、方法正确。

　　（3）体现适用性。根据学生的认知规律，我们把知识传播、素质养成和能力提升结合起来，充分调动大学生学习的积极性和主动性。

（4）追求艺术性。本书注重内容、形式、结构和表现技巧的设计，力求准确、鲜明、生动地反映教学内容。在符合教学要求和规律的前提下，本书努力做到形式活泼、语言生动、风格多样，以提高教材的表现力和感染力。

本书是集体智慧的结晶，由安徽财经大学创新创业教学部主任焦晓波教授担任主编，负责整体框架的设计；安徽财经大学工商管理学院刘冬华副教授、陈汉辉副教授担任副主编；安徽财经大学工商管理学院杜晶晶教授、李永发教授、任玲玉副教授、黄紫微副教授、华斌博士、魏纪泳博士参编。各章具体分工如下：第一章由焦晓波编写，第二章由陈汉辉编写，第三章由黄紫微和焦晓波编写，第四章由任玲玉编写，第五章由华斌编写，第六章由魏纪泳编写，第七章由李永发编写，第八章由杜晶晶编写，第九章和第十章由刘冬华编写，焦晓波同时编写了前言、附录 A ～附录 D（以二维码形式呈现）及各章导图，并负责全书的统稿。

编　者
2021 年 2 月

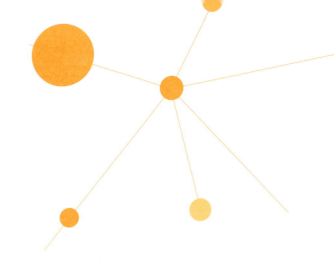

目　录

第一章

创新创业创青春

💬 本章导图

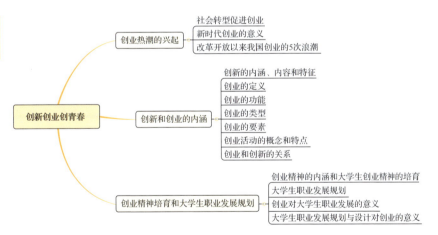

创新创业创青春

- 创业热潮的兴起
  - 社会转型促进创业
  - 新时代创业的意义
  - 改革开放以来我国创业的5次浪潮
- 创新和创业的内涵
  - 创新的内涵、内容和特征
  - 创业的定义
  - 创业的功能
  - 创业的类型
  - 创业的要素
  - 创业活动的概念和特点
  - 创业和创新的关系
- 创业精神培育和大学生职业发展规划
  - 创业精神的内涵和大学生创业精神的培育
  - 大学生职业发展规划
  - 创业对大学生职业发展的意义
  - 大学生职业发展规划与设计对创业的意义

💬 学习目标

通过本章的学习,你应该能够:

(1)了解新时代创业的意义;

(2)认识我国创业5次浪潮的阶段和特征;

(3)了解创新的内涵、内容和特征;

(4)理解创业的概念、功能和要素;

(5)把握大学生创业和职业发展规划的关系。

📢 开篇案例

王传福和比亚迪：创新创业在路上

2020 年国内上市车企排名第一的是比亚迪，市值 5 301 亿元。毫无疑问的是，新能源造车行业已成为未来 10 年最大的风口。在这个巨大的市场诱惑下，一波又一波的人前赴后继地冲了进去。但相对这群冲着资本、被政策驱动、顺势而为的人来说，在我国最早具有环保意识，并将这种环保意识付诸乘用汽车的人，是比亚迪的王传福。

1966 年，王传福成为家里的第七个孩子，5 个姐姐一个哥哥，后来又添了一个妹妹。他的父亲是安徽无为县的一名木匠。贫苦的年月里，两个乡下夫妻，养活 8 个孩子，就算身上长出 8 只手，生活也不会变得容易。王传福读初中时，在连着的两年里，父死母亡，这是其最难的过去。

1983 年，王传福考入中南矿冶学院（现中南大学），由于成绩优异，1987 年被保送进入北京有色金属研究总院攻读研究生，毕业留任研究所，26 岁就成为该所最年轻的副处长。

1994 年，一次偶然的机会，王传福在《国际电池行业动态》上看到了一则关于"日本将放弃传统的镍镉电池产业"的消息。于是，王传福便马上向院里请示，建议全力进军镍镉电池。但建议被否了。

经过了多日和自己的思想斗争后，王传福决定辞职创业。

1994 年在深圳布吉的冶金大院，王传福用从亲戚借来的 250 万元成立了比亚迪。

虽然当时借到了 250 万元的启动资金，但对当时的电池全自动化生产线来说，这点钱就是杯水车薪。在这种困境下，王传福做了一次大胆的尝试，那就是做人工生产线。因为王传福发现人工组装的零配件只要程序规范，和机器做出来的误差并不是很大，甚至人工生产线上利用夹具还能更大地减小误差。也正是因此，当年王传福只花了 100 多万元人民币，就建成了一条日产 4 000 个镍镉电池的生产线。

当时日本掌握着全球 90% 以上的电池市场，因此拥有绝对的定价权。而王传福生产出来的电池虽然是人工替代机器，但却节约了成本，在品质不低于机器生产的情况下，还卖得更便宜。通过这些优势，很快王传福的电池就打败了包括三洋等众多巨头，仅仅 3 年，比亚迪拿下了全球镍镉电池 40% 的市场份额。

为了更环保，2000 年王传福利用人工＋机器的方法研发出了锂电池并建立了生产线，再次以优异的产品品质和优惠的价格成为摩托罗拉、诺基亚和 TCL 等当时大牌手机厂商的电池供应商。2002 年比亚迪成功上市，王传福一夜之间成为《福布斯》前 50 的富豪。但面对这些财富，王传福却选择将自己持有的 22% 的股权分给了公司 20 多位高管和工程师。

2003 年 1 月，比亚迪以 2.7 亿元收购了陕西秦川汽车 77% 的股份。王传福的愿望就是将电池和汽车结合起来，做环保的电动汽车。

在王传福的这份执着下，比亚迪不仅将自主研发的磷酸铁锂电池落地到新能源车，还成功打破国外垄断，攻克 IGBT 芯片，成为国内唯一拥有 IGBT 完整产业链的车企，开创了 IGBT 国产替代先河。

2021 年的第一天，比亚迪就以高调的形式发布了其全新的品牌标志（见图 1-1）。这个看似普通的动作，或许对比亚迪来说是在向外界宣告着什么。

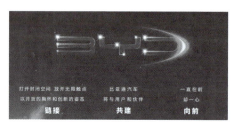

图 1-1　比亚迪公司新品牌标志

第一节
创业热潮的兴起

一、社会转型促进创业

经济发展的历史告诉我们，社会大变革时代，往往是创业者辈出的时代。这种所谓的社会变革，既包括科学技术的重大突破、产业结构的变化，又包括社会制度，特别是经济体制的转型。

纵观全球，许多创业者的成功都是借助于社会大变革的有利时机，充分发挥自己的智慧的结果。

石油的开发和应用是人类能源史上的一次重大变革。19 世纪 60 年代，美国的石油行业发展如火如荼，洛克菲勒敏锐地发现炼油将是整个石油行业的关键所在，于是他以 4 000 美元起家，建立了垄断美国炼油业的石油帝国。

汽车的出现，颠覆了人们的传统行路方式。福特认识到日后汽车将成为主流交通工具后，立志生产出普通人所能接受的汽车，从而创造了驰名的福特汽车。

在变革过程中，旧的秩序已经被打乱，而新的秩序还没有建立，或者是还很不完善，有许多新的创业机会可供操作。这种过程经常被称为社会转型期。在社会转型期，传统的占统治地位的规则（法律法规、意识形态、生活习俗、社会规范等）已经不再为社会所认可，或者是约束力减弱。这时候，人们的思维发生分化，一些具有创新意识、认清社会转型方向的人，一旦抓住市场机会，比别人先行一步，就可以开辟出一条光辉的财富之路。这方面典型的例子是我国经济改革过程中出现的"温州模式"。温州经济之所以蓬勃发展，民营经济成为主体，就在于我国实行改革开放政策后，温州人比其他地区的人更早意识到社会正在发生转型，传统的计划经济一统天下的局面将会改变。于是，在其他地区还没有行动之前，温州人就不远千里到全国各地开发廊、办服装店，甚至摆修鞋摊，在市场还没有被发掘的地方寻找赚钱的机会。

在社会转型时期，人们的思想观念发生了很大的转化，社会环境为各种人才提供了用武之地。在这种环境氛围中，以前许多被埋没的所谓"奇才""偏才"，都可以在新环境中发挥自己的特长，闯荡出一片自己的天地。更使许多具有创业观念和能力的人才，发挥聪明才智，走自己的创业之路。

二、新时代创业的意义

所有迹象都表明，21 世纪将是创业型经济大发展的时代。融知识、技术、管理、资本与创业精神于一体的创业型经济，对加快转变经济发展方式、调整优化经济结构以及缓解就业压力等都具有深刻的现实意义和长远的战略意义。创业已经成为经济发展的重要引擎，成为驱动技术创新和促进社会就业的重要载体。不难预见，随着世界各国和地区纷纷奏响创业型经济的号角，创业型经济必将风靡全球。在新时代，创业的意义表现为以下 3 点。

（一）创业是经济发展的"发动机"

创业对一个国家和地区的经济发展具有巨大的推动作用。正如美国创业管理大师拉里·法雷尔所言："创业精神是国家繁荣的驱动力……政府从未像现在这样热衷于发展创业型经济，以开发就业机会，促进经济增长。当今，美国超过95%的财富是创业一代自1980年创造出来的。进入新世纪，美国成年人（18～64岁）中大约有10%准备开办新企业，每年创办的新企业9万多家，仅硅谷就聚集了7 000多家高科技公司，每天都有数十项技术成果衍生为技术创业型企业。"

随着我国资源环境约束日益强化，要素的规模驱动力逐步减弱，传统的高投入、高消耗、粗放式发展方式难以为继，中国经济发展进入新常态，需要从要素驱动、投资驱动转向创新驱动。因此，我国大力推进大众创业、万众创新，支持各类市场主体不断开办新企业、开发新产品、开拓新市场，培育新兴产业，形成小企业"铺天盖地"、大企业"顶天立地"的发展格局。国家通过创新驱动发展，打造新引擎、形成新动力，催生了数以千万计的中小企业迅速崛起。这些新创企业成了培育和催生经济社会发展的强大动力和源泉。

回顾我国改革开放40多年的发展历程，具有创业精神的企业家为我们提供了新产品，使我们的工作更有效率，使我们的生活更加舒适和丰富多彩。全球创业观察（Global Entrepreneurship Monitor，GEM）的一项调查显示：目前中国青年人（18～44岁）的创业总体活跃程度在接受观察的70个国家中排名第22，创业活跃程度超出全球平均水平。创业已成为中国乃至世界各国和地区经济发展的"发动机"。

小贴士

熊彼特谈企业家的创业精神

➤ 建立私人王国。企业家经常"存在一种梦想和意志，要找到一个私人王国，常常也是一个王朝"。对没有其他机会获得社会地位的人来说，这样的梦想动力是巨大的。

➤ 对胜利的热情。企业家"存在征服的意志、战斗的冲动，证明自己比别人优越的冲动，他求得成功不仅是为了成功的果实，也是为了成功本身"。利润和金钱是次要的考虑，而"作为成功的指标和胜利的象征"才是主要的考虑。

➤ 创造的喜悦。企业家"存在创造的快乐、把事情做成的快乐，或者只是施展个人能力和智谋的快乐"。这类似于一个无所不在的动机。企业家是典型的反享乐主义者。

➤ 坚强的意志。企业家"在自己熟悉的循环流转中是顺着潮流游泳的，如果他想要改变这种循环流转的渠道，就要逆潮流游泳。以前的助力现在变成了阻力，过去熟悉的数据，现在变成了未知数。"企业家"需要有新的和另一种意志上的努力……去为设想和拟定新的组合而奋斗，并设法使自己把它看作一种真正的可能性，而不只是一场白日梦。"

（二）创业是技术创新的"孵化器"

创业的核心和本质是创新。创新支撑创业，创业是创新的重要体现形式。成功的创业者善于抓住市场潜在的盈利机会，以获取商业利益为目标。他们重新整合资源，配置生产要素，通过创办组织，承担市场风险，建立起效能更强、效率更高和成本更低的生产运作系统，从而推出新产品、新工艺、新方法、新服务，开辟新市场、获得新资源，开展科技、商业和金融等一系列创业型经济活动。例如，自20世纪90年代以来，创新型小企业承担了美国全部创新的 67%，成为美国技术创新的重要推动者。而在我国，许多技术型创业企业已成了转变经济增长方式的主力军，成了国家创新型建设的中坚力量。可见，创业已成为世界各国和地区实现技术创新的"孵化器"。

（三）创业是社会就业的"增容器"

就业是民生之本，创业是发展之基、就业之源。经济合作与发展组织的一项调查显示：所有就业机会的 70% 要归功于创业者和中小企业家。就美国而言，就业机会大多是由创业型企业提供的，创业型就业是美国就业政策成功的核心。尤其在大企业进行大规模裁员时，中小企业在稳定就业方面发挥了十分重要的作用。如在 20 世纪 90 年代，美国的大企业裁掉了 600 多万个工作岗位，但失业率却降到历史最低水平，这得力于创业型企业所做出的就业贡献。

目前，我国人口已突破 14 亿人。每年高校毕业生、农村转移劳动力、城镇就业困难人员、退役军人数量较大。虽然人力资源转化为人力资本的潜力巨大，但就业总体压力较大，结构性矛盾凸显。推进大众创业，就是要通过转变政府职能建设服务型政府，营造公平竞争的创业环境，使有梦想、有意愿、有能力的科技人员、高校毕业生、农民工、退役军人、失业人员等各类市场创业主体"如鱼得水"，通过创业增加收入，让更多的人富起来，促进收入分配结构调整，实现以创新支持创业、以创业带动就业的良性互动发展。

创业成为我国促增长、惠民生和保稳定的坚实基础，成为扩大就业、实现富民之道的根本举措。新时代，推进大众创业、万众创新，鼓励劳动者通过创业实现自我雇佣的同时，吸纳更多求职者就业的目的，是要发挥创业带动就业的倍增效应，使创业成为社会就业的巨大"增容器"。

三、改革开放以来我国创业的 5 次浪潮

在经济社会发展的不同阶段，创业活动的特征不同，相同的是每一次创业活动都是与社会经济发展、祖国命运紧密相连的。自改革开放以来，我国的创业历经了 5 次浪潮。

（一）第一次创业浪潮（1984—1991 年）

1984 年被视为我国创业元年，它的里程碑事件是十二届三中全会通过了《关于经济体制改革的决定》。这是自 1978 年改革开放以来第一份以经济体制改革为主题的文件，它确定了我国由计划经济体制向市场经济体制的转型。在计划经济体制下，政府管企业的人、财、物，以及产、供、销，也管居民的生老病死。举一个例子，如果消费者想要买米，可不是带着钱就能随心所欲采购的，除了钱还得有粮票！有了粮票，消费者才可以在给定的期间去粮店核票买米。企业的生产计划也不是根据市场行情自由安排的，生产计划统一由政府下达，原料由政府调拨，销售由政府指定，一切交易都按政府的规划进行。到了 20 世纪 80 年代，这种计划经济越来越不适应社会的发展和广大人民群众日益增长的物质文化需求。社会上出现了严重的物资短缺，商品供不应求。为解决这一问题，1984 年国家着手市场经济体制改革，就在这一年，柳传志创办了联想，张瑞敏成了厂长，王石开始了创业。这批中国最早的企业家如今依然活跃在商界。

正是他们的创业活动推动了整个市场经济体制的建立，我们每个人至今仍然从中受益。在原先的计划经济条件下，企业只是政府指令下的一个生产单位。柳传志、张瑞敏、王石等人那时要在计划经济的树枝上去发展市场经济的新芽。在制度的变革中自然会遭遇很多我们无法想象的困难。他们的策略只能是摸着石头过河，逢山修路、遇水架桥。比如，那时生产计算机需要国家许可证，柳传志连在中国内地生产计算机的资格都没有，

不得已只好跑到中国香港创办联想，利用外资企业身份绕过政策障碍。当时，江浙一带的企业家也遭遇了类似的困难。他们创办的乡镇企业没有技术储备，业务无法开展。而邻近的大都市上海倒是有技术人才，可人家技术人才都有单位，不可能放弃铁饭碗加盟他们的私营企业。他们就创造了"星期天工程师"：请技术专家星期天到企业上一天班，为工厂提供技术指导。这样技术专家既能在工作之余获得报酬，企业也解决了技术难题。就是这些创造性解决问题的方法不断推动中国改革开放的进程。

那一代创业者在计划经济背景下开展的创业活动，提高了我国各个行业的产能，解决了当时的物资短缺问题。他们也探索出了最早的市场经济条件下企业运行的基本框架。他们通过自己诚实守信的运营和企业的成功，在整个社会中树立了创业的正面形象，改善了人们对企业和企业家的认识，为后续的创业者创造了良好的经商氛围。第一批创业者是极具胆识的英雄，他们的创业行为打开了我国创业的新时代篇章。

创业聚焦

第一批创业弄潮儿

从 1984 年开始的这一轮创业潮的代表人物有步鑫生、张瑞敏、柳传志、王石、任正非等，这些在当年站在创业和改革大潮潮头的弄潮儿，今天有的已经销声匿迹，有的已经成为业界大亨，在自己所在领域里具有举足轻重的地位。

1984 年的新闻人物步鑫生，就是以对浙江海盐县衬衫总厂做的"三新（款式新、衣型新、装潢新）""一快（周转得快）"以及对员工薪酬的"按劳分配"而闻名全国。

张瑞敏对我国商界的贡献主要体现在管理上。"不准在车间随地大小便"和"76 台不合格冰箱被砸成废铁"这些广为流传的段子恰恰是那个时候中国企业管理改革的写照，也成了"中国制造"的缩影。

柳传志则从代理进口计算机等起家，在北京中关村摸索出一条"贸工技"的发展道路。其他从中科院出来的同仁则在中关村创立了声名显赫一时的"两通两海（信通、四通、京海、科海）"。

后来创立万科地产的王石，最初也是以贸易发家的。"外汇"和"进口商品"曾让很多活跃在中国香港、北京两地的商人在我国对外开放的初期淘到了第一桶金。

任正非和 5 个朋友一起组建华为公司时，注册资本为 2.1 万元，业务为代理中国香港康力公司的模拟交换机。

（二）第二次创业浪潮（1992—1997 年）

1992 年，改革步伐开始加快。中国共产党第十四届中央委员会第三次全体会议于 1993 年 11 月 14 日通过了《中共中央关于建立社会主义市场经济体制若干问题的决定》，首次提出中国改革的总体目标是建立社会主义市场经济体制。1992 年 5 月，中国国家经济体制改革委员会出台了两个重要文件：《有限责任公司规范意见》和《股份有限公司规范意见》。政府第一次允许个人通过投资入股的方式创办企业成为股东。此外还推动了股票市场的发展。当时还有一个变化是政府允许个人通过身份挂靠，离开原来的国有企业，进入民营企业，这大大促进了人才的流动。

随着形势变化，一些体制内胆子大的人纷纷开始经商。人力资源和社会保障部曾做过统计，当年辞职经商者超过 12 万人，通过停薪留职、兼职的形式投身商海的人超过 1 000 万人。现在依然活跃在商界的诸如波导的徐立华、慧聪的郭凡生、新东方的俞敏洪等，都是"92 潮"的典型企业家代表。

该轮创业浪潮涉及的领域不再局限于制造业，还包括信息咨询、金融、贸易等。由于这些创业者都受过良好的教育，他们在办企业的过程中从一开始就尝试建立现代企业制度，为后续的发展打下了良好的基础。同时，股份制的推行和股票市场的发展带动了整个资本市场的建立。人事制度在这一时期也有所松动。"92 潮"后国家建立了户口档案的托管制度，使停薪留职或者辞职经商变得更加可行。

由于这一批经商的人基本都在物质上获取了丰厚的回报，社会上开始理解和认可创业者，甚至人们提及"万元户"时会有羡慕的心情。创业活动在社会中变得更加常见。

（三）第三次创业浪潮（1998—2007 年）

在第三波创业浪潮来临之前，创办企业的门槛还是比较高的。初期资金投入对许多人而言依然是一个不可逾越的障碍。1996 年之后，我国出现了两股重要的力量驱动创业，使创业门槛大大降低。第一个是信息技术的全球发展。它催生了一大批高科技的互联网公司，这些公司上市后掀起了一股互联网创业的浪潮。第二是大批留美学生回到中国，使我国有了一批渴望把美国市场的成功业务移植到国内的人，如亚信的丁健、搜狐的张朝阳、百度的李彦宏。这批人回国创业还引入了风险投资方式。

同时期，我国本土培养的大学生也开始创业了。新浪的王志东、网易的丁磊、腾讯的马化腾都是本土成长起来的技术人才。

这一波浪潮带入了一些新的东西。首先，境外风险投资大量进入我国，使创业企业的资金来源更加多样化。其次，创业企业上市通道不仅包括沪深股市，甚至能到境外交易所上市。再次，国外创业企业的先进管理方式进入国内，带来了宝贵的经验。此外，随着企业上市，创业者的社会地位和影响力发生了非常大的改变。社会上出现了对创业者尊重、敬佩甚至是敬仰的思潮。创业教育也开始逐步在高校萌芽。

（四）第四次创业浪潮（2007—2014 年）

真正将年轻人全面带动起来的创业浪潮起始于 2008 年移动互联时代的到来。这波浪潮让全民创业成为可能，特别是自 2014 年起创业活动开始蓬勃发展。在政策和环境方面，我国把通过创业推动经济发展上升到了国家战略的高度，各级政府部门相继出台了一系列鼓励创业的政策。随着移动互联网技术的进步，市场上出现了很多基于移动互联网的平台。有了这些平台，每个人都可以通过做一个 App 的形式来创立新企业，做一个产品让千家万户所接受。并且，多样化的投资主体都在搜寻好的投资项目。除风险投资外，还出现了大量的天使投资以及新三板、创业板等，创业企业发展的每个阶段都有相应的资金提供者。

创业聚焦

青岛红领：互联网＋工业的魔幻工厂

传统的工业制造如何与互联网结合起来，让生产过程更智能？青岛红领集团的做法成了其中的代表。在董事长张代理的主导下，红领用 11 年时间、投资 2.6 亿元研发出一套由信息化、大数据构建的个性化定制系统。如今红领是全球第一家完全实现西装 100% 工业化定制的企业，产品销遍全球。

红领集团将互联网技术、数字技术与传统制造业结合，实现了个性化定制服装的数字化大工业 3D 打印模式。这种数字化大工业 3D 打印模式可以低成本、高效率地改造传统企业。传统企业只需要增加软件和信息化硬件设备，进行流程再造，对原有管理骨干进行短期培训。改造周期只需要 3 个月，企业的原先成本与改造后的成本之比仅为 1∶1.1。在红领集团，整个企业就是一台数字化大工业 3D 打印机，全程数据驱动。所有信息、指令、语言、流程等最终都被转换成计算机语言。通过一组客户量体数据即可完成所有的定制、服务过程，无须人工转换、纸质传递，完全实现了数据打通、实时共享传输，真正实现了员工在线工作而不是在岗工作。每位员工都是在互联网云端上获取数据，与市场和用户实时对话，提供零距离服务。数字化大工业 3D 打印模式具备超强的满足个性化定制需求能力，使生产效率与质量大大提升，增强了企业的市场竞争力。

借助大数据和 3D 打印模式，红领集团成为我国首批将工业 4.0 落地的企业。然而这种模式的最大价值，不仅仅在于其颠覆了原有的商业模式、用工业化手段实现个性化定制，更在于它为我国传统低端制造企业的转型提供了数字化解决方案。这种方案可以推广、输出，必将助推我国传统制造业的转型升级。

（五）第五次创业浪潮（2015 年至今）

第五次创业浪潮起点在 2015 年。国家全面推进的以"互联网 +"为核心驱动的"大众创业、万众创新"的创业浪潮，对我国的政治、经济、社会等各个领域影响深远。

全社会对"大众创业、万众创新"表现出了极大的热情。新时代的创新创业正在如火如荼地进行。全国各地的创业园区、创业孵化器、众创空间如雨后春笋般涌现，大量在世界范围内有影响力的新兴科技公司成批涌现。大学生创业、留学人员归国创业、科技人员创业和农民工返乡创业这 4 类群体表现得尤为突出。与历次浪潮相比，这次的创业浪潮无论在规模、数量和政府推进力度上都是空前的，对我国在世界范围内的和平崛起和中华民族的伟大复兴具有极其重要的时代意义。

第二节
创新和创业的内涵

一、创新的内涵、内容和特征

（一）创新的内涵

创新是一个民族进步的灵魂，是一个国家兴旺发达的不竭动力。时代飞速发展，科技迅猛进步，现在是创新创业创造的最好时代。

创新是人类历史上经久不衰的话题，社会的发展与进步本身就是一种创新。在英文中，创新是"innovation"，这个词起源于拉丁语。创新的原意指更新、创造新的东西，也可以理解为创新就是利用已存在的资源创造新事物的一种手段。1912 年，年仅 29 岁的熊彼特，出版了《经济发展理论》一书。熊彼特将创新引入经济领域，他认为"创新"是把新的生产要素和生产条件重新组合后引入生产体系，即"建立一种新的生产函数"，其目的是获取潜在的利润。他从企业角度提出了创新包含以下 5 个方面。

第一，采用一种新产品。

第二，引入一种新的生产方法。

第三，开辟一个新的市场。

第四，获得原材料或半成品的一种新的来源。

第五，实现任何一种工业的、新的组织形式。

随着新技术革命的迅猛发展，人们对创新的认识也在不断演进。本书认为，创新是指人们为了一定的目的，遵循事物发展的规律，对事物的整体或部分进行变革，从而使其得以更新与发展的活动和过程。

大疆创新

进入大疆创新的展厅，灵 Phantom 系列、御 Mavic Air、晓 Spark、悟 Inspire 等一系列无人机有序排列，让人仿佛置身于未来空间。"公司初创团队只有 3 人，包括汪治在内，都是初出茅庐的大学生，出发点也很单纯，就是为了要做自己想做的事情。"大疆创新公关总监谢阗认为，大疆与其他许多公司的不同之处在于，当公司开始创业时，并没有考虑过赚钱。

技术创新是大疆的生命线。以梦想为动力，凭借过硬的技术和顶尖的人才，大疆从研发商用自主飞行控制系统开始，填补了国内外多项技术空白，随后推出了飞行控制系统、云台系统、多旋翼飞行器、小型多旋翼一体机等一系列产品。这些产品均获得了市场的认可。而且几乎每一次大疆无人机系列的迭代和升级都是从 0 开始的，技术架构方案完全不同。比如，大疆的精灵 3 和精灵 3SE，在外观上虽然相似，但后者的架构完全颠覆了前者。

人才是大疆发展的核心力量。谢阗表示，大疆对人才有自己的定义，那就是必须具备真知灼见。所谓真知灼见，就是在看问题时，不跟随、不盲从，能够独立思考，通过现象看到问题的本质，并提出解决问题的方法。为积极吸收、培养和发展人才，大疆提供了一个扁平化的机制和平台。在这个平台上，研发资源的分配依据的是个体的努力情况。每个人要用自己的创造力和解决问题的能力公平竞争，而且研发预算没有上限。

如今，大疆已经从最初的 3 人创业团队，成长为在全国拥有 12 000 多名员工的大型企业，客户遍布全球百余个国家和地区，其产品在全球无人机市场所占份额超过 70%，已成为无人机市场的绝对霸主。

（二）创新的内容

创新的内容主要包括创新的主体、创新的客体、创新的过程、创新的核心、创新的结果及创新的作用等。

（1）创新的主体。创新的主体指具有创新能力并实际从事创新活动的人或社会组织。

（2）创新的客体。创新的客体指客观世界，包括自然环境、社会环境及生活环境等。

（3）创新的过程。创新的过程指不断拓展和改变对客观世界认知与行为的动态活动本身。

（4）创新的核心。创新的核心是创新思维，指人们的思维不断向有益于个体或组织发展的新方向或使其更有效的方面变化。

（5）创新的结果。创新的结果有两种，一种是物质的，如蒸汽机、计算机等；另一种是非物质的，如新思想、新理论和新经验等。

（6）创新的作用。简单地讲，创新的作用就是满足个体或组织生存与发展的需要。

（三）创新的特征

除人类之外，其他动植物只能进化和演化，而不能创新。创新是人类特有的活动，它具有以下 5 个方面的特征。

（1）超前性。创新必然具有超前性，它以"求新"为灵魂，但这种超前是从实际出发，实事求是的超前，属于创造性实践活动的总结。

（2）新颖性。创新具有新颖性。创新将摒弃现有不合理的事物，革除过时的内容，然后再确立新事物。

（3）变革性。创新是一种深刻的变革，是对已有事物的改革和革新。

（4）目的性。任何创新活动都有一定的目的性，这个特征贯穿于整个创新过程。

（5）价值性。创新有明显、具体的价值，对社会经济具有一定的效益。

10

创业
聚焦

抖音和快手：天下武功唯快不破

"快"是科技创新时代变化节奏的标签。字节跳动作为后起之秀，跻身全球人工智能（AI）独角兽公司 100 强，并挑战互联网的巨头阵营，其旗下"今日头条"及"抖音"系列产品上线不久就在 2018 年与腾讯打起了"头腾大战"。创始人张一鸣有一句话广为流传："你的行为、你的输出，都要快点看到其变化。"他回顾企业快速成长历程时曾谈道："我们感受到不断发展的科技会为社会和世界带来很大的改变，但我们没有预料到科技带来巨大改变的时候，也引起了巨大的反作用力，科技公司也会在这个过程中经历很多挑战，"所以，不要那么容易放弃希望，"踏实去尝试，大力出奇迹"。

名字自带"快"的快速成长企业代表当属"快手"。2020 年 3 月快手上榜商业杂志《快公司》公布的"2020 年中国十大最佳创新公司"，榜单评价"快手是短篇数字视频的先驱，每天吸引超过 3 亿用户"。2011 年，快手前身"Gif 快手"创立之初是个动图工具，虽然积累了一定用户，但天花板很容易看到，也缺乏足够想象力。创始人程一笑说："当时我们发现了一个需求，很多用户想通过更简单的视频记录生活和表达自我，但市场上没有做记录的工具，没有一个社区承载这样的需求"。2013 年，程一笑与另一位创始人宿华果断将"Gif 快手"向短视频社区转型，在用户导向和数据驱动下，团队在数据的每一次变化中寻找做对的地方，然后再不断优化，最终让快手成长为一款日活跃用户过亿的产品。

二、创业的定义

古代的创业是开创基业、开创事业的意思。《孟子·惠王下》中记载："君子创业垂统，为可继也。"诸葛亮的《出师表》中"先帝创业未半，而中道崩殂"就是此意。在《辞海》中，"创业"被理解为"开创基业"。

哈佛商学院教授霍华德·斯蒂文森教授认为：创业是不拘泥于当前资源条件的限制，对机会的追寻，是组合、利用不同资源并开发机会和创造价值的过程。从范围上讲，创业的概念有广义和狭义之分。狭义的创业是指创建一个新企业的过程。广义的创业是指创造新事业的过程。换言之，所有创造新的事业的过程都是创业。无论是创建新企业、企业内部创业，还是在工作岗位上创造性地发挥自己的聪明才智，通过发现机会、整合资源实现自己的价值和抱负都可以称为创业。所以从广义的角度去理解，创业主体既包括营利性组织，也包括非营利性组织；既包括政府设置的部门和机构，也包括非政府组织；既包括大型的事业，也包括小规模的个人或家庭事业。本书认为：创业不仅仅是一种行为，更是一种思维方式和人生态度，创业即为创造人生事业。

三、创业的功能

创业的功能可以从个人、组织和国家 3 个层面分析。

（一）个人层面：帮助实现人生价值

创业为每个人创造了发展的机会和增加个人财富的可能性，对许许多多梦想开创自己事业的人而言，创业不但是一种充分实现自我的机会，而且是发挥个人潜能的舞台。知识经济时代，智力已经成为关键性生产要素，拥有专业知识的大学生更有能力通过创业实现自我价值。因此，大学生借助知识和创意去创建企业有可能将梦想变为现实。

（二）组织层面：有助于推动组织发展

组织是创业者为把商业机会转换成商业价值而整合、配置资源的一种形式。不同的经济发展阶段和商业环境需要有相应的组织形式来支撑创业活动的开展，创业者为了适应外界不断变化的商业环境，就必须不断地调整组织的功能与形式，从而推动组织发展。

（三）国家层面：有助于资源合理配置及推动社会发展进步

创业有利于社会资源的合理配置。创业企业要能够生存并获得持续发展，必须具备比其他企业更强的竞争力。从行业内的发展来看，创业企业的成功将会影响行业现有的经营格局，加剧行业经营的竞争，形成优胜劣汰的局面，维持市场活力。竞争的加剧有利于资源向经营良好、效率更高的企业流动，从而促进市场的发展，促使社会资源进行合理配置。

创业有利于产生较高的社会效益。创业往往伴随着新技术、新工艺、新方法进入市场，催生大量科研成果转化型的企业出现，这对全社会创新能力和科研水平的提高、综合国力的提升具有巨大的促进作用。

四、创业的类型

创业可以按照不同的标准进行分类。

（一）依创业目的可分为机会型创业和生存型创业

机会型创业是指创业的出发点并非谋生，而是为了抓住、利用市场机遇。它以市场机会为出发点，以创造新的需要或满足潜在需求为目标，因而会带动新产业发展。生存型创业是指为了谋生而自觉或被迫地创业，大多偏于尾随和模仿，因而往往加剧市场竞争。

（二）依创业起点可分为创建新企业和既有组织内创业

创建新企业是指创业者从无到有地创建全新企业的过程。这个过程充满机遇和刺激，但风险和难度也大，创业者往往缺乏足够的资源、经验和支持。既有组织内创业是指在现有组织内的有目的的创新过程。例如，企业流程再造正是通过二次、三次乃至连续不断创业，使企业的生命周期不断在循环中延长的。

（三）依创业者数量可分为独立创业和合伙创业

独立创业是指创业者独立创办自己的企业。其特点在于产权归创业者个人所有，企业由创业者自由掌控，决策迅速，但创业者要独自承担风险，创业资源整合比较困难，并且受个人才能限制。合伙创业是指与他人共同创办企业，其优势和劣势正好与独立创业相反。

（四）依创新内容可分为基于产品创新的创业、基于营销模式创新的创业和基于组织管理体系创新的创业

基于产品创新的创业是指基于技术创新或工艺创新的成果，用新产品产生新的消费者群体，从而导致创业行为的发生。例如，通过工艺创新将原先的紫砂杯做成紫砂保温杯，可以使一批品茶爱好者买到中意的茶杯。基于营销模式创新的创业是指采取了一种有别于其他企业的市场营销模式，因而可能给消费者带来更高的满足感。如O2O销售模式就是最典型的例子，该模式在一定程度上改变了人们的购物习惯。基于组织管理体系创新的创业是指采取一种有别于其他企业的企业组织管理体系，因而能更有效地实现产品的商业化和产业化。例如通过事业部制既保留了直线职能制组织模式的优点，又使组织的管理和控制规模得到较大扩展，在一定程度上抵消了"大企业病"对组织的危害。

12

五、创业的要素

创业要素就是创业活动所必须具有的组成部分。创业者可以通过改善这些要素的组合来提高创业成功的可能性。

商机、创业团队、资源对于创业成功有不可或缺的影响，创业教育领军人杰弗里·A.蒂蒙斯教授指出三者的有效搭配对创业成功具有极大的促进作用，图1-2是其提出的创业要素模型。

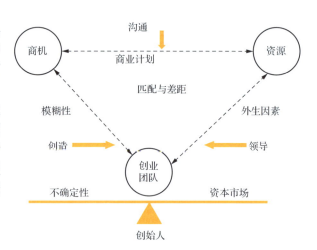

图1-2 创业要素模型

（一）商机

商机是创业者开创事业的基础。唯有找准商机，把握创业时机，找到下一个创业的大风口，才能更充分地发挥优秀团队和完美商业模式的作用，最终取得成功。商机的重要性不言而喻。商机只有与市场环境和商业模式结合起来才能发挥其最大价值，商机是构成商业模式的重要一环。

（二）创业团队

人是创业的核心。在创业的过程中，由各种人才组成的创业团队决定创业的成功或

失败。

　　创业团队不需要每个人都是全才，都拥有身经百战的经验，但是每个人都要学会协作，拥有自己的特长，并且在自己所负责的领域能有与之匹配的技能，进而提高团队整体的实力。创业的过程处于变化中，包括市场、产品、竞争等各方面的变化。公司创业开始就要面临这些变化，创业团队必须能够在动态变化的环境中不断纠正航向，不断寻找属于自己的正确方向，并且在不确定的创业过程中处之泰然，在面临困难之时勇于面对，在遇到失败时学会成长，进而积累自身的创业经验，降低创业失败的风险。

　　企业要想快速发展就必须有意识统一、充满激情、融洽的创业团队，只有这样的团队，才能在人才组合的凝聚力上达到新的高度。任何一个伟大的企业，其背后一定有一个坚不可摧的优秀团队。而且，任何企业的成功和伟大，都体现在团队的卓越和优秀之上。

（三）资源

　　创业资源是支撑创业企业成长的基础。随着企业创建变得更加简单，越来越多的人走向创业，使获取创业资源的竞争变得更加激烈，创业企业的生存变得更加艰难。资源是创业活动的支撑要素。创业者面临很好的创业机会时，还需要有相应的资源将机会转化为价值创造，这里的资源包括资金、设备和场地等，缺乏资源就无法开发和利用机会。当然，资源固然很重要，创业者也要警惕过分强调资源的作用。创业者普遍存在的一个错误观念是必须所有所需资源都到位，才能开展创业活动，这样的观念容易导致创业者错失良机。创业企业应着眼于设计创意精巧、用资谨慎的战略，最小化使用并控制资源，而不是贪图完全拥有资源。

　　无论是商机、资源还是创业团队，并没有优劣之分，并且这 3 种要素并非一成不变。创业者必须对这 3 种要素做出最适当的搭配，并且能够随着创业活动的开展进行相应的动态调整。

13

创业聚焦

只开了 20 天的火锅店

　　上海某大学一个宿舍的 4 名女生，在毕业时突然决定：她们要创业。创什么业呢？她们 4 人有一个共同的爱好，就是吃火锅。于是她们决定开一家火锅店。

　　说干就干！她们 4 人分别向家长借款 5 万元，凑齐了 20 万元的启动资金。她们开始选门面、装修，在办理各种手续时，由于不懂如何办理，还托了亲戚和家长的朋友帮忙。办好了工商、税务、环保、卫生等所有证件和手续后，经过一个多月的辛苦，她们的火锅店总算可以开张了。

　　可是火锅店刚刚开张 20 天，4 位小姑娘就一个都不见了！家长忙问她们为什么不去店里了，她们一致回答："开火锅店原来这么脏哦！"

六、创业活动的概念和特点

（一）创业活动的概念

　　创业活动存在于各个领域，它类似于一个连续谱系，从自我雇佣到开创新事业。创业活动是创业者通过捕捉商业机会，配置相关资源，为个人和社会创造价值的过程。

（二）创业活动的特点

创业活动具有以下 6 个特点。

（1）机会导向。创业活动最显著的特点是机会导向，机会是创业的前提，而善于把握机会则是创业成功的关键。创业活动实质上就是识别机会，开发和利用机会，实现机会价值的过程。

（2）整合资源。由于创业者往往面临资源匮乏的问题，所以对创业者来说，需要超脱自身拥有资源的限制，运用社会资本、管理经验、领导才能和大胆的创意以及创新的商业模式来实现资源在更大范围内的整合和价值创造。资源限制一般不会成为创业者的制约因素，他们往往能够整合他人的资源为己所用。从历史经验来看，那些资源匮乏的地区往往创业活力最强，而资源富足的地方通常创业活力不足。

（3）价值创造。价值创造强调的是对社会和经济发展的贡献，强调对人们物质和精神生活丰富的贡献。只有突出价值创造的创业活动才有生命力，也才能更有助于其生存和发展。

（4）顾客中心。创业者先从识别顾客入手，根据顾客的需求提供产品和服务，借助战略伙伴关系来扩大销售，占有更多的市场份额，再扩展战略伙伴关系。创业者习惯于以满足顾客的需求为出发点和新一轮创业的起点。

（5）超前行动。超前行动就是某一组织的行为总能领先其他组织一步。创业活动的机会导向决定了创业活动必须突出速度，并做到超前行动。机会都具有时效性，甚至可能稍纵即逝。在现实生活中，创业者一旦有了创业想法，往往会在比较短的时间内快速付诸实施，并在实践中不断摸索、改进，寻求发展。在许多情况下，进行周密的市场调查，制订精细的工作计划和严格的预算等，是大公司的做法，对创业企业来说并不合适。

（6）创新变革。创业活动就是不断打破旧的秩序，创造新的机会的过程。因此，变革和创新贯穿于整个创业过程中。创新与创业活动无法分开，没有创新的创业不可能持久，没有创业的创新不可能为社会创造价值和为个人增加财富。对创业者及其所创建的企业来说，创业与发展的过程永远是不断变革的过程。

量子管理与海尔创业

新的管理问题和矛盾的出现，使管理学界开始探求超越牛顿原子式管理的新范式、新理论。英国牛津大学学者丹娜·左哈尔首次提出量子管理学的概念，提出"自下而上"的量子组织构想并阐述了量子式管理的特征，比如应关注整体而非个体、关联而非分立、多样性而非单一性、复杂性而非线性、兼容并包而非非此即彼等。量子管理范式突破了原子管理范式中机械论、决定论和还原论的藩篱，以高度关联、难以预测、物我合一、动态复杂、系统性、潜在性、不可控性等为表征，强调动态变革、复杂因果性、非连续性、去控制、倒金字塔组织结构、鼓励多元等方面。左哈尔认为，量子企业是多个职能团队构成的无边界网络，各个团队相互合作、协调，组成一个无边界企业。同时，客户和企业员工之间，会有持续的共同创造的互动，一线团队与客户有密切的关系，从而获得赋能，更好地决策。量子企业本身是一个活的量子系统，即一个复杂的自适应系统。量子管理，是真正的中国式管理。

海尔集团董事局主席、CEO 张瑞敏说："这是一个量子管理学的时代。"他开展的"人单合一"、人人都是创客、激活个人、自主经营体、创客机制等企业内创业实践，从左哈尔的角度来看都是量子管理的典型做法，这些做法颠覆传统科层制管理，打破对员工合理人性欲望的约束、对制度和操作流程详尽规定的约束、对企业边界的约束，让员工和各个管理环节无限互联，释放"量子态"。

七、创业和创新的关系

（一）创新和创业的区别

管理学家德鲁克在其 1985 年出版的《创新与创业精神》一书中提到：创新与创业精神二者紧密相关、很难割离。谈到创新，人们容易把创新与发明、研究开发等技术活动混淆起来。创新不同于发明。发明是一个技术上的概念，其结果是发现一件新事物；创新则主要是一种经济术语，是将新事物、新思想付诸实践的过程。美国小企业管理局对创新的定义如下：创新是一种过程，这一过程始于发明成果，重点是对发明的利用和开发，结果是向市场推出新的产品或服务。这一定义有助于人们更好地理解和把握创新与发明的区别。本书认同并参照美国小企业管理局对创新的定义。

创业与创新之间同样不是完全等同的概念，我们身边有很多的创业活动是在模仿甚至复制别人的产品、服务和经营模式，自身并不具备创新性，但也是在创业。我们认为，创业更侧重于财富创造，更加关注市场和顾客。同时，创业还更加注重商业化过程，可表现为创新商业化，也可表现为模仿并商业化。

（二）创新和创业的联系

1. 创新是创业的动力和源泉

创新是创业的动力和源泉，是创业的本质。创业通过创新拓宽商业视野，进而获取市场机遇、整合独特资源、推进企业成长。创新能力是最重要的创业资本，创业者在创业过程中需要具有持续旺盛的创新精神、创新意识，需要独特、活跃、科学的思维方式，这样才可能产生富有创意的想法或方案，才可能不断寻求新的思路、新的方法、新的模式、新的出路，最终获得创业成功。

2. 创新的价值常常体现于创业

创新的价值就在于将潜在的知识、技术和市场机会转化为现实生产力，实现财富增长，造福人类社会。创业者通过创业实现创新成果的商品化和产业化，将创新的价值转化为具体、现实的社会财富。创业者必须具有能发现潜在商业机会并敢于冒险的特质，科技创新成果也必须经由创业者推向市场，使其潜在的价值市场化，使创新成果转化为现实生产力。

3. 创业的本质是创新

创业应该是具有创业精神的个体与有价值的商业机会的结合，即开创新的事业，其本质在于把握机会、创造性地整合资源、创新和超前行动。创新包括技术创新、制度创新和管理创新。对创业者及其所创建的企业来说，创新就是将新的理念和设想通过新产品、新流程、新市场需求以及新的服务方式有效地融入市场中，进而创造新的价值或财富的过程。

4. 创业推动并深化创新

创业可以推动新发明、新产品或新服务不断涌现，创造出新的市场需求，从而进一步推动和深化科技创新，因而提高了企业和整个国家的创新能力，推动了经济增长。创业的关键在于创新，创新是创业的源泉，持续创新必然推动和成就创业。创新和创业相辅相成，二者的动态融合以及相互影响对于创业成功和企业成长至关重要。创业和创新的融合是一个动态整合、集成优化的过程，在这一过程中，创业精神、创业能力和市场意识始终是创业成功和企业持续成长的内在动力。

创业的本质是创新。创业不可能做到事事、时时都创新，但绝不可把创新固定于一时一事。创新特别是被验证的创新是应对不确定性和克服资源约束的重要手段，不可替代。创新也不局限于技术创新或商业模式创新，而是指创业行为中的创新性，如创造性地整合资源。正如熊彼特所言："创业者可以从内部改变经济结构，不断地摧枯拉朽，创造新的结构，从而催生出新的组合。"

创新创业是经济增长的引擎，创新创业是影响一生的决策。成功的创业离不开创新。我们需要以创新引领创业，通过创业推动创新。

创业聚焦

黄峥和拼多多

黄峥，2002 年本科毕业于浙江大学竺可桢学院，2004 年获得美国威斯康辛大学计算机硕士学位，之后加入谷歌总部开始其职业生涯，任软件工程师和项目经理。2007 年，黄峥从谷歌离职创业，他先是创建了一家在线消费电子和家用电器领域的 B2C 电商公司，经过 3 年发展，公司年营业额达到数亿元，但黄峥预见到这种传统电商模式难以为继，于 2010 年将这家公司出售，只保留了技术团队。之后，黄峥带领这个技术团队创建了新的电商代运营公司乐其，乐其很快便实现盈利。2013 年，黄峥又带领乐其的一部分核心员工成立上海寻梦信息技术有限公司，开始游戏运营业务，而就在公司不断发展壮大时，黄峥突然患了中耳炎，在家休息了将近一年。2015 年 4 月，黄峥中耳炎治愈复出，创建了拼多多的前身拼好货。

拼好货以拼单玩法为切入点，通过微信朋友圈等社交平台邀请好友参团，达到规定人数时拼单就会生效，拼好货从水果品类切入，由于模式新颖，用户与订单量增长迅速。看到拼好货的迅猛发展，2015 年下半年，黄峥旗下上海寻梦信息技术有限公司的 CEO 找到黄峥，建议将拼好货的这种拼单模式做成平台。于是 2015 年 9 月，"上海寻梦"团队成立拼多多。拼多多定位为供应商入驻、物流第三方合作的平台模式，同样采用拼单玩法。2016 年 9 月中旬，为了集中力量进行更好的发展，黄峥决定将拼多多和拼好货合并，品牌统一为拼多多。

拼多多非常重视软件产品的互动，把产品当成游戏运营。拼多多鼓励买家在社交网络上分享产品信息，并邀请亲友和社交网络组成拼团团队，以"拼单"方式获得更具吸引的价格。因此，平台上的买家会主动将拼多多的平台介绍给他们的亲友和社交网络，并分享商品和他们的购物体验。这一互动功能不仅产生低成本的内生性流量，还将网购转化为有趣的互动体验，提升了用户的参与热情。

拼多多基于社交网络拼团的全新电商模式带来了滚雪球效应，推动平台的买家用户呈指数级增长，庞大且高度活跃的买家群体又有助于平台吸引更多的商户，拼多多的销售规模有助于商户为买家提供更具价格竞争力的定制化产品与服务，由此形成了良性循环。2018 年 7 月 26 日，拼多多在美国上市。

虽然我国经济发展迅猛，但同样存在发展不均衡的现实，所以，消费需求的层次性与不均衡性依然存在。当前，随着新零售的不断发展，"一切以消费者为中心"的理念也越来越深入人心。而不管是消费升级也好，消费降级也罢，都是以消费者需求为主导的。

上市不是终点，而是一个全新的起点。只有真正如黄峥所说的"永不放弃做正确的事，永不放弃为最广大人群创造价值"，拼多多才能"拼"出更大的未来。

第三节
// 创业精神培育和大学生职业发展规划 //

一、创业精神的内涵和大学生创业精神的培育

（一）创业精神的内涵

在已有的管理学经典著作中，创业精神更多地表现为一种创新性的活动或者行为，创业者通过这种行为对原有的资源进行重新组合，从而使其产生新的财富。该观点把创业精神等同于企业家精神，将创新视为创业的本质，并认为创业精神体现为完整的创新过程。在这个过程中，新服务或新产品的机会被确认、被创造，最后被开发出来，产生新的财富创造能力。也就是说，创业精神的本质在于为消费者创造出新的满足、新的价值。

从创业特征的角度出发，本书认为创业精神是指在创业者的主观世界中所具备的思想、观念、个性、意志和品质等。具体而言，创业精神包含哲学、心理和行为 3 个层面的内涵。哲学层面的创业精神体现为创业思维和创业观念，是创业者关于创业的理性思考与逻辑思维；心理层面的创业精神体现为创业个性和创业意志，是创业者关于创业的心理特征和心理基础；行为层面的创业精神体现为创业作风和创业品质，是创业者进行创业的行为模式和行动倾向。

在对大学生创业精神进行概括时，还应结合大学生创业不同阶段所需的知识与能力。综合已有观点，在大学生创业前期，创业精神是指能够激发大学生的创业兴趣，坚定大学生的创业意志，对创业的准备行为进行理性观察，最终影响大学生创业选择、方向和态度的思考过程；在大学生创业过程中，创业精神则是指能够激发大学生的创新思维，对创业各环节进行价值判断，规范创业行为、操守和信念，并不断鼓励创业大学生克服困难，实现创业目标和理想的精神体现。

（二）大学生创业精神的培育

良好的创业精神是大学生创业成功的前提和条件，但创业精神的培育不可能在短期

内得以实现，需要在理论学习和实践磨炼中有意识地培育和铸就。大学生创业精神的培育有以下 3 种途径。

1. 通过学习知识技能培育

对大学生而言，创业精神并不是先天具备的，而是需要在大学学习中后天培养逐步形成的。缺少主动、持续的理论学习，大学生很难构建起有效、实用的创业知识体系。因此，树立正确的学习观，运用合理的学习方法，养成主动学习、持续学习的习惯，有助于大学生获取知识和技能，培育创业精神。

2. 通过参与实践活动培育

创业精神是大学生创业者所必需的特质，需要在行为层面进行多次、反复的强化才能形成。良好创业精神品质的形成重在实践训练，积极地投身实践能带来及时的反馈和成就感，也能带来循序渐进、不断取得成功的喜悦。切切实实地投入创业的实训实践活动中，有助于磨炼出大学生坚强的心理品质。

3. 通过借鉴成功经验培育

对大学生创业者而言，他人的创业行为和成长本身就是一笔宝贵的财富，成功创业者具有一些共同的精神品质特征，包括自信、积极、善于思考、具有好奇心、勇于探索、敢于创新、敢于竞争和冒险、专注、意志坚定、不怕挫折等。从创业成功的案例中吸取宝贵的经验和教训，有助于大学生创业者构建包括创业意识、创业观念、创业责任、创业态度、创业激情和创业思维等要素的创业精神体系。

4. 通过优化创业环境培育

高校是大学生学习创业知识、践行创业理念以及付诸创业行动的重要场所，因此，在大学校园内营造良好的创业环境和氛围，是鼓励大学生自主创业、培育创新精神的关键前提。高校可以利用各种传播渠道和资源，树立创业榜样，弘扬创业精神；组织形式多样的创业活动，包括创新创业大赛、企业运营决策模拟竞赛、挑战杯大赛等，激发大学生的创业热情。

18

南洋理工大学"校园艺术走道"

为了提高学生和公众对艺术的认识和鉴赏能力，新加坡南洋理工大学于 2018 年 11 月推出了"校园艺术走道"（Campus Art Trail）。

这项计划由南洋理工大学博物馆主办，学生与公众将能沿着艺术走道观赏 42 个艺术作品。作品种类涵盖艺术装置、雕塑、绘画、摄影照片和新媒体。

由 3 名南洋理工大学的艺术、设计与媒体学院学生设计的蕨类植物形长椅"Fern"（见图 1-3），是其中一件跨学科艺术品。长椅位于南洋理工大学北区大楼广场，可以坐超过 12 人。长椅下方装有 LED 照明装置，它在感应到周围亮度低时会亮起。此外，长椅上还设有两个充电点，方便在长椅休息的学生为手机或者其他小型电子设备充电，而电能则由安装在长椅顶部的太阳能光伏板来获得。

图 1-3 南洋理工大学学生作品"Fern"

校园艺术走道横跨 3 个区域，除了南洋理工大学主校区，还延伸至位于诺维娜校区的李光前学院以及滨海广场的校友会所。其中，南洋理工大学主校区的艺术走道全长 6.4 千米，超过一半的艺术作品在此展出。

校长苏布拉·苏雷什教授在"校园艺术走道"开幕礼上致辞时，对学校开始有跨学科的公共艺术品感到自豪。他说："南洋理工大学博物馆在努力让人们更容易接触和欣赏到艺术，而艺术走道让这两方面成为校园生活的一部分，提高了社区参与度。"

二、大学生职业发展规划

职业发展规划也叫职业生涯设计，是基于个人和组织方面的需要，结合环境中的机会而制订个人在职业领域未来发展计划的活动。

职业发展规划的意义在于：以现有条件为基础，确立职业发展方向，确定努力的方向和目标及奋斗策略；突破已有职业格局的局限，为实现自我发展提供机会；帮助个体准确评价个人的特点和强项，评估个人目标和现状的差距，准确定位职业方向；重新认识自身的价值并使其增值，发现新的职业机遇，增强职业竞争力；了解就业人才市场需求，科学合理地选择行业和职业，提升个人实力，获得长期职业发展优势。

大学生职业发展规划要求大学生在老师的指导下，结合专业知识掌握程度和自己的兴趣爱好进行自我剖析，全面认识职业选择与职业发展过程中的主客观因素，准确进行自我定位，设定适合自己的职业发展目标，以此为基础制订相应的教育、培训、求职或创业计划，采取各种积极的行动实现职业发展目标。

大学生职业发展规划是一个过程，该过程包含以下要点：

第一，大学生职业发展规划的前提是全面客观地认识自身条件与影响职业发展的主客观因素；

第二，大学生职业发展规划的首要任务是确定个人的职业生涯发展目标；

第三，大学生职业发展规划是一个连续、系统、循环的动态过程，包括自我评估、环境分析、目标确定、制订计划、自我反馈和路径调整等步骤；

第四，大学生职业发展规划的实现以自身的学习和技能掌握程度为条件；

第五，大学生职业发展规划的最终目的是要确定并实现一个可行的职业目标。

大学生职业发展阶段及任务如表 1-1 所示。

表 1-1　大学生职业发展阶段及任务

大学生职业发展阶段	任务
职业准备期	低年级，发展个人职业兴趣，培育职业能力和职业素养
职业探索期	中高年级，清晰认识自身的优势和劣势，进行职业定位分析和规划，储备所需知识和能力
职业选择期	面临毕业，确定职业目标和职业发展路径
职业进入期	职场新人，梳理职场人际关系，积累工作经验
职业适应期	根据职业现状反馈对原有定位和目标进行调整，开展与职业岗位相关的工作，努力寻求下一步发展
职业稳定期	制订中长期职业发展规划，明确职业发展的终极目标
职业衰退期	无

三、创业对大学生职业发展的意义

创业是一种人生态度，是一种职业发展的精神趋向。大学生在创业知识和技能的学习中，不应急功近利，而应将创业学习与职业发展目标相结合，通过创业学习与职业发展规划的结合，促进自己成才观念的转变，顺利实现就业，进而创造社会财富。

创业学习和实践对大学生职业发展的意义表现在以下3点。

（一）有利于大学生转变就业观念和形成良好的就业心态

进入21世纪后，社会就业竞争越来越激烈。传统意义上的就业已具有"求职"和"创造新的就业岗位"的新内涵，大学生就业不仅是"专业对口"的就业，还可以是一种主动的"创造式"就业。大学生通过创业课程学习或参与创业竞赛和实践活动，有助于唤起自己的主人翁意识，即寻求就业岗位不仅仅是为单位工作，更应该树立为自己的事业打工的心态，进而树立对自己负责的职业发展目标。这使大学生的就业质量和就业满意度得以有效提升。

（二）有利于提高大学生的核心就业能力

目前，我国就业市场上存在两难的困境：一方面大学生找不到满意的工作，大学生就业难的呼声越来越高；另一方面用人单位找不到合适的人才，需要想方设法吸引高素质人才。这种困境出现的主要原因在于大学生的就业能力与社会岗位需求不匹配、不对称，即高校培养的人才与市场需求的人才形成了错位。归结起来，大学生的核心就业能力包括责任感、领导能力、沟通能力、学习能力和创新能力等，而这些是大学生通过创业学习和参与创业实践可以有效提升的素质和能力。通过对大学生创业意识、创业精神和创业能力的培养，开发和提高他们就业与创业的核心素质和能力，帮助大学生以创业者的素质和心态去就业，将会大大提高大学生的就业竞争力。

（三）有利于拓宽大学生的就业途径

受我国传统教育观念的影响，大部分大学生对自己职业发展目标的定位主要集中于寻找稳定的工作岗位，这使公务员考试和事业单位考试成为我国热门的"国考"。在这样的氛围中，我国高校对大学生的培养目标也以应用型人才为主，强调学生专业知识的把握和专业能力的培养，而忽略了对大学生创新精神和创业意识的塑造。实际上，创业教育作为高等教育发展史上一种新的国际教育理念，已经在全球范围内广泛兴起，通过创业知识学习和创业活动参与，在全面提高大学生核心素质和能力的基础上，鼓励和扶持有创业意向的大学生真正去创业，这不仅拓宽了大学生的职业发展路径，也有助于未来解决更多大学生的就业问题。大学生创业也有多种形式，可以在就业的岗位上进行创业，也可以先就业后创业，不能人为地将就业与创业割裂开来，二者是相互交叉、相互支撑的统一体。

归纳起来，创业学习和实践不只是教大学生如何创业，如何才能实现创业成功，更重要的是培养大学生的创业素质和创业品质，使大学生能够树立新的职业发展目标，端正职业发展过程中的心态，并以此为基础积累相应的知识和能力。对大学生而言，真正的职业发展成功不是拥有多少财富，而是个人内心的快乐以及为社会发展进步所做出的努力与贡献。

四、大学生职业发展规划与设计对创业的意义

进行职业发展规划与设计有助于大学生明确自己的创业定位与目标，清晰描绘创业

路径和选择恰当的创业模式。总体来说，大学生职业发展规划与设计对创业的意义主要有以下 3 点。

（一）有助于调节大学生的创业心态

职业发展规划与设计实质上属于心理学的一部分，体现为帮助大学生正确认识自我并实现自我发展和塑造个性的过程。将职业发展规划与设计的理念、知识和目标融入大学生的创业过程中，能够帮助大学生培养创新创业意识，树立创新创业精神。尤其是对面临激烈市场竞争的创业大学生而言，通过接受职业发展的教育和技能培养，能提前了解创业的艰辛和可能遇到的困难，培养面对困难的乐观心态，并掌握解决预期困难的方法和手段。

（二）有助于大学生明确创业目标

进行职业发展规划与设计时，可针对大学生职业选择的主客观因素进行分析和测定，引导大学生确定自己的创新创业目标，进行创新创业意识的塑造。确定正确的创业目标是成功创业的重要前提。在创业之前通过理性思考、科学分析确定职业发展目标，是确立创业目标的关键流程。各高校的大学生都处于学生就业上岗的准备阶段，应在大学期间通过校内专业的职业发展规划课程教育，结合自身特点明确职业定位，辨明创业未来的发展方向，确立自己的个人发展目标，并制订一系列行动计划，充分发挥自身的潜能，提高创业成功的可能性。

（三）有助于提高大学生创业的竞争力

如今各行各业竞争激烈，大学生创业无论选择哪个行业，进入哪个市场，都将面对诸多竞争对手。若要使自己的创业项目在激烈的竞争中脱颖而出，真正实现为社会创造财富、为顾客提供价值，大学生就必须结合自身的职业发展优势，充分利用有助于自己创业成功的主客观因素，制订可行的创业目标和详细的创业计划。依据理性分析制订职业发展规划，系统、有计划地采取创业行动，逐渐积累个人经验和增强创业技能，有利于大学生专注于自己的优势并且根据实际所需适时、不断地发展创业项目，在关键时刻更好地安排创业任务的先后顺序，增强创业的核心竞争力。

"大众创业、万众创新"时代的来临，为拥有创业精神的人提供了一个良好的发展平台。时代赋予当代大学生的使命不仅是做求职者，还要成为工作岗位的创造者，为社会创造出更多的职位，带动一大批人实现就业。世界上唯一永恒不变的就是"变化"，拥有创业精神和应变能力，是应对未来不确定性的"撒手锏"。

创业是一种素质，一种职业，一种生活方式，一种境界，更是一种追求。创业将使"为自己工作的观念"深深扎根于社会文化中，并显示出强劲势头。

人人都有创业潜能！人人都有获得成功的机会！

// 要点回顾 //

- 21 世纪将是创业型经济大发展的时代。创业已经成为经济发展的重要引擎，成为驱动技术创新和促进社会就业的重要载体。
- 我国创业历经了 5 次浪潮。当下全社会对"大众创业、万众创新"表现出了极大的热情，新时代的创新创业正在如火如荼地进行。
- 创新是一个民族进步的灵魂，是一个国家兴旺发达的不竭动力。创新是指人们

21

为了一定的目的，遵循事物发展的规律，对事物的整体或部分进行变革，从而使其得以更新与发展的活动和过程。

- 从范围上讲，创业的概念有广义和狭义之分。狭义的创业是指创建一个新企业的过程。广义的创业是指创造新事业的过程。

- 创业要素就是创业活动所必须具有的组成部分。商机、创业团队、资源对于创业成功有不可或缺的影响。创业者可以通过改善这些要素的组合来提高创业成功的可能性。

- 创业活动是创业者通过捕捉商业机会，配置相关资源，为个人和社会创造价值的过程。

- 创业是一种人生态度，是一种职业发展的精神趋向。大学生在创业知识和技能的学习中，不应急功近利，而应将创业学习与职业发展目标相结合，通过创业学习与职业发展规划的结合，促进自己成才观念的转变，顺利实现就业，进而创造社会财富。

// 关键名词 //

创业　创新　创业要素　创业要素模型　创业活动　创业精神　职业发展规划

// 复习思考题 //

22

1. 新时代创业具有哪些重要作用？
2. 你是如何理解创业的？
3. 简述我国创业的 5 次浪潮。
4. 创新具有哪些特征？
5. 简述创业的基本要素。
6. 创业活动具有哪些特点？
7. 创业对大学生职业生涯发展有何意义？

// 行动学习 //

结合本章内容，与你的同桌、室友或其他同学讨论以下问题。
1. 近年来科技发生了哪些变化？把这些变化写下来。
2. 这些科技变化在哪些方面改变了我们的生活？
3. 谈谈你的职业生涯规划，思考职业生涯规划如何与创新创业进行有效融合。

扫一扫

第一章阅读提高

扫一扫

第一章学习资源

第二章
创新创业思维与方法

🗨 **创**业名言

　　创造并非逻辑推理之结果，逻辑推理只是用来验证已有的创造设想。

　　　　　　　　　　　　　　　　　　　——爱因斯坦

🗨 **本**章导图

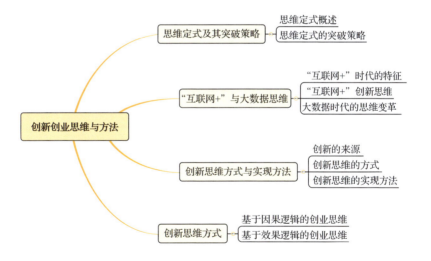

🗨 **学**习目标

　　通过本章的学习，你应该能够：
　　（1）了解思维定式；
　　（2）认识思维定式的突破策略；
　　（3）理解创新思维的方式与实现方法；
　　（4）区分与领会两种创业思维逻辑。

开 篇案例

懂车帝——汽车资讯业的一匹黑马

背景

伴随我国经济的快速增长，人民的生活水平大幅度提高，可支配收入明显增长，而汽车市场也被迅速带动起来，汽车购买咨询的信息需求急剧增加。鉴于此，汽车信息平台应运而生，越来越多的用户会通过汽车咨询网站来了解汽车各方面的信息，以帮助自己进行购买决策。

行业领头羊

位居汽车资讯类 App 榜首的汽车之家，成立于 2005 年 6 月，致力于通过产品服务、数据技术、生态规则和资源为用户和客户赋能，建设"车媒体、车电商、车金融、车生活"4 个圈，从"基于内容的垂直领域公司"转型升级为"基于数据技术的汽车公司"。目前移动端产品包括汽车之家、汽车报价、违章查询、二手车、汽车之家论坛 App 和养车之家。

行业黑马

懂车帝是字节跳动旗下的汽车信息与服务平台，于 2017 年 8 月正式上线并入选 QuestMobile 2017 中国移动互联网 App 黑马 TOP50，成为榜单中的唯一汽车内容平台。懂车帝涵盖内容、工具和社区，致力于为用户提供真实、专业的汽车内容和高效的选车服务，同时为汽车厂商和汽车经销商提供高效解决方案。

产品定位与用户需求

懂车帝与汽车之家的产品定位都是汽车垂直媒体，但是二者之间依然存在明显差异。懂车帝的内容丰富清晰，较为有趣，偏往社区方向发展，吸引的女性用户数量较多。汽车爱好者们喜欢利用碎片化时间看车、选车、购车等，懂车帝为他们提供个性化服务，并满足他们对于相同爱好的社交需求。

而汽车之家作为权威平台，打造的内容更综合，专业性更高，是较为传统的汽车门户，男性用户占据了绝大多数。它满足汽车消费者在选车、买车、用车、换车等所有过程中，对于最新资讯、购买选择、车型对比、购买使用、保险增值、卖车换车、论坛分享等方面的诉求。

懂车帝如何分一杯羹？

第一，思路决定出路，从用户痛点出发。面对繁杂的汽车资讯，大多用户犯了难，不知道如何选择有用信息。传统汽车资讯门户提供的往往是"车型库"与相关"汽车新闻"，需要客户按照自己的既定目标进行按部就班的查询。懂车帝则依托今日头条体系，深入分析用户需求，智能匹配汽车信息。其专业生产内容（Professional Generated Content，PGC）具有传统媒体无法比拟的灵活度和趣味视角，通过"大咖说车"，原本不懂车的用户也可以了解一款车的方方面面，而这种去中心化的内容推荐方式也更加契合"90 后"新一代购车用户的需求。

第二，降低用户生成内容（User Generated Content，UGC）内容创业门槛，让车主成为主角。懂车帝大胆将短视频这个"互联网新风口"应用于汽车领域，鼓励万千车主发布自己的汽车小视频。懂车帝让更多的车主能够发布自己的真实汽车评测，避开传统汽车网站编辑们的长篇大论，为用户提供有价值的购车参考。

第三，将"兴趣社交"作为用户运营重点。对于生长在互联网时代的年轻人，他们在畅游资讯海洋的同时，也期待更多的娱乐与互动体验。为此，懂车帝在车友社交方面着重发力，打破以往汽车社区以车型来分割用户群的状态，致力于个性化推荐机制应用于车友圈，让用户找到真正的志同道合的车友。

第四，亿元奖金推动短视频与兴趣社交融合。懂车帝鼓励用户在车友圈发布自制短视频，分享自己的看车、选车、买车体验和日常精彩记录。目前懂车帝 60% 的用户是"90 后"，这种创新的汽车短视频社交形式更能吸引与留住他们。在 2020 年，懂车帝平台创作者数量实现翻倍增长，内容发布量提高 4 倍。此外，平台多元创作体裁增长势头良好，视频发布量增长了 5 倍，图文发布量增长了 4 倍。

最后，直播助力"专业、权威"。自 2019 年 10 月启动直播业务，懂车帝只用 10 个月时间，就成为国内最大的汽车直播平台。根据懂车帝第三届缔造大会发布的《2020 汽车内容创作者生态报告》，平台直播开播量增长了 11 倍，优质内容消费量增长了 30%，在不到一年时间，涉及"专业、权威"等关键词的评论量超过 1 500 万条，用户对内容满意度持续提升。

第一节
思维定式及其突破策略

一、思维定式概述

人们在生活与学习过程中，知识和经验得到不断积累，惯用的思维模式也逐渐形成，在面临常规问题处理时，可以省去试错的步骤，缩短思考时间，这就是思维定式的优势。思维定式可以帮助人们解决日常 80% 以上的常规问题，尤其对程序性和事务性的工作任务有效。

思维定式又称思维惯性，是由以往的活动而造成的一种对问题的特殊心理准备状态，或活动的倾向性。人们可以根据目前问题的特征联想已经解决的类似问题，将已有的知识和经验应用于新问题的思索，从而尽快找到相应的解决方法。

（一）思维定式并不是凭空产生的，它具有双刃剑性质

对婴幼儿而言，是不存在思维惯性的，所以他们具有丰富大胆的想象力和强烈的好奇心。因此，思维定式尽管有益于常规问题的思考和处理，包含一定的经验性和合理性，但是消极的思维定式会束缚创新思维的产生，无形中形成思维自闭与枷锁。

法国生物学家克洛德·贝尔纳（Claude Bernard）曾说过："妨碍人们学习的最大障碍，并不是未知的东西，而是已知的东西。"作为一种惯性思维，人们通常沿着熟悉的思考路径，将过去经验直接投射到当前问题，产生思维惰性，绑架人们的思维进入误区。思维定式的消极作用往往被忽略，但是它的确对新思想、新观点和新技术的产生具有一定的阻碍作用，不利于开创性的改革和突破性的创新思维。

你如何看待思维定式与路径依赖

路径依赖（Path-Dependence），是指人类社会中的技术演进或制度变迁均有类似

于物理学中的惯性，即一旦进入某一路径（无论是"好"还是"坏"），就可能对这种路径产生依赖。一旦人们做了某种选择，就好比走上了一条不归之路，惯性的力量会使这一选择不断自我强化，并让你轻易走不出去。

一个典型的例子：现代铁路两条铁轨之间的标准距离是 1 435 毫米，那么为什么是这个标准数值呢？原来，早期的铁路是由制造电车的人设计的，而 1 435 毫米正是电车所用的轮距标准。那么问题来了，电车的轮距标准又是从哪里来的呢？最先造电车的人以前是造马车的，所以电车的轮矩标准沿用的是马车的轮距标准。那么，马车为什么采用这个轮距标准呢？因为古罗马人军队战车的宽度就是 1 435 毫米。而古罗马人为何选择该数值作为军队战车的轮距宽度呢？原因很简单，这是牵引一辆战车的两匹马屁股之间的宽度。

（二）思维定式的主要特征

思维定式并不是指人们思维的具体内容，而是指思维活动的模式与程序，它具有以下 3 个主要特征。

1. 惯性

思维定式深入人们的潜意识，能够主导人们的思维过程、态度与行为，具有极强的稳定性与顽固性。正如英国经济学家威廉·贝弗里奇（William Beveridge）所言："我们的思想越多次采取特定的一种思路时，下一次采取同样思路的可能性就越大……正如形成条件反射一样，思维最终进入固定的模式里。"

2. 封闭性

在长期的生活实践中，人们习惯于已知的事物和规则，对新的问题和现象视而不见，甚至拒绝任何习惯以外的想法。正如在哥伦布完成横跨大西洋的庆功宴上，几个贵族人士认为哥伦布只是做了一件稀松平常的事情，凭着运气好才发现了西印度群岛。于是，哥伦布拿起一个鸡蛋向他们求教将鸡蛋立起来的方法，结果这几个贵族人士无一成功。而哥伦布把鸡蛋轻轻一磕，鸡蛋就立了起来。很明显，在贵族们的观念里，鸡蛋是不能被磕破的，这种思维定式根深蒂固且自闭于他们的思想之中。

3. 程序性

人们在解决问题时，为了效率之便，往往有明确的步骤和规范要求，如同几何题的证明步骤一样，要求步步有据和格式合理。但是客观世界是无限的，人们在观察与思考问题时，会有许多相关条件等待人们发掘和设置，进而产生不同的结果。思维定式的程序性会让人们习惯将事物定位于某种状态，从而限制人们的视野。

关于创业者的神话

创业神话总是能得到人们的关注和青睐。但这里有一个问题：普遍规律虽然对某些特定类型的创业者适用，但创始人的多样性却向普遍规律提出挑战。

神话 1：创业者是天生的，并非后天培养。

创业现实——大量研究表明：创业者在遗传基因上并非异于常人。没有人天生就是创业者，每个人都有成为创业者的潜力，能否成为创业者，是环境、生活经历以及个人选择的结果。即使创业者天生就具备了特定的才智、创造力和充沛的精力，这些品质本身也只不过是未苏醒的泥巴和未经涂抹的画布。创业者通过多年积累相关的技术、技能、经历和关系网，才被塑造成功，这当中包含许多自我发展历程。

神话 2：创业者是赌徒。

创业现实——创业者和大多数人一样通常是适度风险承担者。成功的创业者会精心计算自己的预期风险，并在可承担损失范围内决策。在有选择的情况下，他们通过与别人一起分担风险、避免或最小化风险来影响成功概率。他们不会故意承担更多的风险，不会承担不必要的风险，当风险不可避免时，也不会胆怯地退缩。

神话 3：创业者喜欢单枪匹马。

创业现实——创业者如果想完全拥有整个公司的所有权和控制权，将会限制企业的成长。单个创业者通常只能达到维持生计的状态。一个人很难单枪匹马地发展一家高潜力的企业。最成功的创业者通常也都是最优秀的团队领导者，他们与合作人、同事、顾问、投资者、重要客户、关键供应商等保持有效的工作关系。

神话 4：钱是创立企业最重要的要素。

创业现实——如果其他资源和才能已经存在，钱自然随之而来；但是如果创业者有了足够的钱，成功却不一定随之而来。钱是新企业成功因素中最不重要的一项。钱对创业者而言就像颜料和画笔对于画家那样，它是没有生命的工具，只有被适当的手所掌握，才能创造奇迹。当一个创业者赚了几百万元甚至更多时，他还是会无止境地工作，憧憬着创建另一家公司。创业者因为乐于体验追求创业带来的兴奋而获得自身的成长和成功。

神话 5：如果创立一家企业失败了，你将永远无法翻身。

创业现实——通常创业者创立的第一个企业失败了，但创业者从中学习，进而创建一家极为成功的公司。即使企业失败了，并不能说创业者失败了。失败常常为创业者提供一个学习的机会。

神话 6：创业者是他们自己的老板，他们完全独立。

创业现实——创业者离完全独立相差很远，他们需要为很多赞助者服务，其中包括合伙人、投资者、顾客、供应商、债权人、雇员、家庭以及其他利益相关方。但是，创业者可以自由选择是否、何时以及做些什么以对他们做出响应。

神话 7：如果创业者是有能力的，1～2 年就会成功。

创业现实——在风险投资业界有这样一种普遍的说法："柠檬（指失败者）只要两年半就成熟了，而李子要七八年才能结果。几乎没有一家新企业可以在少于 3 年的时间内站稳脚跟。新创建的、由风险资本支持的公司一般在持续获利和上市前都会先经历一段亏损期，而盈利和上市通常要等 5 年以上。"

（三）思维定式的常见类型

1. 从众型思维定式

人们在日常生活、学习和工作中，从众心理普遍存在，偏执地认为"顺大流"不会吃亏，从而逐渐固化形成从众型思维定式。因此，从众型思维定式是指没有或不敢坚持自己的思想或主见，总是选择顺从多数人意志的一种广泛存在的心理现象。比如，十字路口的红灯指示，如若看到别人都在继续向前行走，自己也会随着人群向前冲；羊群里，一头羊发现一片肥沃草地，其他的羊就会一哄而上，争抢那片草地，根本无暇顾及不远处更好的草地。

在竞争日趋激烈的行业中，领先者往往会吸引其他企业的注意力，就如同曾经的"共享单车"一样，众多资金蜂拥而上，而到最后，存活下来的也就几家而已。诚然，这种"从众"是降低研发和市场调研成本的一种策略，也称作"复制原则"。当一家公司前期投入巨额研发资金推出一种新产品后，会被其他对手复制，从而加剧市场竞争。与此同时，从众型思维定式会让企业在没有充分调研的基础上盲目上马项目，进而导致惨淡经营，甚至退出市场。破除从众型思维定式，需要人们具备心理抗压能力，要有独立的思维意识，不盲目跟随。

2. 书本型思维定式

书本知识是人类的宝贵财富，对人类社会的发展起到极为重要的作用，值得一代代人认真学习与继承。但是，对于书本知识的学习，最终目的是发现新知识，推进科学技术的迭代与更新，所以人们在学习时，就需要活学活用相应书本知识，决不可死记硬背相关教条，更不能作为万事皆准的真理。夸大化和绝对化书本知识是有害的，会形成书本型思维定式，走向事物的反面。

"尽信书，不如无书"。社会现象瞬息万变，而书本知识则相对滞后，未得到及时和有效的更新，刻板地按照书本旧有知识去指导鲜活的实践活动，将会严重束缚与禁锢创新思维的涌现。

3. 经验型思维定式

经验是人类在实践过程中获得的主观体验和感受，是理性认识的基础，在人类认识和实践中发挥不可替代的作用。从某种意义上来讲，经验似乎比科学更直接和熟络，但往往比科学更肤浅与狭隘，它并不能充分反映事物发展的本质和规律。

经验型思维有助于人们在处理常规事务时少走弯路，提高办事效率，然而经验型思维定式是指人们观察、解决问题时，一味地按照以往的经验行事，照搬照套的一种思维习惯，它忽视了经验的相对性和片面性，制约创新思维的产生。

就如一则寓言故事所言，一头驴子背盐过河，不小心滑了一跤，盐在水中溶化而减少，等驴子再站起来时，它发觉身上的盐袋轻了许多，于是获得良好的感受与经验。后来，驴子又背棉花过河，有了上次的经验，驴子就故意摔倒，结果棉花吸了水，驴子再也没有站起来过。

4. 权威型思维定式

权威的观点具有显著的说服力，但是将其作为判定事物是非的标准，就可能出现偏差。对于惟权威的做法，是不可取的，毕竟相关领域的泰斗也不可能永远正确，就如爱迪生认为交流电太危险而不适合家庭使用的观点一样。但是权威专家毕竟看得更远、研究得更加深入，所以我们要尊重权威的学术观点与指导，但要避免权威型思维定式的形成。

对权威的迷信、盲目崇拜与夸大，属于权威的泛化，是思维惰性的表现，这种思维模式就是权威型思维定式。其形成可能源于不恰当的教育方式和不理性的个人崇拜，在科学研究与实践中，要坚持实践是检验真理的唯一标准，破除权威型思维定式。

生活中的思维定式

　　有一天，一位公安局长在马路边同一位老年人聊天。这时候有一个小孩子跑过来，急促地向公安局长喊道："快，快回去！你爸爸和我爸爸吵起来了！"老人问道："这孩子是你什么人啊？"公安局长回答道："他是我儿子！"请问：这两个吵架的人与公安局长是什么关系？

　　这一问题，在100名被试者中只有2人回答出来。后来把这个问题抛给一个三口之家进行回答，父母没有答对，孩子却很快答了出来：局长是女的，吵架的两人中，一个是局长的丈夫，另一个是局长的爸爸。

　　其中的思维定式：公安局长是男的！那么你回答出来了吗？

二、思维定式的突破策略

　　从社会学和心理学的研究成果来看，思维定式是难以避免的。解决思维定式的常见策略是尽可能多地增加头脑中的思维视角，学会从多种角度观察同一个问题，拓展思维的广度。人们在生活中，往往以过去遇到的相似问题为基础，"我在昔日工作及学习中获得的知识与经验，是怎样教我来解决这类问题的？"然后，人们会选择以经验为基础的最有希望的方法，顺着事物发生的时间、空间顺序去思考与解决。用这种方式解决问题的效率可能比较高，但是也容易使人陷入思维误区，制约创造性思维，因此，人们需要改变既有的思考方向，以获得更多的思维视角。

（一）全视角考虑问题

　　当一个问题沿着正向角度无法获得解决时，可以逆着去思考该问题。例如，一家造纸厂生产出来一批不合格的纸张，墨水笔在纸上写字时，墨水会被很快吸干，无法形成字迹，那么怎么解决这批废纸呢？逆向角度考虑该问题就是：对于办公桌上不小心漏下的墨水，如不及时处理，会弄得乱七八糟，而该纸可以有效地吸干墨水。世间事物是对立和统一的，当改变不了这一面时，可以改变其另一面。例如，有一位加拿大人叫格德，在复印时他不小心将无色液体洒在文件上，导致复印时被液体浸染的文件变得一团糟。他就研发出可以加密复印的液体，浸泡在文件上后，文件就无法被人复制。

（二）培养发散性思维

　　发散思维是我们日常处理问题时非常重要的一种思维模式，它区别于线性思维，更强调思维的扩散性而非深度。联想与想象在其中起到非常重要的作用。电话发明人贝尔，在看到耳朵的内部构造时，就将其联想为一块极薄能够震动的钢片，并由此发明了电话。塞缪尔·莫尔斯在制造越洋电报信号的过程中，一直无法取得成功，有一天他看到驿站中马匹被换下来的场面，受到启发而联想到电报信号的中继站，从而解决了相应的问题。

（三）多尝试换位思考

　　换位思考是人对人的一种心理体验过程。将心比心、设身处地是达成理解不可缺少的心理机制。例如，日本夏普公司在调研冰箱使用情况时发现，用户较多使用冷藏室，所以把冷藏室放置在上面比较合适，但是冰箱的传统设计是冷冻室在上方，这样的设计方便冷气下流，如若改变设计，则造成冷冻室的低温不能很好地利用。后来研发人员继续从消费者角度进行思考，通过安装风扇和风管的方法将冷气提升到上面冷藏室，这种新型电冰箱得到用户的热烈欢迎。

（四）拓展知识储备

一个人学习的知识越多，越会发现自己的渺小。因此，突破思维定式需要个人拥有足够的知识储备，不被现有知识限制，才有可能在面对新问题时找到新的方法。拓展知识储备比较简单有效的方法有两种。其一，大量阅读。只有通过阅读丰富自己的知识，知识面才能越来越广，思维才能越来越开放。其二，多与别人讨论。对于同一件事，不同人的观点会存在差异，通过讨论与沟通，多种知识储备会发生交互作用，从而碰撞出更多的火花，在拓展个人眼界的同时，利于打破自己的思维定式。

要有梦想且要真实

马云说，很多人创业的目的不同，他创业的目的就是让自己的生活有所改变。"当年我的领导对我说：'马云，好好儿干。再过一年你就有煤气瓶可以发了，再过两三年你就可能有房子了，再过 5 年你就能评副教授了。'于是我在他身上看见了我以后的样子——每天骑着自行车，去拿牛奶，买菜。我当然不是说这种生活不好，只是希望换一种方式。等到在创业的路上越走越远的时候，我发现自己的梦想越来越大，也越来越现实。每个人都有梦想，梦想未必要很大，但一定要真实。"

马云在提到阿里巴巴创立之初的情形时说，阿里巴巴刚创立的前 3 年，一分钱都没赚，员工也很沮丧，他们甚至觉得阿里巴巴已经不像公司的样子。"当时互联网还没被大部分人所接受，电子商务更是很遥远，阿里巴巴这个名字很古怪，我这个人看上去也比较让人没有信任感，"马云略带自嘲地说，"但有一样东西让我们坚持和乐观。我们收到了很多小企业客户的感谢信，写着：阿里巴巴，因为你们，我们拿到了订单，招到了新的员工，扩大了公司规模。这让我觉得，假如今天我能帮 10 家小企业，将来就能帮 100 家，未来还有 10 万家在等着，这个市场一定存在。"

第二节

"互联网 +"与大数据思维

一、"互联网 +"时代的特征

根据《国务院关于积极推进"互联网 +"行动的指导意见》（国发〔2015〕40 号），"互联网 +"是把互联网的创新成果与经济社会各领域深度融合，推动技术进步、效率提升和组织变革，提升实体经济创新力和生产力，形成更广泛的以互联网为基础设施和创新要素的经济社会发展新形态。

"互联网 +"是生态要素，它与每个人的生活相关。伴随互联网、云计算以及大数据等技术的应用，"+"可以看作连接与融合，既是互联网与传统企业间的政策连接，也是技术连接，还是服务连接与人才连接，实现双方的完美匹配。对"互联网+"时代，可以从3方面来进一步理解。

（一）跨界融合，连接一切

今天我们所处的时代和面临的环境发生了重大变化，而这种变化背后的驱动要素与跨界相关度非常大。如若用最简洁的方式来表述"互联网+"的特质，就是8个字：跨界融合，连接一切。在"互联网+N"跨界融合中，要求双方不是单方的亲和，而是双方的融合性、契合性和连接性。过去传统工业的结构化模式，在互联网以及大数据技术的冲击下，正在被颠覆。而这种颠覆本身带来的正是产业之间的融合以及新兴产业的出现和蓬勃兴起，这都为跨界操作提供了营养丰富的土壤。

跨界需要连接，连接是一种存在形态，没有连接就没有"互联网+"。连接的方式、效果与质量决定连接的广度与深度。"互联网+"的出现让信息不对称性降低，让信任重建，让更多的人、企业、机构嵌入连接中来，产生新的价值创造。

（二）重塑结构，开放生态

互联网时代中，关系结构发生了重大变化，例如用户、股东、服务者等身份在一定条件下可以自由切换。互联网弱化了地理边界的同时，也改变了原有的游戏规则与管控模式。信息革命、全球化以及互联网已经打破了原有的社会结构、经济结构、地缘结构和文化结构。

"互联网+"时代下，各类结构被重塑的同时也带来了许多要素的变化，如权力、关系、规则及对话方式。现实世界与虚拟世界间呈现分裂又无缝融合的状态，自我雇佣、动态自组织及自媒体大行其道。未来的商业是无边界的，在这种情境下，衡量企业跨界能力的一个关键因素就是开放性、生态性够不够。如若不能以开放的心态来应对结构的重塑，自然就无法形成适应的商业模式与竞争战略。

只有在开放的生态系统里，跨界才能找到与外界其他要素之间的共通之处。"互联网+"行动计划的核心是生态计划，要重塑教育生态、创新生态、协作生态与创业生态，在这一过程中既要精心设计，又要发挥要素的能动性。

（三）数字变革，创新驱动

在信息经济、数据经济的今天，数字变革已经并将继续改变消费者对于组织与消费者沟通、交流的期望，用户和客户体验日趋紧密相连，所有业态都处于动态变化之中，粗放式的资源驱动早已难以为继，必须转变到创新驱动发展的道路上。

互联网自身的特质为跨界、协作与融合提供了技术保障与实现手段。要敢于打破原有格局与条框，破除束缚生产力发展的因素，推动创新发展。早在2015年3月，国务院就颁布了《中共中央 国务院关于深化体制机制改革加快实施创新驱动发展战略的若干意见》，强调将科技创新摆在国家发展全局的核心位置，统筹推进引进来与走出去合作创新，实现科技创新、制度创新、开放创新的有机统一和协同发展。

小贴士

"互联网+"时代下AIDMA到AISAS的转变

作为分析消费者行为传统模式理论，AIDMA业已存在多年。AIDMA是5个英文单词的首字母，具体是指消费者从接触商品到最终完成购买经历的 5 个阶段：A（Attention），诱发消费者注意力；I（Interest），激发消费者兴趣；D（Desire），形成购买欲望；M（Memory），产生记忆；A（Action），促成购买。

然而，在"互联网 +"时代背景下，该理论已经鞭长莫及了，需要新消费行为模式 AISAS 理论来剖析消费者的购买行为。AISAS 代表的 5 个阶段：A（Attention），诱发消费者注意力；I（Interest），激发消费者兴趣；S（Search），消费者在互联网背景下主动进行商品服务的搜寻；A（Action），采取购买行为；S（Share），消费者分享。在"互联网 +"时代，消费者成了自媒体的代言人，能够随时随地分享自己的信息，能够将自己对商品和服务的使用体验与其他人分享。

二、"互联网 +"创新思维

在"互联网 +"时代，"要想火车跑得快，全靠车头带"的观念已经让位于"动车理论"。对动车而言，每一节车厢都有发动机，这就要求每个组织和个人都要成为驱动力。国家政策鼓励传统产业树立"互联网 +"思维，积极与互联网相结合。拥有创新思维，能够让企业领先他人一步，使自己的产品与服务得到快速消化。

（一）用户至上思维

在消费者主权的时代，所有产品与服务设计应该围绕消费者需求进行。对创业者而言，首先要能设计与提供用户明确且迫切需求的产品或服务，才能够明确用户群。俗话说："得民心者得天下"。让民众决定需要什么，企业就生产与提供什么。抓住用户的心，让他们离不开企业的产品或服务。

用户至上思维不能局限于销售服务，而应该考虑用户真正的需求、偏好和兴趣点。在当今时代，人们的消费习惯和路径已经发生了变化，这要求企业应提前想到用户的困难并解决这些困难，而不是等问题发生了再去解决。做好用户参与和体验，服务好用户，通过用户进行口碑宣传公司的产品和服务。

（二）简约专注思维

在移动互联网生态中，用户获取信息的成本极低，转移的成本更低，必须快速抓住消费者的注意力。企业在产品及服务设计上应采用简约思维。所谓简约，意味着专注，意味着明确、强调和放大亮点，意味着凸显产品的核心价值。最好的例子就是乔布斯接手后的苹果公司，他一回到苹果，就向团队传达一个理念：决定不做什么和决定做什么一样重要。乔布斯在白板上画了一条横线和一条竖线，画了一个方形的四格图，在两列顶端写上消费级、专业级，在两行标题下写上台式和便携，然后说："我们的工作就是做 4 个伟大的产品，每格一个"。而在决定进入手机领域时，只有一个理由：市面上的手机都太复杂，难以操作，世界需要一款简约的手机。

（三）极致最佳思维

极致最佳思维，就是要把产品、服务和用户体验做到极致，超出用户想象与预期。创业者或企业如若想把一个产品做到极致，首先要聚焦在一个点，不能够把它想得太复杂，一定要简单，不要放太多花样在上面；其次，要有超高性价比和独特之处。雷军说过："两倍的性价比，一半的价格"。在一个对比领域中，产品比他人产品性能更好，价格却更低，产品内容更聚焦，就能实现极致。在打造极致的同时，要切入消费者的痛点，然后让这个痛点的解决成为自己的独特点。值得注意的是，这个痛点的解决方案也应该具备超高性价比，否则没有用户会为这个不方便之处（痛点）的解决埋单。

三、大数据时代的思维变革

大数据是指无法在可承受的时间范围内用常规软件工具进行捕捉、管理和处理的数据集合。其中"现有的一般技术"是指目前企业所使用的关系型数据库技术，对复杂结构及量大的数据无法进行有效查询与处理。大数据具有"4V"特征，"4V"即容量（Volume）、速度（Velocity）、多样（Variety）、价值（Value），具体而言就是庞大容量、极快速度、种类丰富、能够产生价值，如图2-1所示。

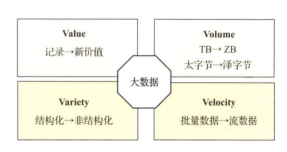

图2-1 大数据的"4V"特征

维克托·迈尔－舍恩伯格（Viktor Mayer-Schnberger）在《大数据时代》一书中指出，大数据不仅是人们获得新的认知、创造新的价值的源泉，而且是改变市场、组织机构以及政府与公民关系的方法。大数据的核心就是预测，这就需要人们在分析信息时注意相应的思维改变。

（一）思维变革一：全数据模式，而非随机样本

19世纪以来，当面临大量数据时，社会组织往往依赖随机抽样的方式进行分析。但是，伴随网络技术、云计算以及大数据处理技术的出现，分析与处理数据的方法已经发生了翻天覆地的变化，在大数据时代进行抽样分析就像在汽车时代骑马一样让人觉得效率不够和格格不入。

小数据时代随机采样的目的是用最少的数据得到最多的信息，其中最主要的原因是整体数据的收集成本过高和没有相应的分析处理工具。如今，手机终端、感应器、网站以及各类App等可以收集大量的数据，随后交由与计算机相关的程序进行处理。全数据分析，能够提高微观层面分析的准确性。

（二）思维变革二：数据混杂，而非精确

执迷于精确性是信息缺乏时代和模拟时代的产物。当拥有海量即时数据时，绝对的精确不再是追求的主要目标。大数据纷繁多样，分布在全球多个服务器上，只有5%的数据是有框架且能适用于传统数据库的。如果不接受混乱，剩下95%的非框架数据都无法被利用，只有接受不精确性，我们才能打开一扇从未涉足的世界的窗户。

对小数据而言，最基本的要求就是减少错误，保证质量。同时为了使分析结果更加准确，许多科学家都致力于优化测量的工具，发展出复杂的算法。伴随着数据的增多，微软中心的米歇尔·班科和埃里克·布里尔发现多种算法的准确率都大幅度提高了。当数据只有500万个时，简单的算法表现得很差，但是当数据达到10亿个的时候，它却变成了最好的，准确率从原来的75%提高到95%以上。因此，大数据的简单算法比小数据的复杂算法更有效，纷繁的数据越多越好。对于数据的混杂性，我们不是竭力避免，而应当将其视为标准途径，帮助我们进一步接近事实的真相。

（三）思维变革三：相关关系，而非因果关系

在传统观念下，人们总是致力于找到一切事情发生背后的原因。而在大数据时代，我们不必非得知道现象背后的原因，而是要让数据自己"发声"。知道"是什么"就够了，没必要知道"为什么"。相关关系也许不能准确告知我们某件事情为何会发生，但是它会提醒我们这件事情正在发生。我们也不再需要在还没有收集数据之前就把分析建立在早已设立的少量假设的基础之上。让数据发声，我们会注意到很多以前从来没有意识到的联系的存在。

相关关系通过识别有用的关联物来帮助我们分析一个现象，而不是通过揭示其内部的运作机制。通过找到一个现象的良好的关联物，相关关系可以帮助我们捕捉现在和预测未来。如若A和C经常一起发生，那么我们只需要注意到C发生了，就可以预测A也发生了。当然，相关关系是无法预知未来的，而只能预测可能发生的事情，但是这已经弥足珍贵了。

因果关系还是有用的，在大多数情况下，一旦我们完成对大数据的相关分析，而又不再满足于仅仅"是什么"时，我们就会继续更深层次地研究因果关系，找出"为什么"。但我们不再将因果关系视为意义来源的基础。

樊登读书

2011年，第九次全国国民阅读调查数据显示国人年读书量为4.3本，远低于日本的40本。一场全民阅读浪潮在该数据的推动下开始翻腾，就在这个转变的风口，樊登敏锐地把握这一时机并进行创业，希望解决这一痛点问题——许多人买了书，但只是放在书架上，一年读一本都很困难。

1976年出生的樊登，毕业于西安交通大学材料系，1999年获得国际大专辩论赛冠军，曾就职于中央电视台，并且是一名书评人。2013年，他结识刚大学毕业4年的郭俊杰，"用商业的力量来推动读书"的想法让两人决定借助互联网来创建读书会。而那时社会上业已存在多家影响力巨大的读书会，如"金陵读书会""爱思想读书会"等。

2013年11月，樊登读书会正式成立，并将书籍范围集中在事业、家庭和

心灵 3 个门类上，因为这 3 类更容易被读者接受，可操作性更强。读书会最初通过 E-mail 向会员发送讲书演示文稿，但是大多都会被退回来或是无反馈。后来采用会议营销的方式，在别人做大型活动的时候借机宣传，此时已经是 2014 年 10 月。再后来，读书渠道搬到了微信，通过微信群的方式进行语音授课，同时将语音片段通过公众号进行推送，服务会员的效率和传播速度都有了提升。

2015 年 2 月，樊登读书会建立 App，"每年解读 50 本书，每人只收费 365 元"。但是这 365 元也成为阻挡多数人入会的门槛，所以年底会员规模不过 10 万人，而同行喜马拉雅的用户逾 2 亿人，于是管理团队有成员提议将收费变为免费模式。后来经过内部讨论，决定利用代理网络寻求黏性增长，而不是采用免费模式。

被称为"知识付费元年"的 2016 年，多种知识付费产品如得到、知乎纷纷上线，而樊登读书会明显处于领先优势。时至年底，新增了 152 家市级授权点，会员规模超 100 万人。2017 年，樊登书店在国内铺开，代理商们各展才华，建立一个又一个独具特色的书店，新颖的形式让当地市民流连忘返；2018 年 4 月，樊登读书会更名为樊登读书，总部设在上海，会员人数超过 500 万人；2019 年 3 月，会员人数超过 1 500 万人……

第三节
// 创新思维方式与实现方法 //

一、创新的来源

管理大师彼得·德鲁克在《创新与企业家精神》中提出了创新的 7 种来源，下面进行具体介绍。

（一）意料之外的事件

德鲁克说这是最容易利用、成本最低的创新机会。意料之外的事件包括意外的成功、意外的失败以及意外的外部事件等。如万豪酒店在华盛顿开的一家餐馆，生意意外火爆。后来经过了解，原来餐馆对面是机场，那时候飞机上不提供吃的，很多乘客就来餐馆买快餐带到飞机上。这么一来，万豪酒店就意外地发现了新机会，开始和航空公司合作，做航空餐厅，取得了成功。所以，要认真分析意外事件背后的原因，说不定就会发现创新机会。

意外失败同样是非常重要的创新机遇来源。福特公司的埃德赛尔（Edsel）车型经常被商学院的教授们当作新车型的典型失败案例援引，但大多数人并不了解，正是埃德赛尔的失败为福特公司日后的成功奠定了基础。在我们平时的学习、工作与生活中，常常会发生一些意料之外的事件。这些事件能让我们从之前没有想到的视角进行观察和思考，也因此启发我们创新、创造。

微波炉是典型的"意料之外的事件"引发的创新产品。1945 年，美国雷达工程师斯宾塞在做雷达实验时偶然发现口袋里的巧克力块融化发黏，他由此发现了微波的热效应。同年，微波热效应的第一个专利在美国诞生，1947 年雷声公司研制出世界上第一台微波炉。经过不断改进，1955 年家用微波炉在西欧诞生，20 世纪 60 年代微波炉开始进入家庭，随着技术的不断进步，微波炉得以广泛普及。

（二）不协调的事件

当事情与人们设想的不同，当某些事情无法解释时，通常表明存在有待认知变化的可能性。现实状况与设想或推测的状况不一致时，会引发认知不协调，进而促使人们进行创造与改变。比如我们在使用某种东西的时候，常常会遇到不顺手的情况，这种不协调、不合理其实正是促进创新、改善用户体验的重要推动力量。比如，过去的电冰箱都是"冷冻柜在上、保鲜柜在下"的布局，这样的设计对使用者来说不方便，因为绝大多数电冰箱，保鲜柜使用频率远高于冷冻柜。因此，现在几乎所有的电冰箱设计都做了相应修改，变成"冷冻柜在下、保鲜柜在上"的布局。

很多事情从逻辑上判断应该行，但实际结果截然相反，这时候，就可能产生创新。比如集装箱的发明就是这样。20 世纪 50 年代之前，航海公司都在使劲购买好货船、招聘好船员，他们的想法是，只有船跑得更快、船员业务更熟练，航运效率才会更高，公司才能赚钱。这听起来很有道理，但结果并不理想，成本还是居高不下，整个行业都快不行了。后来大家才发现，原来当时影响效率的最大因素不是船和船员，而是轮船在港口闲置，等待卸货再装货太耽误时间。所以大家开始想办法来提高货物装卸的速度，于是就发明了集装箱，航运总成本一下子下降了 60%，整个航运业起死回生。

（三）流程的改进

很多事情都有固定的流程，如果这些流程有不够合理的地方需要改进，这就是创新的出发点。寻找现有流程中的薄弱环节就是发现创新点。比如巴西的阿苏尔航空公司，其机票价格很低，但乘客却不多。后来该公司发现，这是因为乘客到机场很不方便，坐出租车很贵，而坐公交或者地铁又没有合适线路。也就是说，"从家到机场"是顾客出行流程的一部分，但没有得到有效的满足。于是，阿苏尔航空公司开通了到机场的免费大巴，生意一下子就好了。

（四）产业结构或市场结构的变化

行业和市场变化，往往会带来创新的机会。比如数码技术的出现，让影像行业发生了很大变化。柯达公司就因为没有重视这个变化，很快就不行了。其实早在 1975 年，柯达公司就发明了第一台数码相机，但它只想着保护自身的传统优势，没有看到行业变化带来的创新机会，结果最后很惨。当今社会人们的生活变化快，产业和市场结构的变化也很快，全球化浪潮下的技术发展以及互联网的普及使很多行业日新月异地变化。比如共享单车企业因觉察了移动互联网的普及及其带来的新的客户需求，成功开辟出全新的市场并创造了新的商业模式。

（五）人口结构的变化

人口规模和结构上的变化，如人口数量、年龄结构、性别组合、就业情况、受教育状况、收入情况等方面的变化，都会带来新的机会。这些变化发生迅速，并能对市场产生戏剧性的影响，但许多公司却很少密切监控人口变化。由于人口变化时刻发生却又常常被决策者忽视，因此它可能为创新者提供新机遇。

（六）认知上的变化

"半满的杯子"和"半空的杯子"是对同一现象的不同描述。创业者对水从半满到半空的认识改变也会带来巨大的创新机会。即人们的观念若发生转变，也能创造机遇。立足已稳的公司往往难以认识到人们观念上的转变，因此，基于观念转变进行创新可有效减少竞争对手。观念上的变化难以察觉——因事实并未改变，只是事实的内涵改变了。出乎意料的成功或失败可能意味着观念上的变化，进行观念的调查常可找出已变化的观念并确定持有者的数量。由于这种创新存在风险，德鲁克建议，由观念转变的创新应从具体化开始，从小规模开始。例如，最早人们认为只有大企业才会用计算机，后来意识到家庭也能用，这才有了家用计算机的创新。反过来，如果观念没有转变，就可能失去创新机会。比如福特公司取得成功以后，对消费者的认知一直没有变化，一直以为买车的都是男人，汽车声音大，开起来才带劲。结果丰田生产出乘坐舒适度更高、噪声更小的家用轿车以后，福特就不行了。

（七）新知识

德鲁克将这一创新来源列于最后是因为它难以管理、无法预见、花费较高，而且有生产准备时间长的特点。比如，德鲁克提到，喷气式发动机早在 1930 年就发明出来了，但应用到商业航空上是在 1958 年波音公司研制出波音 707 客机，中间隔了 28 年。新知识创新往往需要多个因素的作用。例如，新飞机的研发不仅需要发动机的创新，还需要结合空气动力学、新材料以及航空燃料等多方面的知识与技术。

不过，目前多数组织在各种创新来源中首先强调新知识在创新中的作用，因为它引人注目、令人兴奋。以新知识为基础的创新经常会失败，因为一个领域的突破经常需要其他各领域齐头并进，新知识才能发挥作用。由于新知识往往要求各领域都与其协调一致，所以多数组织都难以成功地引进以新知识为基础的创新。

微信迭代创新 8 字诀

独立。首先，从事创新的团队要尽可能保持独立。在腾讯公司，"去中心化"的组织架构做得很好，公司的现金流无法影响新兴部门的发展。像微信这样的产品从一开始都尽量避免利润中心的影响，甚至和所谓的核心业务部门毫无关联，创新活动相对独立、完整，且不受短期经营状况的影响。

简单。微信创始人张小龙在总结他的设计原则时说："这里有一些方法可以遵循，也就是简单是美的方法。"除了设计尽可能简单，对于功能和功能的呈现，微信也求极简。从初始的版本到现在，用户提出了很多功能需求，微信团队不但没有采用一些很多用户反馈的功能需求，还去掉了原有的一些功能，这就是迭代开发的一个反向逻辑：做产品，少就是多，去掉某些累赘的功能之后，便捷性、易用性和产品想象空间反而被拓宽了。微信团队迭代创新的一个重要技巧就是反向迭代：如何用迭代的模式，把非常复杂的功能，整合成简单的产品来呈现给用户。

敏捷。微创新过程不是按部就班地生产。微创新的迭代过程非常快，无法预料两个月以后的新版本会是什么样的，两个月内的成长和提升比过往的经验更有价值，借助过往经验制定的流程反而会让开发者忽略变化，忽视基于变化的认知提升。因此，在微信的开发过程中，张小龙全力保持小团队开发的模式。如果原来是大团队，张小龙就把它拆分为几个小团队，并且在管理模式上对每个小团队进行充分的授权，简化成员之间配合的流程，从而充分调动成员的主动性、积极性，并避免因为团队庞大而让创新活动陷入流程化和僵化。

开放。在腾讯创业史上，它善于模仿竞争对手的产品，很快将其消化吸收，扼杀了很多中小企业的创新产品。"3Q 大战"之后，腾讯开始逐渐将产品开放。微信的迭代创新与腾讯公司的开放理念密切相关。随着微信 5.0 的发布，微信的开放平台战略也逐渐明确。例如微信支付上已经有扫码支付、App 内支付和公众号支付等多种形式，有易迅、当当、优酷、蘑菇街、友宝、大众点评等众多第三方企业接入，手机充值、买电影票、买彩票、买咖啡等皆可实现。

二、创新思维的方式

创新思维从狭义上来讲，是指创立新理论，产生新发明，塑造新艺术形象的思维活动；从广义上来讲，是指突破思维定式，寻找解决问题新思路的思维过程。创新思维绝不是按部就班地推理，而是跳跃性地突破，是一种由此及彼的联想能力。创新思维是进行创新创业活动的关键，在发现、解决问题的过程中具有重要作用。了解创新思维的方式，有助于进行创新思维训练，提高创新能力。

小贴士

欧洲古典主义音乐作曲家莫扎特曾师从伟大的作曲家海顿，有一次他和海顿说："我能写一段曲子，老师您肯定弹奏不出来。"海顿不以为然，于是莫扎特把自己写好的曲谱递给了海顿。海顿弹奏了一会儿惊呼起来："当两手分别在钢琴两端弹奏时，怎么会有一个音符出现在中间？任何人都无法弹奏啊！"莫扎特接过乐谱，说："我来弹给您看看。"在遇到键盘中间的音符时，他便俯身用鼻子触碰相应的琴键。莫扎特这一动作让海顿感慨不已。在海顿的眼里，钢琴只能用手指弹奏，而莫扎特却认为鼻子虽然是呼吸器官，但没人规定不能用鼻子来弹奏钢琴。

（一）发散思维

发散思维也叫多向思维、辐射思维或扩散思维。发散思维在创新思维的前期起着主导作用，它能开阔思路，突破思维定式的束缚，产生许多新奇、独特的想法。在我们思考问题的时候，不能拘泥于某一点，而要从已有的信息中尽可能向多方向扩展，不受已经确定的方式、方法、规则和范围等的约束。

发散思维不拘于传统,鼓励从已知的领域去探索未知的境界。发散思维具有以下 4 个特点:多向性、灵活性、开放性与独特性。多向性是指从问题的各个方向去思考,避免单一、片面的思维方式;灵活性是指在各个方向之间灵活转移;开放性是指每个思路都可以任意思考下去,没有任何限制;独特性强调的是思路的特殊性、奇异性,以及富有创新性。在一定程度上,创新能力的差别体现在发散思维能力上。

> **小贴士**
>
> 怎样才能达到照明的目的?你能想到多少种办法?请你把办法列出来,办法越多越好。
>
> 点油灯、开电灯、电蜡烛、用镜子反射太阳光、划火柴、烧纸片、用手电筒、点火把、燃篝火……
>
> 爱迪生在试制灯泡丝时,试验了 1 600 多个不同类型的方案,一直到最后找到碳化丝才宣告成功。

(二)逆向思维

逆向思维也称反向思维或求异思维,是以与常规思路相反的方向,去认识问题或解决问题的思维。反其道而行之是一种逆向思维。任何事物都包括对立而又统一的两个方面,逆向思维就是让思维向对立面的方向发展,从问题的相反面进行深入的探索。

如何进行逆向思维?

A. 就事物依存的条件逆向思考,如司马光救人是打破缸,使水脱离人。

B. 就事物发展的过程逆向思考,如人上楼梯是人走路不动,而电梯是路动人不动。又如屠宰场的分割性流水线生产方式可运用到汽车生产中,汽车的零部件通过流水线后组装成一台汽车。

C. 就事物的位置逆向思考,如开展"假如我是某某"活动。

D. 就事物的结果逆向思考。

> **小贴士**
>
> 20 世纪 40 年代,德国一家造纸厂在生产纸的过程中,忘记了放糨糊,结果生产出来的纸,不能用墨水来写字,因为一写字马上就模糊了。这批纸成了不能写字的废纸。老板非常恼火。大家都纷纷表示惋惜。这时有一位员工说:"我们想一想办法,看看能不能'将功补过'呀?"
>
> 于是,员工们动手试验起来,利用写在纸上的墨水很快能被这种纸吸去的特点,创造出一种新的产品——吸水纸,使废物巧利用。
>
> 想一想,吸水纸是怎样发明的?吸水纸的发明就是逆向思维的结果,从失败的反面进行创新思考,使"废纸"找到新的用途,从而开创出一个崭新的市场。

(三)联想思维

联想思维是人们经常用到的思维方法,是一种由一事物的表象、语词、动作或特征联想到其他事物的表象、语词、动作或特征的思维活动。通过联想,在较短时间内,在问题对象和某些思维对象间建立起联系，这种联系，会帮助人们找到解决问题的答案。联想思维为其他思维方式提供一定的基础，联想思维一般不能直接产生有创新价值的新思维，但是，它往往能为产生新思维所需的想象提供一定的基础。联想，就像风一样，扰动了人脑的活动空间。由于联想思维有由此及彼、触类旁通的特性，因此它常常可以把思维引向深处或更加广阔的天地，引发想象思维的形成，甚至引发灵感、直觉、顿悟的产生。

A. 相似联想。相似联想是联想思维的最基本法则。相似联想是指由一个事物的外部构造、形状或某种状态与另一种事物的类同、近似而引发的想象延伸和连接。比如由事物之间的外形、性质、意义上的相似引起的联想。

> **小贴士**
>
> 相似联想中两事物之间有一定的相似性，或是在结构方面，或是在功能方面，例如，灯和蜡烛，二者都能发光；鸟和飞机，二者都能在天上飞；蜜蜂和蚂蚁，二者都很勤劳，并且成群结队。加拿大某大学图书馆一批珍贵图书被水泡湿了，如果采用传统的干燥方法，这批图书就毁了。有一位图书管理员想到在制作罐头时，为排除水果中多余的水分，采用低温存放和真空干燥的方法，于是建议拿一本书试一试。大家按照这个主意，先将湿漉漉的书放进冰箱中冷冻，然后放入真空干燥箱中干燥，果然书中的水分都排尽了。运用这种方法，这批被水泡湿了的珍贵图书都恢复了原貌。干燥图书与干燥水果正是存在一定的相似性，所以可以用相似的办法来处理，这就是相似联想。

B. 相关联想。相关联想是指因联想物和触发物存在一种或多种相同而又极为明显的属性而产生的联想。在思考问题时，根据事物之间在时间或空间等方面彼此接近进行联想。例如，由电视想到计算机，由手机想到电话，由地板想到墙壁再想到窗户。

C. 对比联想。对比联想指联想物和触发物之间具有相反性质的联想。例如看到白色想到黑色。对比联想的突出特征就是背逆性、挑战性、批判性。采用对比联想，人们在思考问题时，将在形状、结构等方面存在差异甚至是完全不同的事物之间进行联想。

D. 因果联想。因果联想是指由于两个事物存在因果关系而引起的联想。这种联想往往是双向的，既可以由起因想到结果，也可以由结果想到起因。因果联想源于人们对事物发展变化结果的经验性判断和想象，触发物和联想物之间存在一定的因果关系。

> **小贴士**
>
> 澳大利亚蔗农在收获时发现有一片甘蔗田产量意外地提高了50%，原因何在？他们回忆起：在栽种甘蔗前一个月，有一些水泥洒落在这片田里，难道这就是甘蔗高产的原因吗？经过反复研究，人们发现正是水泥中的硅酸钙降低了土壤的酸性，提高了甘蔗产量。于是，人们创造出了水泥肥料。

三、创新思维的实现方法

创新思维的实现方法，又称创新技法、创造技法，是根据创新思维发展规律和大量成功的创新与创造实例总结出来的一些原理、技巧和方法。

（一）TRIZ

"TRIZ"是"发明问题解决理论"的俄文单词的首字母缩写。1946 年，苏联发明家根里奇·阿奇舒勒（Genrich S.Altshuller）和他的同事在研究了来自世界各国的上百万个专利后，提出了一套体系相对完整的"发明问题解决理论"，为 TRIZ 的问世和发展奠定了基础。

TRIZ 源于专利，服务于生成专利，与专利具有密不可分的渊源。随着 TRIZ 的不断发展和完善，它不仅增加了许多新发现的规律和方法，还从其他学科和领域引入了许多新的内容，从而极大丰富和完善了 TRIZ 的理论体系。在阿奇舒勒看来，大量发明是有一定规律的，同样的技术创新原理和相应的解决问题方案，会在后来的一次次发明中被反复应用。因此，将那些已有的知识进行重组与整理，形成一套系统化的理论，就可以用来指导后来的发明与创造，这就是 TRIZ（见图 2-2）。

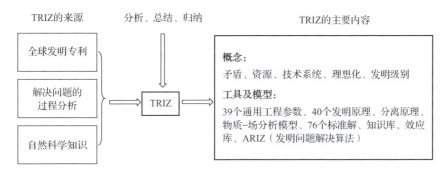

图 2-2　TRIZ 的来源与内容

TRIZ 的核心思想体现在：第一，在解决发明问题的实践中，人们遇到的各种矛盾以及相应的解决方案总是重复出现；第二，用来彻底而不是折中地解决技术矛盾的创新原理与方法的数量并不多，一般科技人员都可以学习与掌握；第三，解决本领域技术问题的最有效的原理与方法往往来自其他领域的科学知识。目前 TRIZ 已逐渐从原来被广泛应用的工程技术领域向自然科学、社会科学、管理科学、生物科学等领域渗透。

小贴士

TRIZ 发明创造原理举例

分割（Segmentation）原理体现在 3 个方面：第一，将物体分割为独立部分；第二，使物体成为可组合的（易于拆卸和组装）；第三，增加物体被分割的程度。具体实例：圆珠笔的笔芯与笔套是可分离的，从而方便了笔芯更换；组合式家具的出现；百叶窗代替整幅大窗帘等。

抽取（Extraction）原理体现在两个方面：第一，将物体中负面部分或特性抽取出来；第二，只从物体中抽取必要的部分或特性。具体实例：空调压缩机放置在室外，与主机是分离的；把报警器设置成狗叫声，而不是养一条真正的狗；等等。

（二）九屏幕法

九屏幕法，又称多屏幕法，是典型的 TRIZ 系统思维方法，是对情境进行整体思考的方法（见图 2-3）。它不仅考虑目前情境和相应的问题，还考虑它们在层次和时间上的位置与角色，具有可操作性、实用性强的特点，可以更好地帮助使用者质疑和超越常规，克服思维定式，为解决实践中的疑难问题提供清晰的思维路径。

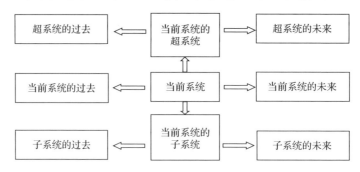

图 2-3　系统思维的九屏幕法

系统论观点认为，系统由多个子系统组成并通过它们之间的相互作用实现一定的功能。当前系统之外的高层次系统称为超系统，系统之内的低层次系统称为子系统。比如，将汽车作为当前系统，那么轮胎与发动机就是汽车的子系统，而汽车又属于交通系统的一个组成部分，那么交通系统就是汽车的一个超系统，如图 2-4 所示。当然，车库和城市也可以是汽车的超系统。

子系统　　　　　　　当前系统　　　　　　　超系统

图 2-4　当前系统、子系统与超系统

为了理解九屏幕法，以汽车为例进行分析（见图 2-5）。九屏幕法是理解问题的一种很好的手段，它可以帮助人们重新定义任务或矛盾，找出解决问题的新途径。它使人们多层次、多方位地从与当前问题所在系统（如汽车）相关的系统去分析问题，从而更好地理解当前的问题并找到解决方案。

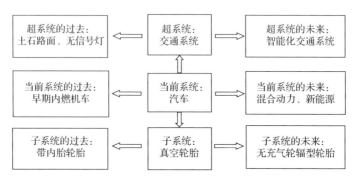

图 2-5　系统思维的九屏幕法举例——汽车

作为一种分析问题的手段，九屏幕法体现了如何更好地理解问题的一种思维方式，尽管各屏幕显示的信息并不一定都能引出解决问题的新方法，但它们对于问题的总体把握有着极大的帮助。多练习与使用九屏幕法，可以锻炼人们的创造力，也可以提高人们在系统水平上解决问题的能力。

"吃上市"的一鸣食品

2020 年 12 月 16 日，一鸣食品正式开启申购，成为麦趣尔之后又一家登陆 A 股的烘焙兼乳饮品上市公司。

成立于 2005 年的浙江一鸣食品股份有限公司，坐落于浙江省平阳县昆阳镇，是一家集奶牛养殖及乳制品、烘焙食品生产、加工、销售于一体的农业产业化国家重点龙头企业。

创始人朱明春先生，早在 1982 年就创建了温州瓯海明春养殖业联合体，1989 年被誉为"鸡王"的同时获得"全国劳动模范"称号。1992 年，朱明春创办了一鸣食品并拥有了国家专利产品——鲜奶打蛋。1997 年，占地 4.5 亩、日产 40 万瓶鲜奶的一鸣蛋奶厂拔地而起。

2002 年 5 月，第一家"一鸣真鲜奶吧"开业。2016 年，一鸣形象店在温州万象城开业；同年，上海第一家奶吧开业。

现代化生态牧场

2005 年，一鸣食品在泰顺县建成自有生态牧场，随后于 2011 年从澳大利亚引进优质牧草和系谱纯正的荷斯坦、娟姗奶牛种群。公司采用的"公司＋农户"方式，在提高奶农生产积极性的同时，促进了奶源质量的提高。公司还建立了全方位牧业管理体系、核心牧场与标准奶站。

鲜奶吧门店运营

一鸣食品的业务模式是既做牛奶又做面包，再通过旗下的鲜奶吧销售。一鸣食品采用直营店与加盟店结合的模式拓展业务，至今已有 1 500 多家门店。根据其招股书披露，鲜奶吧门店提供了公司超过七成的营收。鲜奶吧有点类似街边常见的面包店，主要作用就是缩短鲜奶从牧场到消费者手上的时间。但是正是由于鲜奶自身的特点——24 小时之内离体的牛奶，线下鲜奶吧门店开设受限于牧场辐射半径。

推进线上渠道营销

早在 2011 年，一鸣食品就开始了电子商务，并明确了基于门店的电子商务建设是核心。2013 年，一鸣食品与团购网站、支付宝、银行等达成合作，线上营销百花齐放。2016 年，一鸣线上微商城正式投入运营。2020 年 7 月，一鸣食品旗下小程序商城——"一鸣心选"正式上线。

（三）整体思考法

整体思考法是一个全面思考问题的模型，是一种"横向思考"的工具，可避免将时间浪费在相互争执上。整体思考法将思维角度分为 6 种（见图 2-6），思考者在每次思考时只能采用其中一种角度，这样可以有效避免思维混杂。

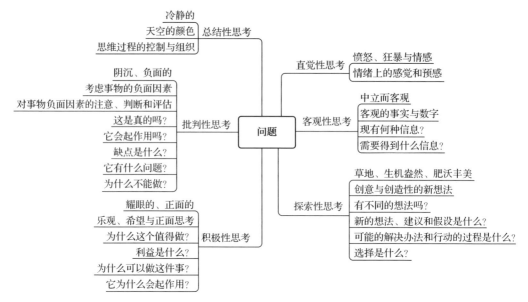

图 2-6　整体思考法的不同思维角度

（1）总结性思考。思考者对方案进行及时总结，对下一步进行安排。在总结性思考过程中，思考者要控制思维的进程，时刻保持冷静，评价所运用的思维并及时对思考结果进行总结。

（2）批判性思考。思考者要在事实基础上对问题提出质疑，甚至给予否定，并批判性地找到方案不可行的原因。比如，它是真的吗？会起作用吗？能够操作吗？有什么问题吗？批判性思考可以纠正事物中存在的错误，但不要因为自身的思考习惯而过度使用批判性思考，并下意识地将其带入其他的思考方式中。

（3）积极性思考。思考者以一种积极的态度和看法思考方案的优点，基于逻辑寻找事物发展的可能性。比如，它为什么值得做？为什么能起作用？为什么它是一件要努力做好的事情？其中存在什么样的潜在价值？

（4）直觉性思考。思考者在采用直觉性思考时，应该表达出对项目、方案的感觉、预感或其他情绪，但并不要求给出原因。比如，觉得这个项目没有前景，采用这种方案没有办法达到目的。直觉可能是思考者在某一领域多年的经验，在潜意识中进行的综合判断，尽管没有办法给出直觉背后的详细原因，但它在思考过程中可能非常有用。

（5）客观性思考。思考者应该撇开所有建议与辩论，对事实、数字和信息进行客观思考。通过提出问题来罗列出已有信息和需求信息：已得到什么信息？缺少什么信息？想得到什么信息？怎样得到这些信息？

（6）探索性思考。思考者应尽可能多地提出各类新奇建议，创造出新观念、新选择。探索性思考在创造性思维中是极其重要且最有价值的思考方式，其中所包含的价值通过其他思考加工处理后，往往能够逐步变成切实可行的方案。

（四）金鱼法

金鱼法的基础是将一个异想天开的想法分为两个部分：现实部分及非现实（幻想）部分。然后再将非现实部分分为两个部分：现实部分及非现实部分。继续划分，直到余下的非现实部分变得微不足道，而想法看起来却愈加可行为止。

这种方法源于如下的情境：在创新过程中，有些想法看起来不现实、不可行，但真正实现起来却令人称奇。金鱼法可以帮助我们克服对虚幻想法的自然排斥心理。

金鱼法是一个反复迭代的分解过程，其本质是将幻想的、不现实的问题求解构想变为可行的解决方案，其具体流程如图 2-7 所示。

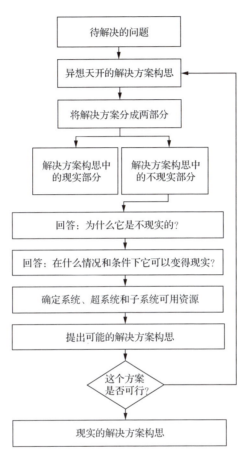

图 2-7　金鱼法流程

45

如何让毛毯飞起来？

小贴士

采用金鱼法的步骤如下。

步骤 1：将问题分为现实和幻想两部分。

现实部分：毯子是存在的。

幻想部分：毯子能飞起来。

步骤 2：幻想部分为什么不现实？

毯子比空气重，而且它没有克服地球重力的作用力。

步骤 3：在什么情况下，幻想部分可变为现实？

施加到毯子上向上的力超过毯子自身重力。毯子比空气轻。

步骤4：列出所有可用资源。

系统资源——毯子的形状和重量；超系统资源——空气、风、地球引力、阳光和重力；子系统资源——毯子中交织的纤维。

步骤5：利用已有资源，基于之前的构想（步骤3）考虑可能的方案。

毯子的纤维与太阳释放的粒子流相互作用可使毯子飞翔；毯子比空气轻；毯子上安装了提供反向作用力的发动机……

步骤6：构想中的不现实方案，再次回到步骤1。

选择不现实的构想之一：毯子比空气轻，回到步骤1。再次迭代。

步骤1：分为现实和幻想两部分。

现实部分：存在重量轻的毯子，但它们比空气重。

幻想部分：毯子比空气轻。

步骤2：为什么毯子比空气轻是不现实的？

制作毯子的材料比空气重。

步骤3：在什么条件下，毯子会比空气轻？

制作毯子的材料比空气轻。毯子像尘埃微粒一样大小。作用于毯子的重力被抵消。

步骤4：考虑可利用资源。

系统资源——毯子的形状和重量；超系统资源——空气、风、地球引力、阳光；子系统资源——毯子中交织的纤维。

步骤5：结合可以利用的资源，考虑可行的方案。

采用比空气轻的材料制作毯子；使毯子与尘埃微粒的大小一样；毯子由于空气中微粒的布朗运动而移动。

步骤6：构想中的不现实方案，再次回到步骤1。

……

第四节

// 创业思维方式 //

硅谷创投教父、PayPal 创始人彼得·蒂尔在《从0到1》一书中表示："创业秘籍并不存在，因为任何创新都是新颖独特的，任何权威都不可能具体规定如何创新"。事实上，成功人士总能在意想不到的地方发现价值，他们遵循的是基本原则，而非秘籍。一个新公司最重要的力量是新思想，新思想甚至比灵活性更重要。

创业思维包括哪些方式？这个问题可谓仁者见仁智者见智。Youth Cities 的创始人维姬（Vicky）通过10多年的创业教育总结，认为创业思维是"当你遇到问题的时候，你能换个角度来面对它，将它看成一种机会，一种可以带来改变的机会，并且为其找到解决方案"。创业思维不是总等到一切就绪了才开始做一件事情，而是"从自己是谁、自己手上拥有什么资源出发，立刻开始做一件事情，并且关注这件事情如何做得持久，是不是可以带来改变和影响"。完善的创业知识结构或专家型的创业知识、创业思维可以识别和培养。成功人士在创业过程中需要具备怎样的思维方式，需要遵循哪些基本的行为准则？或者进一步说，具备什么样的创业思维、遵循哪些基本行为准则更有助于成功，最大限度上避免失败？了解和学习创业，并不一定都要去创办企业。在高度不确定性和变化的环境中，理解创业的逻辑，保持创业精神，把创业精神和创业思维运用到自己的工作实践中，对个人职业生涯发展具有极大的推动作用。

新创企业小而新的特性使其难以从外部获取足够的关键资源，这种资源不足的窘境阻碍了企业创新的步伐，可能导致新创企业面临较高的失败风险。面对这种高不确定性与资源局限性，因果逻辑和效果逻辑是新创企业在运营过程中常用的两种不同的决策逻辑。

一、基于因果逻辑的创业思维

因果逻辑（Causation）一词最先由哲学家、逻辑学家勃克斯于 1977 年提出，它强调创业者的决策与行动是通过市场竞争分析和制订精密的战略计划以实现预期收益最大化，体现为基于制订计划的预测型决策逻辑。遵循因果推理的新创企业倾向于全面系统地搜集竞争者信息，并花费较多时间和精力对市场情况和竞争对手进行分析，这类新创企业认为通过使用市场竞争分析可以按计划推进创业的实施。

因果逻辑采用目标－手段模式，认为决策是从外部环境到企业内部展开的。在信息不对称的环境中，新创企业的商业模式和运营计划越清晰，创业者越有努力的方向和动力，越能帮助利益相关者充分了解新创企业未来的发展潜力，增强其对新创企业合法性的评估，从而降低新创企业与利益相关者间的信息不对称性，获取利益相关者的认可和资源支持。即创业者越是采用因果逻辑创业思维，越是能够制订出清晰的计划，就越有可能从利益相关者那里获取到各类资源，越有助于新创企业实现新颖型商业模式设计。

小贴士

因果逻辑——厨师按单做菜

假设一位厨师接到准备晚餐的任务，客人已经事先确定了菜单，厨师只需要按照已有菜单购买价格最合理的食材，准备做菜所需的工具，再烹饪即可。在这个过程中，菜单也就是目标既定，之后的一系列准备以及烹饪过程就是为了实现目标所做出的努力。

创业者采用因果逻辑思维，根据既定目标对机会进行识别与评估，遵循预测的逻辑，在一组可选择的方案之中找到实现目标的最优解，进而通过组合所需资源实施决策并达到目标。因果逻辑具有以下 4 个要素。

第一，可预测的未来。因果逻辑认为未来是可以预测的，所以要花费足够的时间与精力应用科学的方法预测未来可能出现的风险与可能获得的收益，进而对它们进行控制。而对于突发的意外事件，因果逻辑决策者倾向于以被动的态度应对它们。

第二，明确的目标。因果逻辑强调围绕既定的目标做出一系列努力。但是明确的目标需要前提条件，即市场信息相对充分和对称，创业者能够清晰地认知所处行业与目标市场，且能够敏锐识别其中的机会。

第三，有效的竞争分析工具。因果逻辑决策者需要了解企业内外部环境，明确自身定位，以辅助战略的制订，经常采用的竞争分析工具有波特五力模型及 SWOT 分析法等。

第四，最优的决策选择。因果逻辑强调通过最优决策来实现最大的收益。为了获得最大收益，创业者需要尽可能多地收集有用信息，做出多个战略方案，并估测不同方案将来可能面临的状态和相应的收益（或损失），经过科学的分析计算后选择最大收益的战略方案。

二、基于效果逻辑的创业思维

萨阿斯瓦斯教授（Sarasvathy）在2001年将效果逻辑定义为侧重于以现有的手段为条件，在可以实现的效果集合中选择理想方案的决策过程。与因果逻辑不同，效果逻辑的问题框架是手段-目标模式，强调决策是由内（创业者自身）至外（外部环境）展开的，决策的起点是创业者拥有的资源与手段而非既定目标。这一逻辑契合创业者备受资源约束的现实特点，为创业者在不确定环境下以及资源匮乏的情况下开展活动提供了新方法。

小贴士

效果理论起源

萨阿斯瓦斯教授于1998年获得博士学位，其导师是诺贝尔奖得主赫伯特·西蒙。效果理论起源于西蒙的人工科学和有限理性理论，该理论采用的专家型研究方法也受到西蒙等人所采用的专家研究法的启发。萨阿斯瓦斯教授从美国1960年到1985年"年度国家创业奖"的获得者中邀请了27个研究对象，分别对他们进行试验和访谈。她定义专家型创业者有3个标准：至少有15年的创业经验，有多次成功和失败的创业经历，且其中至少有一次成功IPO。

（一）因果逻辑与效果逻辑的区别

若仍以厨师做菜为例，则与因果逻辑不同的是，效果逻辑的决策过程是能使用的食材有限，没有菜单，厨师利用手头现有食材，自己设计并调制菜肴。因果逻辑和效果逻辑都是人类思考的方法，二者差异明显但并不是截然对立的（二者之间的比较见表2-1），在不同的决策及行为背景下二者可能重叠交织或同时发生。

表2-1 因果逻辑与效果逻辑的比较

比较点	因果逻辑	效果逻辑
对未来的认识	预测：把未来看作过去的延续，可以进行有效的预测	创造：未来是人们主动行动的某种偶然结果，预测并不重要，人们要做的是去创造未来
行为的原因	应该：以利益最大化为标准，通过分析决定应该做什么	能够：做你能够做的，而不是根据预测的结果去做你应该做的
采取行动的出发点	目标：从总目标开始，总目标决定了子目标，子目标决定了要采取哪些行动	手段：从现有的手段开始，设想能够利用这些手段采取什么行动，以及实现什么目标；这些子目标最终结合起来构成总目标
行动路径的选择	既定承诺：根据对既定目标的承诺来选择行动的路径	偶然性：选择现在的路径是为了使以后能出现更多、更好的路径，因此路径可能随时变换
对风险的态度	预期的回报：更关心预期回报的大小，寻求能使利益最大的机会，而不是降低风险	可承受的损失：在可承受的范围内采取行动，不去冒超出自己承受能力的风险

续表

比较点	因果逻辑	效果逻辑
对待利益相关者的态度	竞争：强调竞争关系，根据需要对顾客和供应商承担有限的责任	伙伴：强调合作，与顾客、供应商甚至潜在的竞争者共同创造未来的市场
决策标准	收益分析，以最大收益为目标的最优选择	成本分析，可承受损失下做出满意选择
决策情境	更适合静态、线性、独立环境	更适合动态、非线性、生态环境

　　概括起来，因果逻辑决策的前提是未来的概率分布已经存在，决策过程通常是从明确的既定目标开始，寻求实现目标的最佳手段，并在实施过程中对目标进行调整控制。因果逻辑强调竞争分析，选择收益最大化战略，认为未来可预测，应该花费充沛的精力应用科学方法预测未来可能出现的风险、损失，进而控制其中可预测方面。效果逻辑决策者认为未来的概率分布尚不存在，因此没有必要预测，只需要从既有手段出发，充分发挥主观能动性，甚至创造新的手段来争取尽可能好的结果。效果逻辑以手段确定为前提，强调通过与伙伴缔结联盟的方式获得承诺以降低不确定性，按照可承受的损失原则采取行动，坦然接受并很好利用意外事件。

创业聚焦

房多多上市

　　2020 年 9 月 11 日，房多多与中国工商银行浦东开发区支行正式签署战略合作协议，双方就覆盖上海地区的房多多签约服务中心相关金融增值服务达成合作。而 10 个月之前的 2019 年 11 月 1 日，是房多多在美国纳斯达克证券交易所正式挂牌上市的日子。成立于 2011 年 10 月的房多多在这 9 年多的时间里顽强活着，终于迎来 IPO 敲钟，但在这几年间多家互联网房产中介却一一倒下。

　　招股说明书显示，房多多在 2019 年上半年收入共 16 亿元人民币，相比 2018 年上半年，收入增幅达 55.4%。而 2018 年全年，房多多收入共 23 亿元人民币，相比 2017 年增长了 26.9%，其主要的收入来源是由经纪人产生的交易基础佣金。

　　作为国内居住服务领域领先的互联网科技公司，房多多运营着由 SaaS 赋能的中国最大在线房地产交易平台。所谓 SaaS，是指 Software as a Service（软件即服务），即通过网络提供软件服务。房多多通过 SaaS 产品及服务的打造与完善，使房源、用户、资金和数据在线整合，从而更加简单便捷地进行管理和使用。

　　市场痛点

　　以二手房市场为例，买卖房产者往往通过房产经纪人来达成交易，市场非常不透明。一方面，房产经纪人花大量时间获取相关房源信息，却不会把真实信息放在网上，其目的是保有房源的独家销售权，这导致市场信息不对称现象非常明显。另一方面，对消费者而言，担心被房产经纪人欺骗的同时，更难以获得令人满意的服务质量。这对出身房产经纪人的两位创始人——首席执行官段毅和首席运营官曾熙而言，感受更为强烈。他们认为，二手房交易大多处于线下，效率极其低下，而且存在大量的隐瞒欺诈等灰色空间。

> **经纪人核心**
>
> 房多多的使命：帮经纪商户简单做生意，提高经纪人效率，让整个行业更好。在整个房产交易中，经纪人是高频交易者。房多多抓住经纪人这一交易核心，段毅承诺："房多多一定会保证每一个经纪商户的权利，坚决做一个独立的互联网平台，让经纪商户放心地入驻房多多"。作为无利益冲突的独立开放平台，房多多将经纪人的利益放在首位，帮助经纪人提高效率。SaaS 服务平台拥有强大的数据分析能力，能够让经纪人通过可视化报表清晰查阅自己的历史业绩，帮助他们便捷管理客户，优化管理流程。
>
> 段毅说："我们希望帮助中国近 200 万经纪人做一个平台，让他们通过我们开发的 SaaS 系统，到我们平台上开一家网店……经纪人必须插上翅膀。"

（二）效果逻辑的基本原则

萨阿斯瓦斯教授总结了专家型创业者成功创建企业、开发新产品及新市场的 4 条核心原则和一个统领性观点，并在此基础上总结出 5 条实用原则。

1. 手中鸟原则

创业从工具开始，而不是从目标开始，这一原则能够帮助创业者更加迅速地起步，同时利用好手中的"鸟"：我是谁，我知道什么，我认识谁。"我是谁"包括创业者自身拥有的特质、能力和个性；"我知道什么"包括创业者的教育背景、经验和专业知识；"我认识谁"则意味着社会人际网络。一个人的资源总和等于上述 3 方面的综合。工具不是静止不动的，它们瞬息万变，新的合作伙伴也会带来他们所拥有的工具。按照这种原则，创业并非起始于对机会的识别和发现，或者预先设定目标，而是首先分析自己是谁、自己知道什么以及自己认识谁，即了解自己目前手中拥有哪些工具。创业行动应该是工具驱动，而不是目标驱动。创业者应该运用各种已有工具或手头资源来创造新企业，而不是在既定目标下寻找新工具。

2. 可承受损失原则

创业者应该依据可承受的损失进行决策，而不是去猜测会有多大的机会。一旦创业者开始创造性地寻求每个可能降低成立新公司成本的方法，创业者就不得不考虑一个问题：为了创业，自己能承受多少潜在损失？创业者应该根据自己可以承担的损失以及愿意承担的损失确定投入资源的数量，而不是根据创业项目的预期回报来投入资源。在采取每一步行动之前，创业者都应该只付出自己能够负担并且愿意负担的投入，否则就跟赌徒差不多了。在考虑投入时，应该综合权衡各种成本，包括金钱、时间、职业、个人声誉、心理成本和机会成本等。从可承受损失角度思考问题能够减轻失败带来的影响，这是因为创业者已经将损失降低到自己可接受的程度，并且愿意为了创业承担这些损失。

3. 柠檬水原则

西方有一句谚语："如果生活给了你柠檬，你就把它榨为柠檬汁。"这句谚语告诉创业者要以积极的心态主动接纳和巧妙利用各种意外事件和偶发事件，顺势而为，从中发现并利用机会。意外事件和偶发事件在创业中无法避免，不应消极规避或应付。很多时候，意外同时也意味着新的机会。当然，意外也可能意味着问题。如果可能，解决这个问题，你的解决方案会变成你的资产。大胆拥抱偶然性，关键不在于创业过程中是否会遇到意外事件，而在于我们是否利用它及如何利用。乐观主义者与悲观主义者对我们的社会都有贡献，悲观主义者在每一个机会中看见困难，而乐观主义者在每一个困难中窥到机会。

4. 疯狂的被子原则

成功创建企业需要建立合作伙伴关系。疯狂的被子原则注重寻找愿意为创业项目投入实际资源的利益相关者，通过谈判、磋商来缔结创业联盟。合作伙伴会带来新工具、新思路，可以帮你分担风险，也帮助你创造新机遇。效果逻辑强调利益相关者的事先承诺，因为它不仅能减少甚至消除环境中的不确定因素，还能帮助创业者扩大思路。运用效果逻辑的创业者不是基于预定的商业模式或目标来选择利益相关者；相反，他们让利益相关者做出实际承诺主动参与到创业中来。没有承诺，就不算是合作伙伴，只能算作潜在的合作伙伴。合作伙伴自主选择，共同创业，为建立新企业做出承诺。做出承诺的利益相关者和创业者共同创造出来的企业，往往和最初构想的不同，创业目标也会发生变化。

5. 飞行员原则

飞行员原则强调创业者的主观能动性是机会发现、创造、开发、利用的主要驱动力，创业者不应该把主要精力花在预测和利用外生因素上，如社会经济发展趋势和技术发展轨迹，而是要采取行动。未来取决于你现在做了什么，很多看似不可避免的发展趋势或许是可以改变的，但前提是你得采取行动。采取行动时，基于已经拥有的工具，而不是你所欠缺的。因为基于已经拥有的工具的行动可控性更强。评估行动时，要依据失败是否在可承受范围内而不是它能否带来最大利润，这样做有利于控制风险。哪些是你应该努力去控制的事物，这取决于你对其可控程度的了解。你既要知道哪些事物是可以控制或影响的，也要了解哪些是你无能为力的。奉行效果逻辑的人不把自己看作无视概率的冒险者而是直接参与世界运转的活跃的代理人。

创业聚焦

2020 新零售第一股：良品铺子

诞生于 2006 年 8 月的良品铺子，在武汉广场对面开了第一家门店，那时的产品仅有 60 多种。14 年以来，已有逾 2 200 多家门店遍布华东、华中、华南、西北、西南等地区的 13 个省市，产品已超过 1 000 种。

作为一个集休闲食品研发、加工分装、零售服务于一体的专业品牌，良品铺子自 2015 年以来连续 5 年在高端零食领域销售领先。在 2019 年智慧零售潜力 TOP100 排行榜上，良品铺子排名第 42 位。2020 年 2 月 24 日，良品铺子挂牌上市，成为 2020 年登陆 A 股的新零售第一股。同年 4 月 28 日的年报显示，2019 年良品铺子营收为 77.15 亿元，同比增长 20.97%；归属于上市公司股东净利润为 3.4 亿元，同比增长 42.68%。

从一句话引发的创业萌芽

乐百氏前董事长何伯权先生在 2004 年说过："把全世界的零食搬到顾客家门口，是一件可以把小生意做成大事的事"。这句话给杨红春留下了深刻印象，2005 年，他从科隆电器辞职，加入久久丫学习职业经理人向创业者转型的经验。2006 年，杨红春与大学同学张国强在走遍武汉大街小巷后，决定从零食入手创业，并动员周围亲朋好友来帮他们的品牌取名字，最后从 300 多个备选项中选择了"良品铺子"。所谓"良品"，就是凭良心来做安全的、好的零食食品，零食最重要的不是便宜和多，而是品质。所谓"铺子"，作为最原始的商业形态，给消费者以亲切、自然和轻松的形象。

《创业计划书》的进化与发现

杨红春与张国强，用了一年的时间走街串巷，拜访了100多家零食店，编写了3个版本的《创业计划书》，并发现市场中存在这样的机会：（1）一对矛盾，即消费者不断升级、追求品质的需求和以大卖场为主导的全而泛、不具专业化品质的提供模式之间的矛盾；（2）两个基础，其一是消费者需求升级的基础，顾客需要更有品质更能享受生活的零食，其二是中国农业产业化，在全国各地富有特色的产业化农业已经初具规模。这为良品铺子作为休闲食品细分品类、连锁经营提供了可能。

企业文化

"良品铺子"4个字代表了创业团队对这项事业的认知，即使销售规模再大，良品铺子永远只是个"为大家提供服务的小地方"。良品铺子的企业使命描述为"提供高品质食品，用美味感动世界"，它的市场理念是"超越顾客期望，引领行业方向"，其中超越顾客期望指的不仅是提供优秀的商品品质和服务，更重要的是提高顾客的感知价值。良品铺子意在以行业领导者和专家的角色为消费者提供休闲生活的概念、引导消费者更健康合理地食用休闲食品，最终整合行业资源，建立休闲食品零售服务业的标杆。它的竞争理念是"狭义竞争是争夺，广义竞争是合作，真正对手是自己，有效法则是创新"。企业在市场中必须面对竞争，竞争不是短兵相接的争夺，而是解放思想，向对手学习，不断超越的过程。良品铺子秉承诚信合作、坚持原则的工作作风与同行业及非同行业进行资源共享，致力共赢。

要点回顾

- 思维定式，又称为思维惯性，是由以往的活动而造成的一种对问题的特殊心理准备状态，或活动的倾向性。

- 思维定式并不是凭空产生的，它具有双刃剑性质。人们可以根据目前问题的特征联想已经解决的类似问题，将已有的知识和经验应用于新问题的思索，从而尽快找到相应的解决方法。但是它的确会阻碍新思想、新观点和新技术的产生，不利于开创性的改革和突破性的创新思维。

- 思维定式的常见类型有从众型思维定式、书本型思维定式、经验型思维定式、权威型思维定式。

- 思维定式的突破策略包括全视角考虑问题、培养发散性思维、多尝试换位思考和拓展知识储备。

- 互联网+是生态要素，与每个人的生活相关。伴随互联网、云计算以及大数据等技术的应用，"+"可以看作连接与融合，既是互联网与传统企业间的政策连接，也是技术连接，还是服务连接与人才连接，实现双方的完美匹配。

- "互联网+"创新思维表现为用户至上思维、简约专注思维和极致最佳思维。

- 大数据不仅是人们获得新的认知、创造新的价值的源泉，也是改变市场、组织机构以及政府与公民关系的方法，其核心是预测，这就需要人们在分析信息时注意改变思维。

- 创新思维从狭义上来讲，是指创立新理论，产生新发明，塑造新艺术形象的思维活动；从广义上来讲，是指突破思维定式，寻找解决问题新思路的思维过程。
- 因果逻辑强调创业者的决策与行动是通过市场竞争分析和制订精密的战略计划以实现预期收益最大化，体现为基于制订计划的预测型决策逻辑。
- 效果逻辑侧重以现有的手段为条件，在可以实现的效果集合中选择理想方案的决策过程。这一逻辑契合创业者备受资源约束的现实特点，为创业者在不确定环境下以及资源匮乏的情况下开展活动提供了新方法。

∥ 关键名词 ∥

思维定式　创新思维　"互联网＋"　大数据　因果逻辑　效果逻辑

∥ 复习思考题 ∥

1. 如何理解思维定式的双刃剑性质？
2. 你认为应该如何突破思维定式？
3. 结合实际，请谈一谈"互联网＋"创新思维。
4. 简述基于因果逻辑的创业思维。
5. 效果逻辑的基本思想及原则有哪些？
6. 在创业过程中，你认为应该采取因果逻辑还是效果逻辑？谈一谈你的看法。

∥ 行动学习 ∥

创业思维训练——拼图与做被子的游戏

百森商学院海迪·内克（Heidi M.Neck）教授领衔开发了拼图与做被子的两个小练习，能够让我们更好地理解创业者如何思考以及管理思维与创业思维之间的差异。

学习目标

（1）体验管理思维和创业思维的差异。

（2）学习应对不确定性和模糊性。

（3）举例说明创业者如何思考。

材料清单

（1）拼图玩具（每一组大约50个碎片）。

（2）布条（每人大约6条）。

（3）两个房间（一个房间内有与小组数量相同的桌子，另外一个房间是空的）。

游戏步骤

第一步，比赛参与者被分成若干小组，每组5～7人，并被告知有时间限制，要求每个小组阅读相应任务说明，并以最快的速度完成一幅图案的拼图练习，速度越快越好。

第二步，5分钟后，每个小组自愿抽调出一个志愿者进入一个空旷的房间，房间角落的一张桌子上堆放着很多不同颜色、纹理和尺寸的布条。这些人被告知他们被任命为被子领导者，需要在房间中选择一块空地独立设计一个被子造型，原材料就是从桌子上任意选择6个布条。一旦选择了布条，不能更换布条，不需要缝纫，只需要放在地上拼凑起来。

注意：每个被子领导者应该选择6个布条，然后选择在房间的不同区域开始自己的被子任务。

第三步，3分钟后，又有一些志愿者从拼图小组中抽调出来进入被子制作房间，被告知可各自选择6个布条并加入他们愿意加入的任何一个已经在房间里忙碌的被子领导者。

第四步，此后，每隔2～3分钟，一些新的志愿者离开拼图练习加入被子制作房间。随着更多人的加入，一些被子变得越来越大并且更具创造力。

最后当所有人都走出了拼图房间进入被子房间时，要求他们在2分钟内完成被子设计。

任务汇报

汇报可以在被子房间进行，或者回到教室。如果在被子房间汇报，让每一个被子领导者描述被子的最终设计是如何浮现的；如果是被子以外的教室，让每个学生在被子房间走一圈，研究一下所有的被子设计。

问题讨论：

✓ 有多少人更喜欢拼图，为什么？

✓ 有多少人更喜欢设计被子，为什么？

_____

_____

_____

_____

_____

聚焦于被子设计：

✓ 询问领导者被子是如何形成的；

✓ 询问团队成员为什么选择某个小组而非其他小组；

✓ 从拼图游戏转移到被子设计的感觉如何？

✓ 两种练习分别需要何种类型的思维？

_____

_____

_____

_____

总结

拼图是管理思维，被子设计是创业思维。

拼图是管理思维：
> 目标是明确界定（拼图图像事先就知道）；
> 确定实现目标的资源（拼图碎片）；
> 创建计划（或者按照颜色分类，或者先从边缘开始……）；
> 执行计划（分工，开始拼边）；
> 全程考察进度（调整人员、安排时间等）；
> 目标实现（所有碎片是否用完，图案是否和目标一致）。

设计被子是创业思维：
> 创业者始于他们有什么而不是需要什么（6个随机布条）；
> 当创业者不确定要做什么时，唯一的选择是行动（选一个地方、选一个小组开始干）；
> 被子的设计随着时间推移而浮现，先前很难做计划（新成员加入时，被子设计就会变化，环境和资源也发生变化）；
> 你从来不知道什么时候算是真正结束了；
> 创造新的事物需要迭代而不是按照线性步骤解决问题。

_____

_____

_____

_____

_____

_____

55

关键点
> 在极端不确定的环境下，唯一的选择是行动。
> 某种思维方式（创业思维或管理思维）不一定会比另一种更好，但重要的是理解环境背景。
> 在不确定性的环境中，行动胜于计划。

扫一扫
第二章阅读提高

扫一扫
第二章学习资源

第三章
企业家精神与创新创业能力培育

本章导图

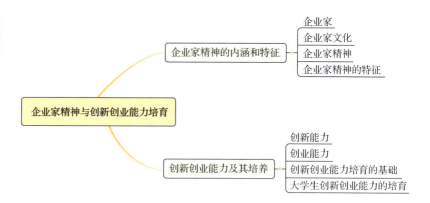

学习目标

通过本章的学习，你应该能够：
（1）了解企业家的概念；
（2）认识企业家文化的构成；
（3）掌握企业家精神的概念与构成；
（4）理解创新能力及其培养；
（5）理解创业能力及其培养；
（6）认识高校开展创新创业教育的重要性。

张謇：中国民营企业家的先贤和楷模

1853 年 7 月 1 日，江苏通州（今南通）海门长乐镇一户张姓人家喜迎新生儿，家人给孩子取名为张謇。15 岁那年，他一鸣惊人，第一次参加科举考试就中了秀才。此后的 26 年中，他进出场 20 多次，竟全都不中，直到 1894 年慈禧六十大寿开设"恩科"，这一次他终于被点了状元，还成为翰林院编修。1895 年《马关条约》的签订，对中国几千年之大梦犹如当头棒喝，而这当头一棒，也敲醒了张謇。他在日记中写道："几罄中国之膏血，国体之得失无论矣。"愤慨至极的他反思为官之路，觉得只有做实业才能挽大厦于将倾，于是他做了一个当时常人看来无比羞耻的决定：弃官经商。在中日战争屈辱的背后，只有他看清了：中国若想强，必须兴实业。就这样，带着"我不入地狱谁入地狱"的悲壮，站在历史风起云涌的浪尖上，他走上了一条为"求国之强"的坎坷路途。

1895 年 8 月，他首先在南通唐家闸办棉纺厂，起名"大生纱厂"，这取自《易经》中"天地之大德曰生"之意。在各种碰壁和折辱中，他硬是凑足了启动资金，1899 年，大生纱厂终于正式开机生产了。当看着如亲生孩子一般的大生纱厂拔地而起时，他喜极而泣。

之后，已经 59 岁的他，还创办了油厂、皂厂、纸厂、铁厂，甚至办起房地产公司。他带着这些民族企业一路高歌猛进，击败了日本人开设的纱厂，打退了法国人、英国人的原料工厂。他终于完成了当初的誓言，凭借实业为中国人争了口气！

都说"一方水土养一方人"，他却是"一人养一方水土"。他开办的 37 家企业，不光养活了几百万中国人，还让南通成了赫赫有名的模范县，当年的南通一片繁荣。

曾经的一个中国弹丸小镇，因为他而进入了世界的视野。他缔造出一座中国城市的传奇，更催生了中国第一批企业家。

第一节
企业家精神的内涵和特征

一、企业家

"企业家"这个概念被引入经济理论，正值第一次工业革命方兴未艾之时。"企业家"（Entrepreneur）一词于 17 世纪末被引入法语，1755 年第一次被卡迪隆（Cantillon）用作经济学术语。同时代的瓦特（蒸汽机的发明者）、哈格里夫斯（珍妮纺纱机的发明者）和富兰克林（思想家、科学家、发明家、政治家）不断发明创新并付诸实践，是创新和创业的实践者。其中，瓦特更像个发明家，而在瓦特遭受困境时慧眼识珠、及时伸出援手的马修·伯尔顿更被认为是企业家的雏形。约翰·斯达特·米尔（John Stuart Mill）使法语中的"企业家"成为热门词。然而，法语中的"企业家"在英语中没有准确对应的词，最初人们将其解释为"商人"（Merchant）、"冒险者"（Adventure）甚至"雇主"（Employer）。关于企业家的讨论之后静寂了 40 多年，在 1890 年才被新古典经济学家马歇尔重新提起。企业家的学术定义最早是基于新古典经济学理论，"企业家填充了固定要素间的隔距"，即企业家是连接固定要素的纽带，使之优化组合提高产出。企业家的能力是使"固定要素"重构，因为这种组合决定了企业的有效规模和效率。

从 1848 年到 19 世纪末，正是自由资本主义经济遭到挑战和第二次工业革命开启之时，伴随着反常态的社会动荡变革，新的经济思想出现。与此相随的是又一个创新爆发期，涌现出又一批创新创业者：爱迪生、伊斯曼、西门子。作为这个时代经济现象的总结者，熊彼特给出了关于"企业家"一词的更准确的定义：企业家的职能——创新和实施新的要素组合，以及管理的和决策的角色。企业家是经济发展的原始动力，他（她）的职能是创新，或者是进行新的组合。创新包括 5 类：导入新的产品；引进新的生产方法；开拓新市场，特别是新领域市场；获取新资源或原材料来源（包括在制品）；创造新的产业组织。虽然当前关于这 5 种类型的创新及其内容和要素的构成都已发生很大的变化，甚至有根本性变化，但是熊彼特关于企业家的核心定义仍是正确和适用的。

熊彼特进行了更清楚的划分：企业家不等于投资者，不是企业主（企业所有者），不是经营者（如总经理、CEO），不是职业经理人。企业家要能够创新，但企业家不是发明家（Inventor），也不是技术研究者或设计者，但总要有人（企业家）决定配置资源，从而开发这些发明的潜在价值；企业家要承担创新创业的风险，但企业家不是风投家，也不是保险公司（分担风险，赚取风险贴水），风投家将资本托付给企业家，企业家通过创新将各种要素（物质的和无形的）进行组合，使其活力更强劲地迸发，从而实现市场价值，使财富源泉快速涌流、增长。

柯兹纳则更强调企业家获得和应用信息的角色，认为企业家是利用机会的警觉者，把握这种机会，并通过套利运作（Arbitrage Type Operation）使其成为市场价值最大化中的关键因素。企业家的套利行为与常态下企业主买低卖高的套利行为不同。企业家的利差是通过创新，打破旧的不均衡、找到新的均衡而获得的。哈耶克和柯兹纳都认为企业家的出现是变革时代的反映。

德鲁克对企业家也有类似的表述：虽然企业家需要资本从事经济（和大多数非经济）活动，但他们不是资本家，也不是投资者。企业家不一定是雇主，而往往是雇员。企业家从事经济活动的本质是将现在的资源托付给未来的期望，意味着具有不确定性和风险。企业家总是寻找变化，敏感地做出反应并加以利用。企业家将变化转化为机遇，进一步转化为实践。企业家常常视变化为标新立异，而不是锦上添花。

20 世纪 70 年代正是信息革命开始之时，比尔·盖茨、乔布斯、沃兹尼亚克等数字化信息革命时代新一批企业家群体出现。他们和前辈们一样，在社会动荡之际出现，其创新精神和实践极大地影响了社会、经济和技术的发展。在社会和经济处于"反常态"时，科学革命成为技术革命的先导，技术范式变革往往成为解决困境的"契机"，进行技术的创新性革命，引进新的要素，改变要素的边际收益，这导致要素的重构重组。

此时，企业家成为这些突破的关键角色。在"反常态"下，企业家常常本身就是技术创新者（如富兰克林、爱迪生），至少对新技术（包括他人创造的）保持高度敏感，对技术革命可能导致的结果保持警觉。他们通过自己的创新或将他人的创新用资本纽带联结，将生产要素组合在一起。他们更是管理的创新者，创造了新的需求、新的价值和新的市场，开拓了新的领域、新的商业模式，构建了新的商业联盟，并以产品和商业模式创新，创造了新的产业，开辟了一片"蓝海"。

"反常态"让一般人陷于困境而不能自拔，却激发了一批创新、创业的企业家，正是这样一批企业家带领或推动我们从"反常态"向"新常态"跳跃。"反常态"造就了一批企业家，而企业家改变了"反常态"。当前我们正处于非常态的时代变革期，承担历史角色的企业家必须具有非同一般的思辨精神、创新精神和创业精神，并承担变革给企业和个人带来的巨大压力，将之化作创新动力；同时，企业家必须具有决断精神以及独特的个性、素质和才能。

小贴士

关于企业家的一些思考

➤ 为什么每当社会处于大动荡、大乱世和大困局之时就会出现一个创新爆发期？

➤ 为什么在大创新之际，衰退的经济和停滞的社会又会再次被激活，出现不同于以前的新的态势？

➤ 为什么在社会大转型、大创新期会出现一批企业家和企业家群体，他们的杰出贡献推动了社会和经济的突变，影响了人类文明的进程？

➤ 到底是时势造就了企业家，还是企业家造就了新时代？

➤ 为什么企业家的存在和企业家群体的涌现总会推动人类对经济理论的反思或是新的经济理论体系（范式）革命？

➤ "企业家"概念的理论意义是什么？

创业聚焦

传奇企业家褚时健

回顾褚时健的一生，可谓传奇的一生。

公开资料显示，褚时健 1928 年出生，1979 年进入玉溪卷烟厂。到 20 世纪 90 年代中期，褚时健将"红塔山"打造成为中国名牌。晚年的褚时健与妻子在哀牢山承包荒山种橙。

"褚橙"诞生后，其因"人生总有起落，精神终可传橙"这句话被人们誉为"励志橙"。从 2003 年开始种植到 2021 年，"褚橙"已经走过 18 个年头。

2012 年，"褚橙"借助"本来生活"上线电商平台，卖了 200 吨，此后两年各卖出 1 500 吨。"励志橙"就此一炮打响，红遍全国。借助"褚橙"，"本来生活"第二年的营收也突破 6 000 万元。2013 年，"褚橙"的销量达到一万吨，创收过亿元。经历一番波折，种了 10 年橙子的褚时健，再创奇迹，成为传奇企业家之一。

近年来，褚时健种植的"褚橙"通过电商开始售卖，因励志属性加上品质优良而广受欢迎。

2016 年，褚时健在访谈节目中称："岁月流逝，不知不觉我也是年近 90 的老人。命运待我很宽厚，让我在经历过这个国家和民族半个世纪的跌宕起伏之后，还能看到今天翻天覆地的盛世景象。今天的年轻一代比我们要幸运很多，我们这一代人，人生中有很多妥协的地方，但今天的年轻人可以更多地做自己。我不期望别人在说起我的人生时有多少褒扬，我只希望人家说起我时，会说上一句，褚时健这个人，还是做了一些事。"

从"红塔山"到"褚橙"，从"烟草大王"到"中国橙王"，作为罕见的以古稀之年东山再起的企业家，褚时健已经变成了一个励志符号，一种企业家精神的象征，已经烙印在世人心中。

二、企业家文化

广义的文化是人类的思想程式，是认识、评判事物的分析框架和价值体系。各时代的文化没有对错之分，世界各民族的文化没有优劣之别。但是，文化一定有历史的局限性和时代的适用性，每个民族的文化一定既有精华，也有糟粕，因此也一定有先进与落后的差别。同样，对于企业家的生存与发展，一定有适合和不适合之别。例如，科举考试原本是一种公平的选择人才的制度，在反对世袭制度中有其历史进步意义。然而，长期的应试教育和以此形成的评价体系却不利于新人才的成长，常常会扼杀一些杰出人才，尤其是创新创业人才。有一些偏才、怪才，通常他们的综合考试成绩未必出众，对某些传统的知识不感兴趣，思想行为不那么循规蹈矩。

有人批评中国教育，继而引申出中国传统文化是保守的和压制性的，认为东方文化是守旧，西方文化是创新，或认为只有西方文化才是企业家创新文化。这显然是偏见，也不符合事实。乔布斯的创新创业经典格言源自东方哲学，深受"禅"的影响。当代企业家群体的战略方针和创新思辨有很多受《孙子兵法》和《易经》等中国文化典籍及哲学思想的启发。

客观地分析，中国的工业革命历史较短，科学和教育水平总体上与先进国家有差距，经验不足，理论更缺。这就需要学习世界先进的文明成果，企业家要站在创新文化的高峰，筑造企业家文化，包括创新的文化、创新的群体文化和企业家个体文化。

（一）企业家创新创业的环境文化

毫无疑问，工业文明孕育了企业家，而科学革命导致了工业革命的发生。实际上，科学革命本身就是文化思想的改革。从哥白尼的天体运行论到牛顿的数学原理，这些科学和社会思想的进步为经济革命、商业革命和之后的工业革命扫除了障碍，开辟了道路，奠定了基础。

和西方工业文明并行的东方文明为什么没有引发工业革命？郑和七下西洋（1405—1433年），技术上的成就无可匹敌，其航船比哥伦布的船大得多，曾到达过非洲东岸。原因在于，郑和是遵从皇帝的旨意，弘扬帝王的浩荡皇恩；而西方航海家带着市场扩张的野心，代表经济膨胀的持续力量（常常不那么道德）。奥斯曼、莫卧儿帝国都是处于同时代的强国，有高度的文化成就，却缺乏经济动力。宗教学院强调神学、法学和修辞学，舍弃天文学、数学和医学，与西方文明南辕北辙。

泛珠三角（包括闽三角）地区更崇尚四海一家和行为独立，注重实效的思想方式，对不同宗教保持宽容，更偏向与弱势者的合作，这使"广深"成为中国市场改革和开放的先驱与创业的乐土。泉州作为历史上海上丝绸之路的启航点，几大宗教和谐相处、宽容相待，如今形成产业集群，业内企业相互帮衬，共享市场和资源，而不是恶性竞争。

小贴士

2020 中国城市创新创业环境评价前 20 强

《中国城市创新创业环境评价报告》是启迪创新研究院于 2011 年创立的一项创新创业环境评价研究项目，旨在探索"什么是创新创业环境、如何评价创新创业环境、不同城市创新创业环境有什么特点、如何优化创新创业环境"等核心问题，按照"理论来源于实践、应用于实践的"原则，重点结合启迪控股在科技服务、创新创业、产业发展等领域的探索与积淀，把握创新创业发展规律，提出创新创业环境构成 6 大核心要素理论，即"政、产、学、研、金、介"。这 6 大要素既是创新创业环境的重要组成部分，同时又受到创新创业环境整体及其他要素的影响，进而影响创新创业活动。

《2020 中国城市创新创业环境评价报告》是自 2011 年以来，启迪创新研究院发布的第 9 个中国城市创新创业环境评价年度报告。该报告沿袭了之前的理论框架，首先通过指标筛选出全国创新创业环境百强城市作为评价对象，再围绕构成创新创业环境的政策要素、产业要素、人才要素、研发要素、金融要素、中介服务 6 大关键要素，构建 6 个一级指标、12 个二级指标和 17 个三级指标的评价指标体系，评价并分析 2019 年度百强城市创新创业环境特点，以期能对各地政府、企业及创新创业者提供有益的参考。

《2020 中国城市创新创业环境评价报告》显示，2019 年中国城市创新创业环境前 20 强城市分别是北京、上海、深圳、西安、广州、苏州、成都、南京、杭州、武汉、天津、长沙、青岛、重庆、宁波、合肥、郑州、芜湖、济南和无锡。该报告称，虽然北京、上海、深圳继续保持前三，但也出现不少后来居上、创新创业环境提升明显的城市，如西安、重庆等，呈现出"百舸争流、奋勇争先"的态势。

该报告认为，2019 年，各城市科学技术支出占地方财政支出的比重总体呈现上升趋势，各地政府对科技创新的引导与支持力度进一步加大，特别是深圳、芜湖、武汉、苏州、成都等城市，创新能力和科技实力不断提升。中国城市的产业创新活力进一步迸发，新主体蓬勃发展，中西部地区势头迅猛。其中，新成立企业数总体上呈现"百花齐放"之态，上海、苏州、青岛、杭州、成都、重庆、深圳、广州等地出现"高峰"，特别是西安新成立企业逾 88 万家，跃居榜首。

61

（二）企业家的个性特质

哈耶克认为，企业家是一个特殊时期的特殊群体，企业家的判断决策是相当主观的，即在很大程度上受主观信念的支配，这种判断能力和自信心来自文化的影响。

企业家有强烈的自信，这有助于形成对情景的独立判断。企业家强调自我，而非宿命地去服从自然或世俗的权威，他们不安于接受主流观点，独辟蹊径。企业家有领袖意识和英雄主义，但不迷恋权威的官僚地位，雄心勃勃地追求创造与超越。

企业家从多种视角看问题，善于将技术、艺术与商业紧密地联系在一起，专注于艺术、科学与技术的交汇点。

企业家身上有一种很难描述的特质，除了天生的个性以及家庭和生活方式塑造的人格差异，所处的时代、所经历的坎坷、所面对的挑战与压力使他们有时以装疯卖傻的方式屏蔽外界的干扰，以扭曲的力场应对肩负的重任，以偏执顶住各方的压力。企业家未必都是完美的，正如某些杰出的艺术家，其作品超出世俗的眼光与品位，未必被当时的人所理解，但正是其独特的视角和思想才造就了艺术瑰宝。

（三）创业文化的传承——"富二代"的创业

我国在 20 世纪 80 年代初和 90 年代初两波改革开放浪潮中涌现出一大批企业家和创业先驱者，他们历经坎坷，事业有成，也面临着事业持续和接班的问题。在中国传统文化的影响下，家族传承仍是主要选项之一，"富二代"仍是企业家的新生力量。

"富二代"在当下几乎成了贬义词，由于父辈对后代的过分溺爱，部分"富二代"

张扬、啃老、养尊处优、专横跋扈。然而，大部分"富二代"承继父辈的企业家基因，具备创业的优势：他们耳闻目睹前辈的创业艰辛，甚至参与了立业经营的打拼，有思想准备和心理承受力（虽然有部分人会被吓退）；他们从家族的创业过程中接受历练，从企业的经验和教训中学习成长，有实际操作能力，有创业知识和方法，有思想，有谋略；他们年轻，对新知识和新领域有领悟力，这使其未必甘于继承现成的事业，而希望开辟新天地。更重要的是，前辈的实物资本、人力与社会资本的积累，使他们比其他人拥有更优越的创业条件和基础。对于老一辈的企业家，除了对儿女言传身教，创造条件，从财力、物力方面支持其传承事业，还应该给他们更宽阔的空间，宽容他们"出格"的想法，鼓励他们创新、超越。

因此，"富二代"是新一代创业力量，人们应培育其企业家精神和创业能力，开放平等地帮助"富二代"创业，而不是歧视和设置障碍。

（四）企业家文化的培育

要营造全社会的创新创业氛围，弘扬创新精神和鼓励创新行为，聚集正能量，形成主流价值观。要宽容失败、保护成功者，给创业者更多的思想和活动空间，不仅是给其物理空间和资财支持，还应舒缓其精神的压力和空间的拥挤，扭转农业文明和工业文明初期"胜者为王，败者为寇"的文化。

要改革应试教育，从小开始培育学生的创新智慧与能力。教育部门应强制性地约束应试型教学内容与活动，对于大学更应该解除传统与习惯的枷锁，摆脱功利主义的影响。

最后，要改革教学方法。例如，上海国际时尚创意学院采取理论与实践并重的项目教学模式，使用工作室格局的教室，提供大量的供学生进行国际交流和发展思想的空间与场合。

三、企业家精神

管理咨询公司埃森哲，曾在 26 个国家和地区与几十万名企业家交谈。其中 79% 的企业领导认为，企业家精神对于企业的成功非常重要；在全球高级主管的心目中，企业家精神是组织健康长寿的基因和要穴。正是企业家精神造就了日本经济的奇迹，同时，企业家精神也引发了美国新经济的兴起。那么，到底什么是真正的企业家精神呢？

"企业家"这一概念由法国经济学家理查德·坎蒂隆（Richard Cantillon）在 1800 年首次提出，他认为企业家使经济资源的效率由低转高。熊彼特进一步对"企业家精神"做出了更清晰的定义：企业家精神是企业家特殊技能（包括精神和技巧）的集合。彼得·德鲁克继承并发扬了熊彼特的观点。他提出企业家精神中最主要的是创新，进而把企业家的领导能力与管理等同起来，认为"企业管理的核心内容，是企业家在经济上的冒险行为，企业就是企业家工作的组织"。

在借鉴前人基础上，我们认为，企业家精神是指企业家组织建立和经营管理企业的综合才能，是企业家所具有的组织土地、劳动及资本等资源用于生产产品、寻找新的商业机会以及开展新的商业模式的特殊才能，它是一种重要而特殊的无形生产要素。从企业家的特质和所承担的经济活动的职责，尤其在经济变动期的角色，以及承担这种角色需要具备的能力、才干和特质来看，企业家精神主要包括哲学思辨精神、创新精神、创业精神、探索冒险精神。

（一）哲学思辨精神

马克思主义唯物辩证法认为，哲学思辨精神是一种从实践中抽象得到的正确的原则或观念。企业家的创新思辨不仅主导了他们的生命观、价值观和世界观，还决定了他们的创新实践，哲学是使企业家聪明的学问。

哲学思辨是智慧的根源，使企业家区别于那些巧取豪夺（也是一种聪明，也是一种战略）和狡猾行事的商人。企业家有质疑与批判精神，也有创造力与建设性。在当今时代，企业家需要摆脱常态下的思想束缚，跳出习惯思维，在常人精神世界之外思考和探索未知，这有助于企业家形成独特的哲学观和创新思辨精神。

对于历史名人富兰克林、爱迪生、福特，当代的比尔·盖茨、乔布斯，我国的任正非、刘永好、雷军等，世人看到的是他们令人炫目的财富、名声和成就，却较少关注他们的商业智慧和聪明战略（Smart Strategies），以及成就这一切的艰辛历程和精神力量。一个不圆满的或者说咬了一口的苹果，这实在是乔布斯和他的公司的精彩写照。他本人一生充满坎坷，在最可辉煌的年纪又被查出癌症，这是常人难以承受的打击。但是，他最后感悟生命之价值，"将每一天都当作生命的最后一天，把死亡看作上帝的礼物，淡然地对待生命的新陈代谢"。

当今中国与世界经济的振兴缺乏创新，但更缺乏带有时代印记的革命性创新；我们有创新天赋，但缺乏创新思辨；我们有创新能力，但较缺乏将创新转化为生产力的能力；我们需要创业，但更需要通过创新，重组要素，开辟新的产业领域，拓展新的市场，推进新一轮增长的创业。我们需要投资者、企业主、经理人，更需要兼备创新和创业能力的企业家及企业家精神。

63

小贴士

德鲁克谈企业家的创新思辨能力

➤ 我们生活在一个充满困难、困惑、困境的时代，一个充满矛盾、冲突、反常、不协调甚至混沌的环境里。企业家需要一种能将无序混沌理清的结构化思维，需要在陌生的思想海洋中有自辨方向的能力，需要在盲目的群体甚至愚昧中有"鹤立鸡群"的明辨和觉悟，需要在物质化的欲望中追求形而上的境界，这使他们有独特的思维方式、生活哲理以及商业智慧：求索似渴、大智若愚，以及真正的艺术家简约。

➤ 人们赞赏企业家的创新能力，更惊叹他们的智慧。企业家智慧也来自企业家的不同凡思，既反常规、反逻辑，又反传统、反主流、反习惯的辩证思辨与批判精神。所以，有人把企业家称为"企业思想家"。

➤ 两难与悖反是反常态和新常态中的独特现象，也是智慧的试金石和创新之源。创新常常来自不协调，科学范式创新是因为矛盾和反常导致的理论危机，即用原有的科学范式无法解惑，这种危机和旧理论的贫乏迫使科学家们寻找新的理论，推翻旧的概念框架。

➤ 科学、经济和社会发展中的两难与悖论是创造新理论、新方法、新模型、新模式的动力，而这些表面看来是反常态的矛盾以及出乎意料的、违背常理的现象和事实，却是创新之源。企业家善于发现这些冲突矛盾、反常现象背后的问题实质，并善于提出解决办法。

（二）创新精神

马克思主义唯物辩证法认为，创新精神属于科学精神和科学思想范畴，是指具有能够综合运用已有的知识、信息、技能和方法，提出新方法、新观点的思维能力和进行发明创造、改革、革新的意志、信心、勇气和智慧。主动创新是人类独有的，这使人类处在生物系统的顶层。创新使人类文明不断进步，使生产力不断提高。创新是企业永续发展的动力，是竞争力的核心。创新应是永续发展的健康企业的常态活动。当人类处在发展的"非常态"下，在社会转型期和经济危机期，创新更是破解困局，拯救经济以使之走上振兴和新一轮发展之路的关键力量。企业家的创新精神与能力则更区别于一般管理者、投资者和普通劳动者，在历史新时期发挥着决定性作用。

熊彼特将"创新"作为一个专门的经济学术语，特别是作为描述、定义企业家和企业家经济的关键词，他认为创新与发明最重要的区别是：前者在商业条件下是可行的，后者则是在实验室条件下可行。从发明到市场价值和应用有很大的差距，这种差距不仅表现为实现技术，还有其他相关技术，更包括非技术性的经济、社会、文化等因素，特别是管理。因此，从发明到创新的另一个差距是时间，即将某种材料、产品、工艺和系统的发明付诸生产、营销有时间差，包含极大的不确定性。企业家的创新填补了这个差距，企业家架设起联结二者的桥梁，是将发明变为市场价值和企业赢利实践的主角。更重要的前提是，企业家往往是这类产品、流程和系统的创造者或发现者。

熊彼特称创新和创新过程的本质是一种新的组合：将要素（包括资本、人力资源、土地、知识、智力、技术等）重新组合，而引起这种组合的关键因素是一类革命性的技术创新或范式革命。

虽然企业家并不都是技术出身，但是这个群体共同的特征是：本人或所领导的企业具有超强的创新能力。乔布斯虽然没有沃兹尼亚克的技术背景和专业知识，但是他对iPad、iPhone同样具有深刻的专业理解、预见、判断，甚至对一些技术细节提出了技术人员所没有的认识。企业家对专业技术不能只停留在普及知识和应知应会层面，而必须对技术发展有深刻的了解，才能指导技术人员或给他们更有力的支持。企业家应保持对创新技术的警觉、对新技术未来的预判、对市场反应的敏感以及对新技术当下和未来应用的想象力。企业家必须善于从不同的视角去创新或指导团队去创新。企业家本身应具有广泛的专业知识，有交叉、融合各种创新的能力。企业家应能充分组合企业内外各产业环节（纵向和横向的），应能协调各方力量，集成各项优势。企业家应在创新思辨下，有独立的创新主张、执着的创新目标、不息的创新激情和坚决的创新执行能力。

企业家的创新精神和能力源于生活的激情，它使企业家永远保持创新的动力和不懈追求。企业家的创新精神和能力也源于对人类所有创新的好奇心与兴趣，对时代变化（变好或变坏）的警觉，使企业家能把握机会并做出反应。

企业家的创新精神和能力源于长期的远见、多元的视角、宽广的视野、扎实的知识和杰出的才能，使企业家能对"好坏""对错"做出更清醒的判断和决策。企业家的创新精神和能力源于对传统的批判精神，它使企业家能直面常态的质疑和批判，不安分、不满足、不走寻常路。企业家的创新精神和能力源于其创新思辨能力，这种哲学思辨能使企业家洞察到事物的本质和规律，从中预见其未来趋势并审时度势，做出正确的创新抉择。

（三）创业精神

马克思主义唯物辩证法认为，创业精神是创业者主观世界中的思想，创业精神的行为学层次含义为创新，是创业者通过创新的手段，将资源更有效地利用，为市场创造出新的价值的过程。创业需要将各种创新要素结合在一起，并以最有效的方式将创新成果转化为市场价值。因此，企业家的创业精神反映在创业思想和创业实践两大方面。企业家一是要判别创新要素有哪些，如何获得；二是要了解这些要素的结构以及如何组合这些要素，并最大限度地发挥这些要素的作用，"使要素的活力迸发，让价值源泉涌流"。对于创新型创业，或要素资源是新的，或要素组成结构是新的，或创造要素的组织是新的，或创造价值的流程是新的，创业精神的核心仍是创新和变革。

创新思辨（反常规、反传统、破旧立新）哲学观下的创新精神和创业精神，体现了一种创新能力以及能将创新转变为市场效益的能力。更准确的表述是，通过工艺、产品、流程、材质、艺术表现，实现以资本（实物与知识）为纽带的要素重组，形成新的生产方式与关系，拓展新的市场领域，实现突破性和阶跃性的能级转变与效益增长。这种创新和创业区别于一般的渐进式和模仿式的创新与一般的创业或立业（做生意），尽管一般的创新和创业在经济发展中也是重要的。

1. 企业家在创业中的角色

（1）企业家是创业机会的发现者。

凭借创新才能和对创新产品、技术的敏感性与预见力，企业家从科学技术进步的成果甚至苗头中发现创业的机会和潜力。

（2）企业家是创业的发起者和实践者。

这需要决断力和对决断后果的担当，需要实际操作能力，需要决策、计划、贯彻执行能力。

（3）企业家是各种创业力量的纽带。

企业家不一定是资本所有者，不一定是职业管理者或产品的发明者和技术诀窍的拥有者，但是一定能够把这些力量集合在一起，并发挥出最大的活力，创造出最多的财富。

（4）企业家是改革者，是市场价值的创造者。

企业家在创造消费者价值的过程中，对传统的管理实践、商业模式进行改革。

2. 企业家的职能

（1）创造需求。

人类的基本需要是本来就有的，如生理、精神的需要。将这些需要转变为市场需求，是企业家的职能。例如，液晶理论转换为实际应用才能体现价值，当将其用于显示、发光并制作出产品时，如低能耗照明、高清晰显示屏，既满足文化、娱乐、日常生活的新需求，同时也创造出巨大财富。与一般的企业主和管理者不同，企业家不是仅扩大已知的需求，而是创造新的需求，甚至是消费者和顾客自己都不知道的需求。他们总是给消费者和顾客带来惊喜或惊奇："这是什么东西？""啊，可以做这个用的！""我正需要！"他们不断激发消费者和顾客的消费欲望。

（2）创造价值。

产品价值不是做出来的，与付出的劳动时间无关，而是因为能满足顾客的需要。例如，LED 照明的价值在于其低能耗与丰富的表现形式，能满足顾客对低成本和低碳环境的诉求，以及人们对通信信息的需求等。企业家就是通过创新技术的衍生、扩展和创新型应用，不断挖掘、发现和实现价值。

（3）创造新市场。

市场是产品和服务潜在和实际的顾客的集合。企业家能发现新顾客和顾客的新需求以及新技术的潜能，将其转化为产品或服务，激发顾客潜在的需求。企业家将产品传递给顾客，以其聚合、吸引顾客。例如，智能手机已不仅仅用于通信，其本身已成为庞大

65

的市场。围绕智能手机，不断衍生出新的市场。

（4）创造规则。

新的产品和这种产品构成的产业需要标准和通行规则，企业家是这些标准的制定者和规则的创造者，也以这些标准和规则占据领导者地位，获得主导话语权。比如，智能手机的生存与发展最初确定了手机生产企业与内容产品（视频、音乐等）提供商和移动电信商之间的规则，这本身是一种创新。

（5）创造新秩序。

企业家是市场秩序和竞争格局的颠覆者、搅局者和创建者，无论是"体验经济""分享经济""粉丝经济"还是"产消者"，都是新市场秩序和关系，形成新的竞争格局。

（四）探索冒险精神

近年来，自然科学和社会科学的发展，特别是人类对自身的认识，有着前所未有的突破与深化，科学家和社会学家、心理学家们几乎达到了前所未有的共识：探索冒险已是人类的进化与活力的象征。人与动物的区别，不仅仅在于有没有梦想，更重要的是创造和自觉，有探索意识、冒险天性和超越自我的能力。

企业家精神的核心体现在企业家的创新和将创新转化为市场价值的思想与实践的过程中。创业过程的最大特点恰恰是不确定性。由于技术上是创新的，往往没有先例可参照，其过程难操纵，其结果难预料；由于要素及组合创新，投资者无法判定最终收益，创业资本的获得无法确定；由于市场是新的，市场的绩效无法预计，等等。与常规的创业相比，创新型创业的不确定性更大，影响因素的不确定性也更大，而且常常无法判定这些不确定性的发生范围，无法精确估计发展趋势及前景。因此，创业需要胆量，需要探索，需要冒险。探索冒险精神是企业家精神的一个重要组成部分。但创业毕竟不是赌博，企业家的探索冒险，迥异于无知冒进，给人以尊严且善待生命是探索冒险精神的前提。企业家需要在极不确定条件下的判断力——决断精神和执行意志，需要极大的探索冒险精神和应对失败的心理准备及承受力。

企业家的探索冒险精神区别于赌徒和投机者。企业家对创业的未来是有洞察力的，而不是赌一把；是有判别力的，而不是盲目的；是靠实际执行的，而不是指望撞大运。探索冒险精神具体包括以下6点。

1. 探索精神

创新即探索新的市场、新的产品和产业、新的技术、新的路径、新的机会。在创新型企业中，这些探索目标都是新的，而达到这些目标的路径是要去开拓的，实现这些目标的技术手段和方法是新的。企业家可摸着石头过河，也可搭桥过河，或依靠助力"飞过去"。企业家实现创业目标的创新过程就是一系列的探索：探索新的产品概念、新的市场、新的应用、新的流程、新的材料、新的途径、新的商业模式、新的生产方式。

2. 冒险精神

创新型创业的后果存在极大的不确实性、不可预测性，又因为没有先例可借鉴、没有经验积累可学习，企业家必须依据自主的判别，在极不确定的环境中做出决策，必须自己承担决策的全部后果。德鲁克认为，创新型创业会带来很大的收益，因此企业家并不会进行没有价值的创业。但是，因为创新型创业没有现成的经验和清晰的路径，才需要冒险精神，要明确创业后果和需要承担的责任，并为这些可能的后果设立预案。这是与赌徒式的冒险的区别。

小故事：探索冒险 VS 无知冒进

一个人问一个哲学家："什么叫探索冒险，什么叫无知冒进？"

哲学家说："比如有一个山洞，山洞里有一桶金子，你进去把金子拿了出来。假如那山洞是一个狗洞，你这就是探索冒险；假如那山洞是一个老虎洞，你这就是无知冒进。"

这个人又问："假如那山洞里的只是一捆劈柴呢？"

哲学家说："即使那是一个兔子洞，你也是无知冒进。"

这个故事的意思是说，探索冒险是这样一种东西：你经过努力，有可能得到，而且那东西值得你得到；否则，你只是无知冒进，死了都不值得。创业者一定要分清冒险与冒进的区别，要区分清楚什么是探索，什么是无知。无知冒进只会使事情变得更糟，你的行为将变得毫无意义，并且惹人耻笑。

3. 判别能力和决策精神

创新型创业的巨大不确定性，使对创业过程和结果做出精确判别和评价成为不可能，或者无法用常规的判别准则和指标来做决策。这就需要企业家有区别于常人的判别能力，能深刻把握创业项目本身的技术内涵和市场潜力，适时做出正确的决断。这需要专业知识，更需要专业的智慧，同时也要摆脱传统的思维模式，屏蔽其他人和舆论的干扰，包括大多数人正确的"高见"和指导。当我们在事后惊叹阿里巴巴等的巨大成功，或后悔失去了创业机会时，应该钦佩马云及其团队以及投资者的坎坷经历和英明决策，更应该钦佩马云面对反对意见时的坚持。

4. 担当精神

企业家要在极不确定的环境中做出决策，必须承担决策的全部后果，这就是担当精神。企业家担当的不仅仅是成功的利益的获得，以及合理分享（独吞就不是合理分享），更是对失败和错误的担责，只有这样才能让投资者放心。担当让团队信任与忠诚，让创业能够有深入执行或持续发展的可能。只有担责而不是推诿、贪功、文过饰非，才能发现问题，接受教训，把事情做得更好。一些创业团队往往坚持不了多久，甚至成功后仍出现冲突、解体，就是因为缺乏担当。

5. 承受能力

创新型创业需要企业家承受困难与挫折的打击。抗击打能力是拳击运动的基础，击倒对手的前提是自己不被击倒。有一位脑瘫的电商创业者，他的坚韧来自童年所遭受的一切蔑视：旁人的辱骂、中学的拒收、应聘时的白眼。马云现在的光辉是过去的挫折和失败练就的。企业家的承受能力主要是心理上的，要承受投资者、合作者、团队成员的不理解以及传统的偏见，承受竞争者别有用心的算计甚至诋毁。正如一位脑瘫企业家所说的，小时候，别人过一道坎，一跨就过去，他要先爬上去再爬下去。但是，无论如何，他爬过去了。没有失败过的企业不能算是成功的企业，不曾经历挫折的企业家也算不上真正的企业家。

6. 执着精神

支撑承受能力的是执着精神，对理想的追求，对目标的坚定，对完美世界的坚持，对本人和创业团队的自信，坚持走所选择的道路。"没有过不去的坎"，既是人生态度，也是创业态度。企业家秉持执着精神并不是保守顽固，本质是创新。苹果平板电脑和手机的外观设计坚持颜色的纯洁和机体的转角弧度一丝不差，一点差错都不容许，坚决与作为工具的计算机和手机划清界限，把技术与艺术做到极致。有人说乔布斯有点偏执，这或许与性格有关，或许是为了不向一般人的平庸思想妥协。创业的成果不是一簇而就的，谁也不知道成功何时到来，"成功存在于再坚持一下的努力之中"。

儿童消费商机：智能手表如何改变新一代儿童的生活方式

通常，人们在孩子身上最愿意毫不犹豫地消费。或许正因为这种心态，与孩子有关的儿童业态这几年迅速崛起。以少儿为主导的消费文化，在导演出一幕幕"点石成金"的商业神迹的同时，也带动了我国一个全新的业态经济——儿童经济。

我国儿童消费市场现状：2020 年，我国 0～14 岁儿童约为 2.5 亿人，儿童支出占家庭总支出的 33%。我国是世界第二大婴童消费国，2013—2015 年整体市场规模保持 40% 的平均增速。

儿童消费的特点：

（1）消费去处的选址很重要，多选在集中度高、交通便利（地铁口附近、有公交车站）的大型商场以及消费能力高的社区；

（2）注重体验，出现了主题店、概念店等形式，以及儿童亲身体验的实体消费项目；

（3）"一拖 N"式的"全家消费"，以儿童为圆心，消费半径不断延展，覆盖到服装、玩具、餐饮、超市、美容美发等相关产业。

儿童消费的主要内容：

（1）儿童用品，如益智类玩具、童装、高级营养品等；

（2）儿童体验馆，模拟和体验成人的职业和社会角色；

（3）儿童摄影；

（4）早教机构；

（5）亲子旅游；

（6）儿童游乐场、动物园等娱乐项目。

儿童消费市场发展迅速的原因：

（1）家长消费观念转变，愿意在孩子身上下功夫，希望孩子"赢在起跑线上"；

（2）大型商场实体店增开儿童消费品专区，这是提高人气的"必杀技"；

（3）儿童消费成为新的消费刺激点。

国家统计局发布的《2016 年国民经济和社会发展统计公报》显示，2016 年，我国 0～14 岁人口逾 2.3 亿人，儿童消费市场规模约为 2 万亿元，并呈现逐年上升的趋势。儿童智能手表是第一个由中国企业设计、制造，并走向世界的电子消费品。

儿童智能手表爆发的原因，在于对需求的细分。儿童智能手表可能是消费电子产品中的一个异类，多数情况下付款人是父母，使用者却是孩子。父母的诉求是平安、健康，孩子却希望功能越丰富越好。厂商要在二者的不同功能诉求之间取得平衡。

猎豹用户研究中心在一次调研中访谈了 117 位家长，总结出了家长们对儿童手表的核心诉求：定位、通话、待机时间、SOS、AI 问答、无打扰监听。总结下来就是安全、通信、教育，这些都是儿童手表创造之初最基础也最核心的功能。对家长来说，儿童手表维持一个功能机的状态就足够了，整体诉求是，不希望有太多功能，不希望娱乐功能太强而使孩子产生依赖。但对作为使用者的孩子来说，"花里胡哨"的娱乐功能越多越好。

随着全球范围内信息技术创新的不断加快，我们已经由互联网时代转向物联网时代，智能产品也日益成为消费热点，而高效、舒适、便捷的智慧生活也成为人们追求的生活目标。

从消费场景来看，智慧生活的实现需要考虑到不同年龄群体的习惯需求。如何让孩子们更快地适应智慧生活，一键连接各种智能终端产品，儿童智能手表将作为开启儿童智慧生活的第一道入口。

从这个角度来看，儿童智能手表或许将成为使孩子与智慧生活绑在一起的最佳智能载体。自从几年前 360、阿巴町、小天才等公司发掘出儿童智能手表这一细分品类以来，在广阔的儿童市场前景下，越来越多的玩家加入儿童智能手表市场；而在资本的推动下，儿童手表的产品形态及功能日益丰富，它摆脱了智能手环的人设，开始向多元生态发展。

四、企业家精神的特征

（一）敬业是企业家精神的动力

敬业的企业家才会有将全身心投入企业中的不竭动力，才能够把创新当作自己的使命，才能使产品、企业拥有竞争力。在经济处于低谷时，其他人也许选择退出，唯有企业家不会退出。

（二）创新是企业家精神的灵魂

熊彼特关于企业家是从事"创造性破坏"的创新者观点，凸显了企业家精神的实质和特征。一个企业最大的隐患，就是创新精神的消亡。一个企业，要么增值，要么就是在人力资源上报废，创新必须成为企业家的本能。但创新不是"天才的闪烁"，而是企业家艰苦工作的结果。创新是企业家活动的典型特征，从产品创新到技术创新、市场创新、组织形式创新等。创新精神的实质是"做不同的事，而不是将已经做过的事做得更好一些"。所以，具有创新精神的企业家更像一名充满激情的艺术家。

（三）冒险是企业家精神的天性

坎迪隆（Richard Cantillion）和奈特（Frank Rnight）两位经济学家，将企业家精神与风险或不确定性联系在一起。没有甘冒风险和承担风险的魄力，就不可能成为企业家。风险是二进制的，要么成功，要么失败，只能对冲不能交易，企业家没有别的第三条道路。在美国 3M 公司有一个很有价值的口号："为了发现王子，你必须和无数个青蛙接吻。""接吻青蛙"常常意味着冒险与失败，但是"如果你不想犯错误，那么什么也别干"。

（四）合作是企业家精神的精华

正如艾伯特·赫希曼所言："企业家在重大决策中实行集体行为而非个人行为。"

尽管伟大的企业家表面上常常是一个人的表演，但真正的企业家其实是擅长合作的，而且这种合作精神需要扩展到企业的每个员工。企业家既不可能也没有必要成为一个"超人"（Superman），但企业家应努力成为"蜘蛛人"（Spiderman），要有非常强的"结网"能力和意识。西门子是一个例证，这家公司秉承员工为"企业内部的企业家"的理念，开发员工的潜质。在这个过程中，经理人充当教练角色，让员工进行合作，并为其合理的目标定位实施引导，同时给予足够的施展空间，并及时予以鼓励。西门子公司因此获得令人羡慕的产品创新纪录和成长记录。

（五）动机是企业家精神的源泉

马克斯·韦伯在《新教伦理与资本主义精神》中指出："这种需要人们不停地工作的事业，成为他们生活中不可或缺的组成部分。事实上，这是唯一可能的动机。但与此同时，从个人幸福的观点来看，它表述了这类生活是如此的不合理：在生活中，一个人为了他的事业才生存，而不是为了他的生存才经营事业。"货币只是成功的标志之一，对事业的忠诚和责任，才是企业家的"顶峰体验"。

（六）学习是企业家精神的关键

荀子曰："学不可以已。"彼得·圣吉在《第五项修炼》中指出："真正的学习，涉及人之所以为人此一意义的核心。"学习与智商相辅相成，从系统思考的角度来看，从企业家到整个企业必须是持续学习、全员学习、团队学习和终身学习。日本企业的学习精神尤为可贵，它们向爱德华兹·戴明学习质量和品牌管理；向约琴夫·M.朱兰学习组织生产；向彼得·德鲁克学习市场营销及管理。同样，美国企业也在虚心学习，企业流程再造和扁平化组织正是学习日本的团队精神结出的硕果。

（七）执着是企业家精神的本色

英特尔总裁葛洛夫有句名言："只有偏执狂才能生存。"这意味着只有坚持不懈地创新，以夸父追日般的执着，咬定青山不放松，才可能稳操胜券。在发生经济危机时，资本家可以用脚投票，变卖股票退出企业，劳动者亦可以退出企业，然而企业家却是唯一不能退出企业的人。正所谓"锲而不舍，金石可镂；锲而舍之，朽木不折"。

（八）诚信是企业家精神的基石

诚信是企业家的立身之本，企业家在修炼领导艺术的所有原则中，诚信是绝对不能摒弃的原则。市场经济是法制经济，更是信用经济、诚信经济。没有诚信的商业社会，将充满极大的道德风险，显著抬高交易成本，造成社会资源的巨大浪费。其实，凡勃伦在《企业论》一书中早就指出："有远见的企业家非常重视包括诚信在内的商誉。"诺贝尔经济学奖得主弗里德曼更是明确指出："企业家只有一个责任，就是在符合游戏规则下，运用生产资源从事利润的活动。亦即须从事公开和自由的竞争，不能有欺瞒和诈欺。"

第二节
创新创业能力及其培养

一、创新能力

创新能力是指根据具体的目标任务，创造性地解决问题的能力。创新能力也是技术和各种实践活动领域中不断提供具有经济价值、社会价值、生态价值的新思想、新理论、新方法和新发明的能力。创新能力是民族进步的灵魂、经济竞争的核心。当今社会的竞争，与其说是人才的竞争，不如说是人的创造力的竞争。如果这个世界没有创新能力，便不会有今日人类的文明，人们可能还过着钻木取火的原始生活；如果爱因斯坦、爱迪生等人没有创新能力，他们何以取得巨大的成就与收获？如果一个人不具备创新能力，可以说是庸才；如果一个民族没有了创新人才，那么它便是一个落后的民族。

（一）大学生培养创新能力的重要性

（1）随着现代科学技术的发展，文明的真正财富将越来越表现为人的创造性，知识激增，需要新一代学会学习；科技革命，需要新一代革新创造；振兴中华，需要新一代开拓前进。

（2）培养大学生的创新能力，是未来社会生产的特点所决定的。

（3）培养大学生的创新能力，对于我国具有更重大的意义。我国要在 2050 年左右赶上或超过世界发达国家，成为具有高度物质文明和精神文明的社会主义现代化强国，这个宏伟的计划要求这一事业的继承者必须具有创新精神。

（4）智力潜能，需要教育者去系统地开发。

（二）创新能力的组成

创新能力由创新思维、创新意识、创新精神、创新技能等内容组成。

1. 创新思维

创新思维是一种具有开创意义的思维活动，即开拓人类认识新领域、开创人类认识新成果的思维活动。创新思维的本质在于用新的角度、新的思考方法来解决现有的问题，提出与众不同的解决方案，从中产生新的有意义的成果。创新思维是以感知、记忆、思考、联想、理解等能力为基础，以综合性、探索性和求新性为特征的高级心理活动，需要人们付出艰苦的脑力劳动。一项创新思维成果往往要经过长期探索、刻苦钻研、多次挫折方能取得，而创新思维能力也要经过长期的知识积累、素质磨砺才能具备；至于创新思维的过程，则离不开繁多的推理、想象、联想、直觉等思维活动。

2. 创新意识

创新意识指人们根据社会和个体生活发展的需要，引起创造前所未有的事物或观念的动机，并在这当中表现出的愿望、意向和设想。创新意识具有新颖性、社会历史性、个体差异性。它是人类意识活动中的一种积极的、富有成果性的表现形式，是人们进行创造活动的出发点和内在动力，是创造性思维和创造力的前提。创新意识包括创造动机、创造兴趣、创造情感和创造意志。创造动机是创造活动的动力因素，它能推动和激励人们进行创造性活动。创造兴趣能促进创造活动的成功，是促使人们积极探求新奇事物的一种心理倾向。创造情感是引起、推进乃至完成创造的心理因素，只有具有正确的创造情感才能使创造成功。创造意志是在创造中克服困难、冲破阻碍的心理因素，创造意志具有目的性、顽强性和自制性。

3. 创新精神

创新精神属于科学精神和科学思想范畴，是进行创新活动必须具备的一些心理特征，包括创新兴趣、创新胆量、创新决心，以及相关的思维活动。创新精神是指以现有的思维模式提出有别于常规或常人思路的见解为导向，利用现有的知识和物质，在特定的环境中，本着理想化需要或为满足社会需求，而改进或创造新的事物（包括产品、方法、元素、路径、环境），并能获得一定有益效果的行为。创新精神是一个国家和民族发展的不竭动力，也是一个现代人应该具备的素质。

创新精神是一种勇于抛弃旧思想旧事物、创立新思想新事物的精神，需要具有高度敬业的精神和责任感。创新精神是科学精神的一个方面，与其他方面的科学精神不是矛盾的，而是统一的。例如：创新精神以敢于摒弃旧事物旧思想、创立新事物新思想为特征，同时创新精神又要以遵循客观规律为前提，只有当创新精神符合客观需要和客观规律时，才能顺利地转化为创新成果，成为促进自然和社会发展的动力；创新精神提倡新颖、独特，同时又要受到一定的道德观、价值观、审美观的制约；创新精神提倡独立思考、不人云亦云，并不是不倾听别人的意见、孤芳自赏、固执己见、狂妄自大，而是要团结合作、相互交流；创新精神提倡胆大、不怕犯错误，并不是鼓励犯错误，只是出现错误认知是科学探究过程中不可避免的；创新精神提倡不迷信书本、权威，并不反对学习前人的经验，任何创新都是在前人成就的基础上进行的；创新精神提倡大胆质疑，而质疑要有事实和思考的根据，并不是虚无主义地怀疑一切。总之，要用全面、辩证的观点看待创新精神。创新精神是培养创新思维、创新意识及提高创新能力的重要保证。

4. 创新技能

创新技能是运用创新技术和创新成果对信息的加工能力、动手能力、操作能力和表达能力等，创新技能是创新能力的直接体现。创新技能主要包括以下 7 项。

（1）自主创新学习技能。

自主创新学习技能是指人们不断地发挥自主能动作用，主动而快速地学习与应用创新知识、创新经验、创新事物和创新信息，并促进改变自己的行为而形成新习惯过程的技术能力。自主创新学习技能包含以下特征：自主能动，完全依靠自己的力量，主动、自觉而积极地控制、调节自己想做的事情；创新方面的学习与应用；快速学习与应用，如快速地学习、快速地应用；参与性，将自主创新学习技能转化为有益的社会功能实践。

（2）抓住创新机遇技能。

人们在从事科学观察中，常常会遇到这样一种情况：按预定计划研究模拟现象 A，但在采取了某种操作之后，却意外地发现了另一种现象 B，这种意外的新发现正是一种创新的机遇。创新机遇包含创新、意外、异常 3 个特点，它可以为主体带来新的发现，也能促进科技的发展。如果想要具备捕捉创新机遇这项技能，需要通过学习一些方法来实现，比如要具有强烈的"问题意识"和敏锐的观察技能与判断技能，还要有批判精神。

（3）想象技能。

想象技能是人在已有形象的基础上，在头脑中创造出新形象的能力，这个新形象可以是一个念头，也可以是一个思想画面。心理学家证明，在大脑的感受区、贮存区、判断区和想象区这 4 个功能部位中，一般人对想象区只动用了想象力的 15%，所以想象力的锻炼和培养尤为重要，比如可以通过以下途径：培养广泛兴趣，积累知识，敢于想象；认真观察，丰富自己的感性形象；练习比喻、类比和联想；凡事问个"为什么"，养成好奇的习惯；善于转换角度，从多方面去考虑问题。

（4）观察技能。

观察技能是人们进行观察活动的一种心智技能，它与求知欲相联系，力求对对象进行深入的认识。观察的根本特点是它的输入性。从外界环境中接纳信息，是对事物深入认识的开端。观察技能需要有明确的目的和周密的计划、有必要的预备知识、有良好的观察思维习惯（从多方面考虑问题，摒弃先人之见，大胆质疑）、遵循必要的观察程序（由近到远或由远到近；观察整体，得出总体印象；观察部分与部分之间的联系；观察各个重要的细节）并做好观察记录和总结。

（5）记忆技能。

记忆技能是识记、保持、再认识和重现客观事物所反映的内容和经验的能力。世界上的事物丰富多彩，具体的记忆方法也不胜枚举。记忆技能包括联想记忆、组块分类记忆、简约记忆等。

（6）操作技能。

操作技能是指通过学习而形成的合法则的操作活动方式。操作技能不同于本能，它是通过有意识的学习与练习，并借助于各种内外反馈和监控，来形成符合要求的运动程序。操作技能与智力技能也不同，其特点在于：操作活动的对象为具体的物质客体；操作动作由外显的肌体运动来实现；操作活动的每个要素必须切实执行，不能合并或省略，其活动结构是展开的。操作技能分为 4 个阶段：活动的定向→动作的模仿→动作的整合→活动的熟练。

（7）交流沟通技能。

沟通是工作和生活中都必不可少的一部分，良好的沟通可以极大地提高工作效率，但是这一点往往被人们所忽略。要想有效地沟通，我们必须掌握基本的沟通方法，并且把这些方法用在工作和生活的交往中，例如：在开始谈话之前，对于对方能抽出时间和你谈话，一定要向其表示感谢；有可能的话和他人建立私交联系；保持积极的心态，要给出建设性的建议，而不是负面的批评或者抱怨；对抗性的语调不会有任何好的结果，要自信、率直，并保持沉着合作的语调；明确目标能帮助我们直达主题并让对话围绕主题展开；学会倾听，保持开放的态度，眼神交流很重要，试着去理解他人的想法；寻求反馈，确认一下双方对谈话内容的理解是不是一致。

小贴士

创新能力小测试

测试题

以下 10 个问题请根据自身实际情况做出"是""否"或"不确定"的回答。

1. 你认为那些使用古怪和生僻词语的作家，纯粹是为了炫耀。
2. 无论什么问题，要让你产生兴趣总比让别人产生兴趣要困难得多。
3. 对于那些经常做没把握事情的人，你不看好他们。
4. 你常常凭直觉来判断问题的正确与错误。
5. 你善于分析问题，但不擅长对分析结果进行综合、提炼。
6. 你的审美能力较强。
7. 你的兴趣在于不断提出新的建议，而不在于说服别人去接受这些建议。
8. 你喜欢那些一门心思埋头苦干的人。
9. 你不喜欢提那些显得无知的问题。
10. 你做事总是有的放矢，不盲目行事。

评分标准

具体评分标准如表 3-1 所示，请根据评分标准统计出自己的总分。

表 3-1　评分标准　　　　　　　　　　单位：分

题号	是	不确定	否
1	-1	0	2
2	0	1	4
3	0	1	2
4	4	0	-2
5	-1	0	2
6	3	0	-1
7	2	1	0
8	0	1	2
9	0	1	3
10	0	1	2

结果分析

总分为 22 分以上的人，具有较强的创新能力，适合从事环境较为自由、没有太多约束、对创新性有较高要求的职位，如美术编辑、装潢设计、工程设计等。

总分为 11 ～ 21 分的人，善于在创造性与习惯做法之间找到平衡，具有一定的创新意识，适合从事管理工作，也适合从事其他与人打交道的工作，如市场营销。

总分为 10 分以下的人，缺乏创新思维能力，属于循规蹈矩的人，做人总是有板有眼、一丝不苟，适合从事对纪律性要求较高的职位，如会计、质量监督员等职位。

二、创业能力

创业存在风险，每一个创业者都渴望成功，创业能力直接关系到创业的成功。因此，对于创业能力的概念，简单来说，就是指成功创业的能力或力量。尽管影响创业成功的因素有很多，在市场环境一定的情况下，关键是看创业者资源的运作能力、创新能力和风险管理能力及创业企业运作的制度与文化环境。若创业者在这几方面具备好的条件，那他成功的可能性就大，也可以说该创业者的创业能力大。

（一）创业能力的第一要素是创业理念

创业能力首先源于创业者的创业理念。根据行为学和心理学理论，人的行为遵循这样的规律：需求－动机－行为。创业行为源于创业需求，创业需求即为创业者的赚钱的欲望、大发展的欲望，为了满足欲望，创业者从众多的动机中自然选择通过自身的创业活动来满足欲望的动机（即最强烈的动机），从而产生创业行为。在这个过程中，创业需求的产生、创业动机的形成及创业行为的产生，内在的影响因素就是创业者本身的创业理念，即创新精神、成功欲望、冒风险的勇气。这种创业理念越扎实，创业的欲望和动机就越强烈，对创业者的行为越会产生积极影响。因此，制度和创业文化的建立，为创业能力的提升提供了不竭的动力之源。

（二）创业能力体现在创业管理过程中

创业能力直接影响创业活动的成效，创业活动包括创业机会的发现和识别、创业风险的识别和评估、创业商业计划的制订、创业资源的整合、创业企业的经营管理等，创业能力则体现在这些活动的管理中。每一项具体的活动出现问题，都会直接影响创业的成功可能性。因此，探讨创业能力，必须与创业活动过程紧密结合起来，从创业活动的有效开展出发，去识别、归纳创业能力的影响因素。

（三）创业能力的基础是创业资源条件

创业需要资源，从广义来看，即从创业企业的内外条件来看，创业资源包括创业者、人才、技术、资本、信息、市场、关系、营销网络等；从狭义来看，即从创业企业的内部条件来看，创业资源包括人力资源、财力资源、技术资源、信息资源。无论从广义还是狭义来看，创业资源都是创业成功的基本保证，是创业能力的重要组成部分。

（四）创业能力的本质是一种综合能力

根据创业理论，我们知道创业的一般过程包括 4 个阶段：第一阶段是识别与评估市场机会；第二阶段是准备并撰写经营计划；第三阶段是确定并获得创业资源；第四阶段是管理新创企业。创业能力就体现在创业的 4 个阶段中，它包括识别市场机会的能力、策划能力、资源获取能力、管理新企业的能力、创新能力、风险管理能力等。因此，创业能力本质上是一种综合能力，要提高创业能力，必须以综合能力培养为核心。

创业聚焦

好技术 = 好产品？你还隔着创业能力！

为什么科技成果转化如此之难？

（1）创新型企业对于技术的掌握并不到位。科技产品都是技术的组合，有一部分是成熟技术，有一部分是新技术。很多创新型企业只掌握 5% 的新技术，对于 95% 的成熟技术缺少了解，没有整体思维。

（2）科技产品缺少工业设计。产品的"颜值"不好，难以吸引用户，用户的体验也比较糟糕。

（3）机制问题。科研人员的日子过得很好，不愿意创新创业，这属于创新机制问题。

（4）一些创新成果属于伪需求。很多科研成果抓不到用户痛点，导致市场缺少"非你莫属"的产品。

在以上 4 点中，最后一条最为关键，也是创新型企业普遍遇到的问题。

举一个例子，有一家显示器生产企业，做大号的电子相框，这个产品可以同步出很多艺术绘画作品，画面非常逼真。

但在推向市场后，很多经销商抱怨产品根本卖不出去，因为没有抓住用户的核心痛点，用户可以在市场上找到其他很多解决方案。这个产品无疑拥有很好的技术，但问题出在缺少用户"非买不可"的理由。

很多人以为有了技术和生产设计能力就可以做好产品，但实际上做不好。创新型企业在掌握先进技术的同时，还要去找用户、找场景、找需求、找痛点，这些工作都需要创业来完成。

所以，不要以为你有了核心技术就可以做好产品，核心技术距离成熟产品十万八千里。你拥有核心技术的研发能力、生产能力、设计能力，但如果缺少创业能力，都是做不好的。

三、创新创业能力培育的基础

（一）建立创新创业文化

企业家精神需要一种创新创业文化环境，在一个创新创业文化环境中，组织成员自然而然拥有创新创业的价值观，有创新创业精神、成功的欲望和承担风险的勇气，这是创新创业的动力源。建立创新创业文化，首先需要有超常规发展的观念、变革观念，才可能有企业家，才可能有创新创业的强烈欲望。其次，创新创业文化需要系统管理，创新创业文化不仅表现为一种观念，还表现为一种机制。具体来说，创新创业文化更多地表现为对企业家的态度、创新创业行为的激励制度、创新创业的硬件条件建设与提供等方面。因此，必须进行系统的创新创业文化管理，形成统一鲜明、富有感染力的创新创业文化。

（二）培养企业家的素质和能力

素质和能力是企业家的基础，没有一定的素质和能力，再强的创新创业愿望都是很难实现的。把创意变成产品，把产品市场化、产业化，这是一个艰苦的过程，要求企业家具有一定的素质和能力：首先，提高素质和能力可以产生更多的创意；其次，提高素质和能力，可以更好开展创新和研制活动，缩短产品的研制时间，提高创新的成功率，降低创新成本；最后，素质和能力的提高，可使新创企业更好地开展经营管理活动，使新创企业能持续地发展。提高企业家素质和能力的途径有很多，对于新创企业，重点在于有计划地从基础知识、专业技能、管理思维等方面开展有针对性的培训。

（三）建立创新机制

创业是实现创新的过程，而创新是创业的本质和手段。培养企业家精神，必须建立创新机制。根据近几十年的研究，国际上已总结出了一些被认为是创新成功的关键性的过程因素，主要包括：建立良好的内部沟通交流，与外部科学源和技术诀窍有效连接，接受和购买外部新构思；将创新看成整个企业的任务，从创新早期阶段开始，集中所有部门一体化参与创新；对项目实行有效的管理和控制，对新项目进行公开筛选，定期评价项目；强烈的市场导向，强调满足用户需要，尽可能让潜在用户参与或涉及开发过程；根据技术创新的不同阶段，配备适当的人选，主要包括能够产生创新构思的科学家或工程师、技术创新的倡导者或企业家、执行项目的管理者、信息部门人员等。因此，企业建立创新机制，可从上述几方面着手，制定创新的组织体系、激励和管理制度，切实提高企业创新的积极性和成功率。

（四）资源的整合利用

资源整合是企业家工作的重要构成部分。创业资源是有限的，企业家必须合理计划和利用有限资源。在资源的利用上要走出一个误区，即为了使企业创业成功，首先必须让所有的资源到位，尤其是资金必须到位（这一观点是错误的）。当一支强有力的管理团队构思出一个有高潜力的商机并推动商机的实现时，资金自然而然就跟着来了。因此，在资源问题上，关键在于资源的整合，成功的企业家一般为利用和控制资源，设计了创意精巧、用资谨慎的战略。在资源投入中，技术是关键，企业家必须有好创意或优秀技术，特别是在知识时代的创业，更需要投入合理先进的技术资源。

美国百森商学院的创业教育

美国百森商学院于 1968 年开设本科生阶段的创业学主修课程，为具有创业兴趣和潜质的学生提供全面和综合的创业课程，并针对不同学习阶段的学生推行渐进式的创业教育项目："管理和创业基础"项目、"创业精神培养强化课程"项目，以及"定制特殊路径"项目。其中，"管理和创业基础"项目是所有新生必须参加的为期一年的跨学科创业基础课程；"创业精神培养强化课程"项目主要针对二年级学生中具有较高创业潜质的学生，让学生选修其中的课程，使其有机会在大学早期就接触各种创业活动；对高年级学生则为其创业学习定制特殊路径，三、四年级的学生通过在新创企业、家族创业、公司创业以及社会创业 4 个领域中选修课程进行学习，加强对创业的认识。

百森商学院创业教育的一大特色是模块教学。其课程体系包括创业者、战略与商业机会、资源需求与商业计划、创业企业融资与快速成长 5 大模块，主要培养学习者的创业素质、创业意识、创业知识以及应对创业风险的能力等。每个模块由一系列选修课程组成，并且分为基础级、专业级和支撑级，以满足不同创业潜质学生的需要。

百森商学院所有学习阶段的课程都包括具体的实践内容。百森商学院不仅拥有创业教育的实践基地、开展多样化的外延拓展活动，还鼓励学生积极参加各种创业计划大赛、创业演练。学生在这些实践中，从最初的计划拟订到后期的成果转化以及企业运营，都完全是在市场中进行并接受市场的考验。这样，尽量使学习者置身于创建企业、发展企业这样一个动态过程中，使学生有机会面临真实的创业情境，获得关于创业各个环节的亲身体验，能够将课堂上的理论运用到现实世界中。

四、大学生创新创业能力的培育

良好的创新创业能力是大学生职业发展的前提和条件，但创新创业能力的培育不可能在短期内得以实现，需要在理论学习和实践磨炼中有意识地培育和铸就。大学生创新创业能力需要通过学习知识技能培育、通过参与实践活动培育、通过借鉴成功经验培育，以及通过优化创业环境培育。

看看你属于哪一类创业者

1. 哪一种投资对你较有吸引力？（　　　）
   A. 定期存款中有 10% 的固定利润
   B. 在一段时间内，不低于 5% 或高于 10% 的利润。因经济环境（如利率及股市变化）而异
2. 哪一种工作对你较具吸引力？（　　　）
   A. 每周工作低于 40 小时，每年固定加薪 6%
   B. 每周工作超过 50 小时，第 1 年年底就加薪 10%～15%
3. 你较喜欢哪一种商业形态？（　　　）
   A. 独资经营　　　　　　B. 合伙组织　　　　　　C. 合作组织

4. 有 3 个待遇、福利等都不错的工作供你选择时，你会接受（　　　）。

    A. 大企业，但是你的权限与职责都稍低

    B. 中型公司，稍有名气，能拥有部分程度的权限与责任

    C. 小公司，但能赋予相当大的权限与责任

5. 当你拥有一家公司时，对于公司的各种营运，包括内部行政管理、广告销售、薪资给付等，你希望参与到何种程度才会满意？（　　　）

    A. 将大部分的权力释放出去

    B. 将一部分的权力释放出去

    C. 将各部门的营运事项大权均掌握于手中

6. 进行工作计划时碰上了小的阻碍，你会（　　　）。

    A. 立即请求别人给予帮忙

    B. 先经过一阵思考之后，选定几种可能的解决方法，然后请求上司

    C. 自己努力寻求解决的办法，直到克服为止

7. 多年来你的公司一直沿用一套销售制度，使公司每年维持 10% 的成长率。这套制度还算成功。你在其他地方用了另一套制度，你发现每年会有 10% ～ 15% 的成长率，且此套制度对你和公司双方都有利，但你的方法需要投入许多时间和资金，你会（　　　）。

    A. 为避免风险，仍沿用老方法

    B. 私下就采用新方法，然后等着看结果

    C. 建议采用新方法，同时展示已有的好结果

8. 当你建议上司采用你的新方法时，他却让你不要自作主张，你会（　　　）。

    A. 放弃你的方法　　　　　　　　B. 过一阵子再向上司游说

    C. 直接向公司总经理或董事长建议 D. 直接用自己的方法做了

9. 你是否参加新公司的开发计划？（　　　）

    A. 未曾　　　　　B. 偶尔　　　　　C. 经常

10. 你打算如何着手对员工进行训练？（　　　）

    A. 委托顾问人员，由专家设计课程内容，并亲自训练指导

    B. 根据自己的经验和主意安排课程内容，并亲自训练指导

11. 以下哪一种情形对你而言最有成就感？（　　　）

    A. 你是公司的最高薪者　　　　　B. 在你的专业领域得到较高的荣誉

    C. 成为公司的总裁

12. 以下哪个部门的工作最能吸引你？（　　　）

    A. 行销部门　　B. 行政部门　　C. 财务部门　　D. 训练部门

    E. 管理部门　　F. 顾客服务部　　G. 征信及收款部

13. 担任业务工作，有 3 种薪资与佣金的选择机会时，你期望的薪资计算方式是（　　　）。

    A. 完全薪水制　　　　　　　　　B. 底薪加佣金制

    C. 完全佣金制

14. 当你正准备出门度假时，接到一个非常有希望成交的大订单，但是必须牺牲假期，你会做何抉择？（　　　）

A.　请求客户再宽延一段时间

B.　取消或延后度假

15.　小时候，你是否玩过较具危险性的游戏？（　　　　）

A.　否　　　　　　　　　　　　B.　是

16.　你喜欢什么样的工作步调？（　　　　）

A.　一次做一件，直到完成为止　B.　一次同时做几件工作

17.　你希望你每周的工作时数是（　　　　）。

A.　35 小时　　　B.　40 小时　　　C.　45 小时　　　D.　50 小时

E.　60 小时以上

18.　你现在每周的工作时数是（　　　　）。

A.　35 小时　　　B.　40 小时　　　C.　45 小时　　　D.　50 小时

E.　60 小时以上

19.　你正准备去打一个推销电话，你现在的心境是（　　　　）。

A.　运气好的话，我可能会成功

B.　我有可能完成这项交易

C.　我觉得非常有希望完成这笔交易

20.　当你遭遇到工作上的危机时，你会如何形容你目前的精神状态？（　　　　）

A.　以平常心看待，一切尽在掌握之中

B.　虽已掌握局面，但仍有些焦躁

C.　确实受到相当程度的影响

完成以上 20 道题后，现在开始计算你的分数，请参考以下评分标准（单位：分）。

1.　A=2　B=6

2.　A=3　B=10

3.　A=7　B=5　C=4

4.　A=1　B=2　C=3

5.　A=1　B=3　C=5

6.　A=1　B=5　C=7

7.　A=1　B=4　C=5

8.　A=1　B=5　C=8　D=10

9.　A=1　B=5　C=10

10.　A=1　B=3

11.　A=2　B=5　C=8

12.　A=10　B=1　C=3　D=3　E=2　F=5　G=8

13.　A=1　B=5　C=10

14.　A=1　B=5

15.　A=1　B=8

16.　A=3　B=6

17.　A=1　B=3　C=5　D=8　E=10

18.　A=1　B=3　C=5　D=8　E=10

19.　A=1　B=3　C=7

20. A=5　B=2　C=7

测评结果：上班就业者 33～36 分，加盟跟随者 61～142 分，自主创业者 143～169 分。

要点回顾

- 企业家的职能——创新和实施新的要素组合，以及管理的和决策的角色。企业家是经济发展的原始动力，他（她）的职能是创新，或者是进行新的组合。
- 企业家要站在创新文化高峰，筑造企业家文化，包括创新的文化、创新的群体文化和企业家个体文化。
- "企业家精神"是企业家特殊技能（包括精神和技巧）的集合，指企业家组织建立和经营管理企业的综合才能，是企业家所具有的组织土地、劳动及资本等资源用于生产产品、寻找新的商业机会以及开展新的商业模式的特殊才能，它是一种重要而特殊的无形生产要素。
- 从企业家的特质和所承担的经济活动的职责，尤其在经济变动期的角色，以及承担这种角色需要具备的能力、才干和特质来看，企业家精神主要包括哲学思辨精神、创新精神、创业精神、探索精神或冒险精神。
- 创新能力是指根据具体的目标任务，创造性地解决问题的能力。创新能力由创新思维、创新意识、创新精神、创新技能等内容组成。创新能力需要在实践中锻炼。
- 创业能力是指成功创业的能力或力量，关键是看创业者资源的运作能力、创新能力和风险管理能力及创业企业运作的制度与文化环境。

关键名词

企业家精神　创新能力　创业能力　职业发展规划　创新创业教育

复习思考题

1. 什么是企业家？
2. 企业家文化包括哪些要素？
3. 简述企业家精神的含义。
4. 创新能力包含哪些内容？
5. 创新能力培育的方法有哪些？
6. 简述你对创业能力的理解。
7. 创业能力培育的方法有哪些？

行动学习

结合本章内容，设计一份访谈提纲，找一位你身边的创业者进行访谈。要求如下。

1. 访谈时间设计在 1 小时左右。
2. 认真准备和设计访谈提纲，问题可以来自本章的主要知识点，也可以是你对创业、创业活动以及创业教育的理解，还可以是你不清楚的问题甚至是疑惑。设计访谈提纲时预想可能的答案。

3. 自己找创业者，创业者类型不限。

4. 访谈时要做好记录，如果对方允许，最好录音。

5. 访谈时一定要注意创业者的表情、思考、停顿等细节。

6. 访谈结束后一定要仔细整理，对照访谈前你预想的答案，看你发现了什么。

7. 你觉得从你访谈的创业者身上学到了什么？哪些是你根本无法学习到的？

回头看一看你设计的访谈提纲，看看有哪些地方值得修改，接下来重新修改并完善你的访谈提纲。

如果你访谈过创业者，请把你印象最深的事件、发现、关键词等写在下面的空白处。

扫一扫

第三章阅读提高

扫一扫

第三章学习资源

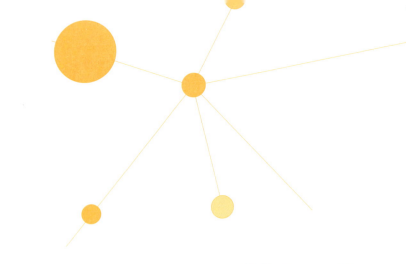

第四章
创业机会的识别与评估

创业名言

　　我极少能看到机会，往往在我看到机会的时候，它已经不再是机会了。

——马克·吐温

本章导图

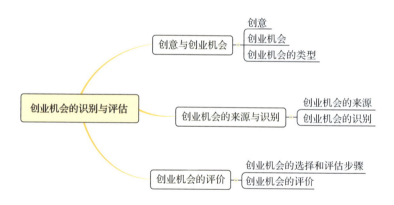

学习目标

通过本章的学习，你应该能够：

（1）理解创业机会的内涵；

（2）把握创业机会的来源；

（3）领会影响创业机会识别的因素；

（4）了解创业机会的评价。

开篇案例

疫情下的抖音创业故事

2020年9月，天气已经不太热，行人多起来了，但临街的一些店铺还是空空如也。疫情控制住了，但生活不再是从前的样子。所有人都在说难。一些企业倒闭了，一些企业艰难求生；但还是有企业逆势发展，抖音就是其中一个，并且催生了大大小小抖音服务的市场。陈荣超也赶上了这个热潮。他的宜昌天乐信息技术有限公司新开展的短视频服务，从5月7日签下第一单开始，在短短3个多月时间里，营业收入已经占到公司总收入的40%，在这样艰难的日子里，堪称奇迹。他是如何实现从无到有，在短视频服务这个新领域逆袭的呢？

1. **抖音新服务逆势生长**

陈荣超，1989年生，湖北襄阳人，2013年追随女朋友来到湖北宜昌，最开始在一家人力资源服务公司做销售，两年后开始创业。他的宜昌天乐信息技术有限公司，是百姓网在宜昌的独家代理商，主要为中小企业提供落地的人才招聘和网络推广服务，成立5年来已经服务中小企业2 000多家；但其涉足抖音短视频服务却只有短短几个月的时间。2020年3月底，湖北宜昌才从疫情中解禁，传统的业务暂时没有着落，公司需要找到新业务才能生存。在和老客户交流的过程中，陈荣超和合作伙伴杨涛敏锐地发现了中小企业急于赶上火爆的抖音市场的巨大需求，于是从4月开始，他们开始研究抖音和其他短视频平台的后台操作及功能，研究相关案例，分析客户来源，在一个月时间内推出了套餐服务。他们首先对老客户展开营销推广，同时也借助互联网渠道征集新客户，在5月7日就成交了第一单：帮助客户做抖音认证，并提供带货服务。虽然这单服务只有2 000元收入，但给他们公司带来了新的收入增长点。随着服务的不断深入，客户越来越多，他们的服务范围也越来越宽，现在已经拓展到为客户提供视频拍摄、剪辑发布，以及线下＋线上服务的全网营销服务。到现在为止，短短4个多月以抖音为主的短视频服务收入已占公司业务总收入的40%。为了更好地帮助客户，陈荣超和杨涛还先后举办了3次免费的短视频服务沙龙，和短视频行业资深人士合作，教客户申请短视频认证的流程、制作视频的方法，以及视频的选材、立意、剪辑等。他们良好的服务让客户的忠诚度越来越高。"在你们的陪伴下我们找到了做短视频的感觉。"有客户说。还有培训机构已经通过他们支持的抖音服务，找到了报名参训的受训者。

2. **成功的秘诀**

从开始有所思考，到准备，再到第一个客户签单，陈荣超只用了1个月左右的时间，随后在3个多月时间发展了30多个客户。在疫情让大多数企业生意一落千丈的时候，他却能无中生有，不仅让自己活了下来，而且业务逐步扩展，让人不得不佩服他商业变现能力的高超。也让人好奇，他是如何实现这一切的呢？

"我们之所以能在这个时候开拓新服务，是因为我们理解中小企业的痛点和处境。"陈荣超说。

"虽然现在互联网很火爆，但毕竟只是工具；要产生价值，企业营销才是最重要的。现在企业营销推广渠道越来越多，比较流行的就有百度、58同城、直播、短视频，但是变化太快，大多数企业没有能力鉴别、选择真正适合他们的互联网营销方式，这就需要有经验的人来帮助他们，现在有一种热门职业叫'网络营销师'，就是专门提供这种服务的，

水平高的人服务准确率可以达到70%～80%。我们其实就是在做这种事情。和其他人相比，我们接触网络服务要早一些。自2014年开始我们就在关注互联网营销领域，这在宜昌是比较早的。前年又接触抖音、百度合作商的推广业务，开始了解这个市场。随着对这个行业了解越来越深，有很多老客户认为现在的互联网营销收费高，效果却不明显，他们很头疼，也希望我们在传统业务外给他们提供新的服务。所以我们就根据客户需求，帮助他们选择合适的营销服务方式。抖音等短视频服务就是其中一种。"谈到互联网营销，看起来言语不多的陈荣超侃侃而谈，如数家珍。他人看起来很神奇的短期内抖音服务模式变现，在陈荣超眼里，却只是他们公司以往网络服务的自然衍生结果。尽管赶上这波热潮，陈荣超对公司后续的发展还是有清晰的认知。"和前几年相比，现在如果要在互联网行业创业，已经错过高峰期了，基本都是美团、58同城、百度等大公司垄断市场，小品牌很难存活下来。要在互联网行业生存下来，给客户提供线下＋线上相结合的服务机会才多些。互联网更新速度快，如果售后服务不到位，不能维系好客户，就很难长期存活下去。"他现在的短视频新业务扩展迅速，70%～80%还是来源于他的老客户。

看似神奇的背后，其实是陈荣超对互联网营销行业的深度理解，以及他维系老客户能力带来的结果。疫情和抖音只是提供了一个机会而已。世界上唯一不变的就是变。变化确实给人们带来了太多的机会，但是要抓住机会，却并不那么容易。创业只有热情是不够的，你还要选择合适的领域专注下去。等机会来了，你才有可能抓得住。机会总是给有准备的人的。

3. 给创业者的启示

年轻的陈荣超对年轻人创业有很多感触，就如何创业才可以成功的话题，陈荣超分享了自己的看法。

有很强的创业兴趣非常重要。陈荣超说自己大专毕业时就想自己创业，虽然经历过很多挫折，但是强烈的创业信念支持他走到了今天。

要多尝试，积累丰富的社会阅历。陈荣超毕业后就到北京闯了3年，期间他接触过很多行业，大大开阔了自己的眼界。就是在这段经历中，他发现了互联网创业和传统行业创业的差异：传统行业创业多半需要长期业务积累和资金支持，而自己没有资金，没有技术，没有人脉，如果在传统行业里创业，很难做出来；而互联网行业机会多，可以以小博大。如果没有接触和比较这么多行业，他坦言自己可能不会抓住互联网这个机会。

还要会把握商机。陈荣超说自己一直记住了2010年在学校读书时老师的说法："21世纪互联网给予年轻人很大机遇"。所以他在后来接触到互联网营销服务后就给自己确立了在互联网领域创业的创业方向。

第 一 节
创意与创业机会

一、创意

机会的识别源自于创意的产生，创业者在创业之前往往有一个很好的创业想法，它就是创意。有的创业者认为自己有很好的创意和点子，对创业充满信心。当然有创意和点子固然重要，但并不是每个大胆的创意和点子都可以转化成创业机会。所以我们有必要澄清创意和创业机会，厘清二者之间的区别与联系。

（一）创意的内涵

创意就是具有创业指向同时具有创新性甚至原创性的想法。创意的核心是创造性思维，其突出的标志是具有新颖性、独特性，创造性思维往往带有随机性和突发性，因此，创意又常被称为"灵感"。创意要将问题或需求转化成一定的逻辑性架构，而不是单纯的奇思妙想。创意的形成是一个过程，尽管时间可能很短。创意是创业者的初步设想或灵感，在创意没有产生之前，机会的存在与否意义不大。

（二）创意的特征

你在准备将你的创意付诸创业实践之前一定要认清它是否具备转化为机会的条件。创意很难说存在绝对意义上的好与坏，能够转化成创业机会的创意一般具有以下基本特征。

1. 新颖性

创业的本质是创新，创业指向的想法首先应具有新颖性。新颖性可以是新的技术和新的解决方案，可以是差异化的解决办法，也可以是更好的措施。新颖性还意味着一定程度的领先性，不少创业者在选择创业机会时关注国家政策优先支持的领域就是在寻找领先性的项目。不具有新颖性的想法不仅将来不会吸引投资者和消费者，对创业者本人也不会有激励作用。大多数的想法只是想想而已，并不会付诸行动。新颖性还可以加大模仿的难度。

2. 真实性

创业指向的创意绝对不会是臆想，而要有现实意义，要有实用价值。首先，创意要可实现，简单的判断标准是能够开发出可以把握机会的产品或服务，而且市场上存在对此产品或服务的真实需求，还要能够找到让潜在的消费者接受产品或服务的途径。

3. 价值性

创意的价值性是根本，好的创意要能给消费者带来真正的价值。创意的价值要通过商业概念进行市场检验。有价值的创意是可以进行市场测试的。

二、创业机会

（一）创业机会的内涵

机会是创业的核心要素，创业离不开机会。机会是一种隐性的状态或情形，同样的机会，不同的人看到的会不同，让不同的创业者来开发，效果也会差异巨大。纽约大学柯兹纳教授认为机会就是未明确的市场需求或未充分使用的资源或能力。他从两个角度来界定创业机会，即是开发未充分使用的资源或能力还是来满足一定的市场需求。创业者进行创业行为是需要得到一定的回报的，要不然不能称之为创业。所以，创业机会就是能够满足消费者需求并能使创业者收获回报的有吸引力的商业想法或主张。

（二）创意、商业概念和创业机会之间的关系

一个好的创意可能会成为一个好的创业机会，但也可能不能成为创业机会。创意需要开发成商业概念才能成为创业机会。

创意是创业者的初步设想或灵感，是对某个问题提出的初步解决方案，不一定追求市场回报。机会比创意更为严肃和正式，有时候一个非常棒的创意不见得就是一个好的创业机会。虽然每个创意都是和一种需求或解决问题的办法紧紧联系在一起的，但创意要想转化为机会，必须具备 4 个特征。一是时机，由机会窗决定。机会窗就是在一个既定商业概念下追求机会的最佳时机，当窗户打开时（时机敏感性），机会所带来的利润

85

就会产生。在达到某个时点后，市场成熟了，机会窗也就关闭了。二是吸引力，必须可以获利。三是持续期，可以持续一段时间，能够在市场上发展、成长和成熟。四是必须可为消费者提供价值。

机会的吸引力和价值性必须通过商业概念来实现。商业概念是在创意的基础上用文字、图像、模型等对已成型的潜在产品构思进行形象的描述，以便在消费者心中形成一种潜在产品的独特印象。商业概念就是产品介绍，用消费者的语言来描述产品；而创意是站在创业者的角度对问题解决手段的构思，消费者一般很难理解。商业概念必须以简单、概括、形象的方式来传递优势信息，突出潜在产品的优势，形成潜在产品的卖点。所以商业概念必须通过市场检验。商业概念甚至需要在小规模市场上进行试销以确定利润的回报是否可以实现，如果没有利润回报，创意不能开发成创业机会。

总之，看到机会、产生创意并发展成清晰的商业概念才意味着创业者识别到机会。一个创意只有能带来利润回报才能开发成创业机会。

机会窗口

机会窗口指特定商机存在于市场之中一定的时间跨度。一旦新产品市场建立起来，机会窗口就打开了。达到某个时点，市场成熟，机会窗口也即被关闭。一个产品处于生命周期的成长期往往是机会窗口的打开时期。

创业者利用机会时，机会窗口必须是敞开的。随着市场成长，企业进入市场并设法占据有利可图的定位。机会窗口关闭后，新建企业想成功，已经非常困难，除非专注细分市场。

通常，市场规模越大，机会窗口越大，创业者才可能抓住这个机会；否则，创业者可能无法抓住这个机会。创业者在机会窗口中创业才有望获得相应的投资回报；否则，就可能"血本无归"。

三、创业机会的类型

创业机会依据不同的分类方式，可以分为不同的类型，根据创业机会的来源可以将创业机会分为以下 3 种。

（一）趋势型机会

趋势型机会是指在变化趋势中蕴含的一种创业机会。趋势型机会一般出现在经济变革、政治变革、人口变化、社会制度变革、文化习俗变革等多个方面，一旦被人们所认可，它产生的影响将是持久的，带来的利益也是巨大的。我国正处于经济改革深化阶段，创业者如果能够识别出适合自己的机会，能够尽早地发现并把握，就有可能成为未来趋势的先行者和领导者。

中国发展大趋势

趋势一：互联和融合

传感器和物联网将使世界完全互联。云米科技和 IDC 联合发布的《全球消费物联网趋势 2025 展望白皮书》显示：2018 年中国家庭平均拥有的智能设备数量是 0.9 台，2022 年将达到 2.8 台，2025 年将达到 6.8 台，也就是说，未来每个家庭将有近 7 台连网设备。更重要的是，全球网民人数将超过 50 亿，而高速互联网设施还在加速渗透，比如哥伦比亚已经把接入互联网作为一项基本人权。

次趋势一：互联网设备

开发出一些让人们更快、更便捷、更低成本上网的产品和服务，不管是接入平台，还是接入服务，这方面的机会非常多。

次趋势二：5G 网络和实时服务

5G 网络对我们意味着什么？数据的上行和下行速度会达到 1 吉比特 / 秒，数据的延迟将下降到 1 毫秒以下。这意味着我们能够非常稳定地接入高速互联网。由于 5G 网络这种高速稳定的特征，我们可以期待一些实时服务的出现。比如未来的医疗，我们不用亲自去医院看医生，直接在网上就可以 7×24 小时接入医疗服务，和不同国家不同地区的医生进行直接的会诊。

次趋势三：通信卫星和太空拥堵

目前环绕地球的航空卫星的主要功能是为各自的国家提供气象信息和部分的通信服务。但是，随着人们对丰富数据获取的需要，未来 10 年，我们预测会有更多通信卫星被发射，在太空甚至有可能出现卫星拥堵的情况。

次趋势四：虚拟办公环境

未来的工作环境会越来越灵活。按需服务的会议场所和虚拟会议系统会越来越流行。如果你能够提供优质的语音电话、视频电话、视频会议等交互平台，将会有非常不错的前景。

次趋势五：机器人

未来 5 ～ 10 年，所有人都有机会拥有一台机器人。这些机器人将会成为我们生活的助手，每天把我们叫醒，帮我们准备好衣服和咖啡。

次趋势六：大数据

有了无所不在的物联网和传感器，数据泛滥也随之而来。面对这些泛滥的数据，如何清洗和分析变得非常重要。大数据有非常多的产出和应用，比如预测分析、辅助商业决策，或者用作动态的定价工具。

次趋势七：人工智能

由于数据泛滥，我们在查找和调取所需数据的时候，会遇到难以获得有效数据的困扰。未来的 AI 搜索引擎可以帮助我们解决这个问题，通过设定一些我们需要的条件、格式、结构，它可以通过 AI 算法在网上采集数据，并且最后按照我们所需要的格式和结构将数据呈现给我们。

趋势二：实体和电商

越来越多的企业实现了线上线下的打通。比如汽车行业。一般汽车销售我们都会想到 4S 店，但是现在它们正在转向线上。

趋势三：创新至零

什么叫创新至零呢？就是零排放、零故障、零浪费、零污染。

趋势四：安康和福利

无论是发达国家还是发展中国家，医疗成本正在日益攀升。政府花了很多钱来为人民提供医疗服务和保障。

趋势五：能源

未来5～10年，我们将会看到大规模的能源革命，传统电力企业将会遭遇完全的颠覆。未来，我们每个人都将同时具备用电者和发电者的双重身份。特斯拉在美国成立了一个电力工厂，这个工厂的研究方向就是用一些高级的储能设备，让每一个家庭成为潜在的能源提供者，家庭生产出来的电力，不仅可以满足自己所需，还可以把多余的电力卖给国家，获得收入。楼宇不仅会越来越节能，还能成为能源采集者。

趋势六：汽车

由于在大城市人口密度非常大，出行交通将会成为城市质量的指标。像北京这样的大城市，大家应该体会非常深刻，买车、开车、泊车、车的保养维护，都是非常大的负担。未来，城市智能交通出行也会出现多种解决方案。其中非常重要的一项就是自动驾驶汽车的普及。在不久的将来，基于远程信息技术的自动驾驶汽车将会出现在我们的日常生活中。

（二）问题型机会

问题型机会是指由现实中存在的未被解决或未有效解决的问题所产生的一类机会。问题型机会可以说无处不在。比如，生活中存在的各种不方便，生产中的高消耗高成本，在买卖中大量的退货、顾客的抱怨、消费者的不便、无法买到称心如意的商品、服务质量差等，都是问题。在这些问题的解决中，会存在价值或大或小的创业机会，需要人们用心发掘。

他山之石

美国的"硬币之星"

据美联储和美国财政部的统计，在美国每年有价值约310亿美元的硬币在市场上流通，而其中有价值约105亿美元的硬币躺在墙角、沙发缝之类的地方睡大觉。

1989年，美国斯坦福大学一名家境贫寒但学习成绩优异的普通学生默巴克，他的父母都是小职员，家中人口又多，生活特别拮据。为了减轻父母的工作压力，默巴克一边读书一边"勤工俭学"，他靠帮助学校收发信件、修剪草坪、打扫卫生等，获得一些微薄的经济收入。后来，默巴克发现学生公寓的卫生状况总是十分糟糕，就马上去找负责学生公寓的校方负责人，商谈自己利用闲暇时间承包打扫学生公寓，校方很快就同意了，默巴克因此又多了一份收入。

默巴克在打扫学生公寓时，在墙脚角落里、沙发缝里、学生床铺底下扫出了许多沾满灰尘的硬币，这些硬币有1美分的、2美分的、5美分的，每间学生公寓里都有。当默巴克将这些硬币还给那些同学时，几乎谁也没有表现出丝毫的热情，在他们眼中，几分钱能做什么呢？甚至连半个冰棍都买不到。他们不屑一顾地说："这些硬币没什么用场，有些是我们故意扔掉的。"钱还有故意扔掉的？默巴克惊呆了。对于这种现象，默巴克非常惊异，也十分不理解，于是他给财政部和美国中央银行写信，反映小额硬币被人白白扔掉的事情。财政部很快给默巴克回信说："每年有 310 亿美元的硬币在全国市场上流通，但其中的 105 亿美元正如你所反映的那样，被人随手扔在墙脚和沙发缝中睡大觉。"默巴克就更为震惊了。

105 亿美元，这对小默巴克而言是多么巨大的天文数字呀！这些硬币常常散落在沙发缝、地毯下、抽屉角落等地方，如果能使这些硬币流通起来，利润将多么可观啊！由此，默巴克就开始想，如果能有效促使这些硬币不再躲在角落里睡大觉，而让它们滚动起来，这样既能解决人们为手中硬币的出路而烦恼的问题，又能为自己带来可观的利润，这该是一举两得的好事啊！默巴克想着并开始准备起来。1991 年，默巴克从斯坦福大学毕业了，他始终没有忘记财政部写给他的回信，于是刚毕业便成立了自己的"硬币之星"公司，同时，他还订购了自动兑币机，在超市中进行试点经营。自动兑币机每分钟可以收兑 600 枚硬币，而且不需要顾客预先做任何准备工作。因此，"硬币之星"一开业就大获成功。顾客只需将手中的硬币投进机器内，机器就会转动点数，最后打出一张收条，写出硬币的价格，顾客凭收条到超市服务台去领取现金。自动换币机要收取约 9% 的手续费，所得利润与超市按比例分成。

"硬币之星"很快得到了大众的好评和喜爱，美国各地的超市纷纷与默巴克的"硬币之星"公司联系，要求合作。在短短数年间，"硬币之星"公司在美国 8 900 多家超市、连锁店设立了 10 800 多台自动兑币机，并成为纳斯达克的上市公司。一文不名的穷小子默巴克一夜暴富，成了令人瞩目的亿万富翁，人们都称他为"一美分垒起的大富翁"。

（三）缝隙市场机会

缝隙市场机会是指避开在整个市场竞争而选择一个细分市场进行需求满足的机会。只有实力强大的公司才有能力在整个市场中进行竞争，小企业、初始创业者资源有限，应该对市场进行细分，选择一个对自己有利的市场集中优势资源进入，有效满足这一细分市场的需求。在缝隙市场中寻找机会，创业者有利于增强主动性，减少盲目性，增加成功的可能性。对后进企业来说，善找市场缝隙，是超越先进，实现后来居上的捷径。尽管竞争对手很多，也很强大，但是精明的经营者都明白，市场的缝隙总是存在的，是可以突破的。

"即拍得"照相机

美国有一家生产"即拍得"照相机的公司，在其准备打开日本市场时，别人都认为这简直是不可想象的。因为日本已有佳能、美能达等各种非常优秀的照相机存在，它们的性能和质量也很好，不仅在日本畅销，在国际市场上也占有很大的份额。美国的这家公司却不这么看，该公司认为，"即拍得"是一种与上述产品有区别的新型产品，自己并非把一种普通照相机推销到日本市场，而是把一种"只要10秒就可洗出照片来的喜悦"提供给日本人，使日本人觉得这是一种人生的享受和乐趣。正是靠着日本照相机所没有的这项功能，"即拍得"打入了日本市场。

创业机会的来源与识别

一、创业机会的来源

创业机会有 3 大来源，下面进行详细介绍。

（一）变化趋势

变化是创业机会的重要来源，创业者要善于创造性地利用变化。变化可以是文化方面的，也可以是技术方面的，在所有变化中技术变化速度最快。美国凯斯西储大学谢恩教授提出了产生创业机会的 4 种变革，分别是技术变革、政治和制度变革、社会和人口结构变革，以及产业结构变革。

1. 技术变革

技术通常被称作"创造性的毁灭力量"，这充分说明技术的革新和变化会带给企业无限的创新空间，也是创业者捕捉机会的好办法。数码技术的诞生加速了柯达的死亡，却成就了惠普、戴尔和爱普生一批新创企业的辉煌；集成电路（芯片）的发明不仅开创了计算机领域的变革，也带来了遥控玩具、汽车电子、手机通信等各种信息技术相关领域的无数机会；而移动互联网技术的大爆发则更是给传统社交和信息共享行业带来了全新的颠覆，比如腾讯 QQ、微信。

他山之石

思科的传奇

这是关于 20 世纪 70 年代斯坦福大学一对内向夫妇的故事。斯坦福大学商学院的桑德拉·莱纳和计算机科学系的伦纳德·博萨克想通过电子邮件互相发送情书，但他们各自的院系使用不同的计算机网络，所以他们充满热情而执着地发明了路由器。后来，他们建立了思科公司。路由器使思科一度成为增长最快的企业。

小贴士

第四次工业革命

人类社会的发展进程，与新技术的发明和应用具有密切关系。近代史上已经发生过 3 次工业革命，现在正迎来第四次工业革命。第一次工业革命跨越 19 世纪末期到 20 世纪初期，蒸汽机的发明带来了机械化，开启了工业生产时代。第二次工业革命从 20 世纪初期到 20 世纪 60 年代，电力应用催生了大规模生产方式，推动了钢铁、机械等工业的崛起。第三次工业革命始于 20 世纪 70 年代，计算机技术促进生产自动化，使生产力得到了进一步提高。而第四次工业革命，则是进入 21 世纪以后发展起来的，是以物联网、大数据、机器人及人工智能为代表的数字技术所驱动的社会生产方式变革。它推动工厂之间、工厂与消费者之间的"智能连接"，使生产方式从大规模制造转向大规模定制。

第四次工业革命的核心是网络化、信息化与智能化的深度融合。在这场技术革命中，工厂内外的生产设备、产品及人员之间将连接在一起，收集分析相关信息，预判错误，不断进行自我调整，以适应不断变化的环境。越来越多的技术系统或产品能够在无人介入的情况下自主执行某些功能。比如，装载了 GPS 的汽车能够"知道"自己在哪里；通过内置微型相机和传感器，一个系统可以"辨认出"另一个系统；通过优秀的程序化控制，一个系统能够独立地对外界条件做出反应，在一定程度上优化自己的行为。

在第四次工业革命中，社会生产方式将发生深刻变化。

一是产品生产方式从大规模制造向大规模定制转变。以人工智能为基础的自动化设备、连接企业内外自动化设备和管理系统的物联网，能够使研发、生产以及销售过程更加迅捷、灵活和高效。简单地说，消费者的需求会更及时地传递到工厂，而工厂也会更灵活地切换生产线以满足不同需求。原来的单一产品大规模制造方式将逐渐被大规模定制方式所取代。

二是工业增值领域从制造环节向服务环节拓展。在大数据、云计算等技术的推动下，数据解析、软件、系统整合能力将成为工业企业竞争力的关键与利润的主要来源。利用大数据研究客户或用户信息，能够为企业开拓新市场，创造更多价值。比如，设备制造企业借助大数据技术，向设备使用企业提供预测性维护方案与服务，可以延伸服务链条，实现竞争力的提升和价值增值。如通用电气公司原来是以制造为主的企业，但现在将业务领域拓展到技术、管理、维护等服务领域，这部分服务创造的产值已经超过公司总产值的 2/3。

三是程序化劳动被智能化设备所取代。由于数字技术的飞速发展，机器人在速度、力量、精度优势的基础上，识别、分析、判断能力也大大提高。2017 年 5 月，人工智能围棋程序"阿尔法狗"（AlphaGo）在与世界排名第一的中国围棋选手柯洁进行的 3 场比赛中全部获胜，这说明人工智能在某些分析博弈领域已经超越了人类。从生产服务过程来看，人们原来认为只有重复性、手工操作的业务可以被自动化设备替代，但现在的设备已经可以识别多种业务模式，能够在相当广的范围担任非重复性、需要认知能力的工作。比如，在律师业务中，计算机系统可以完成法律助理、专利律师的一部分工作。环境复杂或需要与人互动的体力作业，以前一直被认为难以程序化，只有人才能胜任，但由于传感器、大数据和人工智能的进步，这个领域中的自动化也有了显著的进展。比如，"机器人床"可以变身为轮椅并自动行走，能够自动升降，平稳地将病人扶起并使其坐上轮椅。未来，大多数程序化工作以及部分非程序化工作将被智能设备所替代，或得到智能设备的辅助而大幅度提高效率。

总体来看，第四次工业革命将极大地提高生产力，推动产业结构与劳动力结构的转变，进而改写人类发展进程。每一次工业革命的发生，都会使世界各国的竞争地位发生变化，一些国家崛起并成为某些领域甚至世界经济的主导者。在第一次工业革命中，英国凭借蒸汽机等技术成为"世界工厂"。在第二次工业革命中，美国依靠大规模生产方式成为世界工业及科技霸主。在第三次工业革命中，日本依托精益生产方式在汽车、家电等行业崛起。而这次的工业革命也和以往一样，必将引起经济格局的变化。谁抓住了机遇，以最快的速度实现超越行业、企业边界的"智能连接"，谁就能率先进入大规模定制生产时代；谁有效地应用了大数据和智能设备，谁就能在价值链中占据优势；谁顺利地完成了劳动力转型，谁就能使国民收入快速增长。从这个意义上说，第四次工业革命不仅会重塑未来经济格局，而且会改变国家竞争格局。

2. 政治和制度变革

随着经济发展、科技变革等，政府必然要进行一些改革，不断调整政策，以适应经济发展的需要。我国的改革开放政策就催生出一批又一批的优秀企业家。政治上对经济管制的放松往往也会带给企业更大的市场空间，比如，美国对航空业管制的取消带给西南航空公司极大的成长机会。

他山之石

两厘米的商机

1992 年，欧盟首脑会议在荷兰马斯特里赫特签署了《欧洲联盟条约》，决定在 1999 年 1 月 1 日开始实行单一货币欧元和在实行欧元的国家实施统一货币政策。自 2002 年 1 月 1 日起，欧元纸币和硬币正式流通。2001 年 7 月，国内外媒体开始报道欧元即将于 2002 年元旦流通的消息。这个消息对我国大多数人来说仅仅是新闻，但对于海宁的一位企业家却意味着商机。通过研究，他发现新版的欧元比原先欧洲的纸币长了两厘米。正是这小小的两厘米，将导致原来的钱包装不下新欧元。他马上和欧洲商人联系，立刻按照新尺寸做了 1 万个钱包，大受欢迎。后来他每天的产量超过 1 万个，仍无法满足市场需求。

3. 社会和人口结构变革

社会与人口结构变化经常表现为市场需求的变化，新兴国家的快速发展引起消费结构和消费者结构变化，造就了大量的市场机会和创业机会。比如，国际一体化的趋势日益加强，西方国家的情人节、母亲节、圣诞节等诸多节日，已经渗透到中国人的生活中，并逐步成为年轻一代追求的时尚，因而创造出和将要创造许多新的创业机会。

我国人口结构趋于老龄化的态势，造成老年市场需求旺盛，各种老年健身、休闲旅游、餐饮、养老、医疗保健等行业逐渐发展起来。史玉柱的巨人集团旗下的"脑白金"产品，就是针对老年人推出的保健品。史玉柱通过现场调研，明确提出"脑白金送爸妈"，使"脑白金"获得了热销。

小贴士

人口负增长拐点或在 2027 年到来

中国总和生育率（育龄期每个妇女平均的生育子女数）从 1970 年之前的 6 左右，

降至 1990 年的 2 左右，再降至现在的 1.5 左右。这一生育水平，不仅低于全球平均的 2.47，也低于高收入经济体的 1.67。按照中国社会科学院 2019 年的预测，如果中国总和生育率一直保持在 1.6 的水平，人口负增长将提前到 2027 年出现。

教育部数据显示，我国普通小学数量从 1990 年的 76.6 万所，下降到 2019 年的 16.01 万所，相当于 30 年间全国八成小学都消失了。同期，小学在校生人数也缩减了 1 680 万。

在校人数收缩背后，是变化的人口形势。21 世纪经济报道梳理历年来出生人口数据发现，我国"80 后""90 后""00 后""10 后"人数分别为 2.22 亿、2.11 亿、1.63 亿（16 330 万）、1.63 亿（16 306 万）。也就是说，从"90 后"这一代开始，人口规模下降的现象已经持续了 3 个年代。Wind 数据显示，我国"90 后"比"80 后"少 1 172 万人，"00 后"又比"90 后"少 4 700 多万人，"10 后"比"00 后"少 24 万人。为扭转这一趋势，人口政策开始不断调整。继 2013 年 11 月我国实施单独二孩政策后，2016 年实施全面二孩政策，但出生人口数量却不及预期。

首批单独二孩儿童于 2017 年进入幼儿园，据教育部统计，2017 年的入园儿童人数的确扭转了此前的下降趋势，较 2016 年增加了 15.87 万人。但到了 2018 年，全国入园儿童人数就比上年减少了 74 万，2019 年入园儿童人数再次比上年减少 175 万。全面二孩政策也不例外。施行首年，我国出生人口反弹到 1 786 万人，但从 2017 年开始三连降，2019 年出生人口已降至 1 465 万人。这是我国出生人口自 1962 年以来首次跌破 1 500 万人大关。

人口学者、全球化智库特邀高级研究员黄文政在接受采访时表示，如果按照现有生育水平的话，这一趋势难以扭转，而且会下降得更明显。"'20 后'这一代人，甚至会比'10 后'少 30% ～ 40% 的水平。"黄文政说道。

4．产业结构变革

先进国家（或地区）产业转移带来市场机会。从历史上看，世界各国各地的发展进程是有快有慢的。即便在同一国家，不同区域的发展进程也不尽相同。这样，在先进国家（或地区）与落后国家（或地区）之间，就有一个发展的"势差"。当这"势差"大到一定程度时，由于国家（或地区）之间存在"成本差异"，再加上经济发展到一定程度时，环保问题往往会被先进国家（或地区）率先提到议事日程上，所以，先进国家（或地区）就会将某些产业向外转移，这就可能为落后国家（或地区）的创业者提供创业的商业机会。

（二）尚未解决的问题

尚未解决的问题本质上就是人们未满足或未有效满足的需求或潜在的需求。其实人们日常的工作、学习、生活等各个环节总会出现一些不尽如人意的问题，很多未曾解决，从市场角度解决这些问题就会发现创业机会。很多创业专家都提到，与其挖空心思、想破脑袋去开创一个全新的领域或产品，创业者还不如致力于解决真实的、改变世界的、值得注意的问题。创业者完全可以先想一下有什么样的问题需要解决，然后再创建一个初创公司来解决这个问题。比如自动提款机的发明就是为了解决人们随时随地需要现金的需求。

（三）市场缝隙

在市场空隙地带寻找创业机会很可能是一种更有效的机会来源。在列强争霸、群雄割据的市场竞争中，中小企业的生存和发展愈显艰难，可盛满石子的脸盆里还可以灌进沙子，堆满石子和沙子的脸盆里还照样能灌水。这就是"缝隙市场"——中小企业赖以生存的空间。创业者可以把重点放在一个较小的、服务不足的市场上，用一种独特的、较好的产品或服务满足这个市场的需求。

缝隙市场可能是不易察觉的，这需要创业者去发现、去开拓、去扩大和去独占。创业者首先面临的最大挑战就是正确识别与确定缝隙，这需要仔细评价和确定市场的规模。一旦找到的缝隙并不是持续、明确的市场细分，它并没有大到可以为企业带来足够的利润，那么创业企业很可能就会被市场淘汰。所以，正确识别缝隙对创业者来说至关重要。如今，许多企业已经找到了属于自己的市场空白点，并且将其变为了非常好的商业创意。

小贴士

瞄准 10% 的市场，占据 100% 的份额

如果没有亲眼所见，很多人无论如何也无法想象，一块小小的菜板，一年可以做出 12 亿元的产值；恐怕也无法理解，张亚光做的菜板居然还有专门的科研机构，菜板品种多达 140 余种，申请专利 100 余项，甚至还导入了目前世界上最先进的营销模式——特许经营。

是不是有些太小题大做了？张亚光何以要花如此大的心血来做菜板这种并不起眼的产品呢？

1988 年冬天，张亚光做了生平第一宗大买卖：从黑龙江往大连"倒腾"了半火车大菜板。他把菜板全堆在一起任人挑选，3 000 块菜板很快被抢购一空。

从此以后，张亚光与菜板结下了不解之缘。他深信，菜板有广阔的市场前景。不只是卖菜板，还要做菜板，做高质量的菜板，这成为张亚光坚定的创业想法。

立下雄心壮志的张亚光一边卖菜板，一边对菜板进行深入调查。他到饭店吃饭，必定到后厨看看菜板，要不让看他就不在这家饭店吃饭。在调查中，张亚光发现了一个触目惊心的事实：那些色香味俱全的美味佳肴，居然来自脏得不能再脏的菜板，相信每个到厨房看了饭菜制作的人，都会大倒胃口。后来在有关书籍上，张亚光得到这样的依据：砧板每平方厘米大肠杆菌能繁殖 400 万个，20 分钟繁殖一代！太不可思议了。

如何做菜板，并使菜板本身具有强杀菌功能，成了张亚光首先要解决的问题。有了一定资金积累之后，张亚光开始正儿八经地从事自己的菜板事业。他请来东北林业大学的专家教授，请来木材协会的陆文达博士，请他们和自己一起合作攻关，开发长效无菌系列菜板。他广泛收集国内外菜板样品，一位日本朋友一次就给他空运来价值 1 000 美元的数十种菜板。张亚光今天的办公室可能是世界上第一个菜板博物馆，世界各地的菜板挂满了四周的墙壁。他开始筹建他的深亚木业有限公司，设计商标、申报专利、投资建厂。

1995 年 11 月，投资 2 200 万元，全球唯一的专业化菜板生产企业"深亚木业有限公司"一期工程在辽宁营口经济技术开发区破土动工，1996 年 9 月建成投产，当年产值 7 000 万元；1997 年，二期工程建成投产，年产值达到 2 亿元……

目前，深亚木业用紫椴木为原料生产的"绿砧王"长效杀菌菜板有 500 余种规格，有酒店型、家庭民用型、集贸市场肉案型，厚度从 2 厘米到 12 厘米，配备从 3 件套到 8 件套不等，售价从 20 元到 2 000 多元。如今深亚木业公司俨然成了一个菜板的海洋，

千姿百态，形象各异，张亚光这个军人出身的东北汉子，硬是把一个小产品做成了可观的大产业，令人叹为观止。

二、创业机会的识别

（一）创业机会识别的影响因素

作为创业者，难能可贵的地方就在于他们能发现其他人所看不到的机会，并迅速采取行动来把握创业机会并实现创业机会的价值。在很长一段时间里，人们认为一般人群不可能看到创业机会、发现机会并成为创业者，是因为他们没有创业者所有的特殊禀赋。识别创业机会难以模仿，更不可学习。但是，随着研究的深入，人们逐渐总结出了一些识别创业机会的规律和技巧。掌握有关识别创业机会的知识，虽然不能保证能够发现创业机会，但确实能给人们的行动提供思路和指导。下面是取得共识的创业机会识别的主要影响因素。

1. 创业警觉性

创业者与普通人的不同之处在于，他总是自发地关注他人忽略的市场环境特征。警觉的创业者时刻注意着市场，对机会存在的潜在性保持着敏感、警惕以及洞察力，一旦发现创业机会就会采取相应行动并努力获取利润。

创业警觉本质上是一种个体的禀赋，是对信息的敏锐把握和解读能力。它受到个体创造力、先前知识与经验、社会关系网络等因素影响。

尽管创业警觉在很大程度上取决于先天因素，但是通过后天努力仍能够提升个体的创业警觉水平。一项研究表明：个体市场知识、市场服务方式知识、顾客问题知识能够明显改善个体的创业警觉，提高个体识别并发现与其知识结构相吻合的创业机会的可能性。

从吸尘器想到的

有一天，盖伊·鲍尔弗看到清洁工用卡车携带的吸尘器吸取下水道里的污秽，他突然受到了启发。能否用类似的装置把草原土拨鼠从洞里吸出来呢？牛和马常常因蹄子陷在草原土拨鼠的洞里而折断腿，但土拨鼠极难在它的洞中被捕捉，牧场主对它们非常头痛。鲍尔弗将他的新事业命名为"让土拨鼠走开"，他对卡车做了几处改装，其中包括在吸尘器里装了 3 个 6 英寸厚的芯片。

他常驾驶卡车到草原土拨鼠大批出没的地方去旅行，将这种有害动物从它们的洞中吸出来，然后再放到别的地方去，每天收费 800 ~ 1 000 美元。机场在了解到他的服务项目后，也请他帮忙。目前，鲍尔弗的业务已发展到 18 个州，甚至还从澳大利亚传来了能否吸出兔子的咨询。

2. 先前经验

在特定产业中的先前经验有助于创业者识别机会。创业经验也非常重要，一旦有过创业经验，创业者会更容易发现新的创业机会。先前经验和创业经验被称为"走廊原理"。个体在先前工作经验中所积累的顾客问题知识、市场服务方式知识、市场知识造就了创业者的"知识走廊"，导致创业者在面对同样的机会信息时，解读出的往往是与其先前知识密切关联的机会。

具有行业经验的人，会更加敏锐地识别出机会，会更容易识别出未被满足的利基市场。具有行业经验可以大大缩短创业过程中的时间。具有经验的人创立公司，可以将他意识到的机会变得清晰。

经验更有助于成功

1987 年 7 月，21 岁的王传福从中南工业大学冶金物理化学系毕业进入北京有色金属研究院攻读研究生。在研究生期间，他更加刻苦，把全部的精力投入电池研究中。仅仅过了 5 年的时间，26 岁的王传福被破格委以研究院 301 室副主任的重任，成为当时全国最年轻的处长。1993 年，研究院在深圳成立比格电池有限公司，由于和王传福的研究领域密切相关，王传福顺理成章成为公司总经理。

在有了一定的企业经营和电池生产的实际经验后，王传福发现，作为自己研究领域之一的电池行业里，要花 2 万～ 3 万元才能买到一部大哥大，国内电池产业随着移动电话的"井喷"方兴未艾。作为研究方面的专家，眼光敏锐独到的王传福心动眼热，他坚信，技术不是什么问题，只要能够上规模，就能干出大事业。于是，他做出了一个大胆的决定——脱离比格电池有限公司单干。脱离具有强大背景的比格电池有限公司，辞去已有的总经理职务，这在一般人看来太冒险。但王传福相信一点：最灿烂的风景总在悬崖峭壁，富贵总在险境中凸现。1995 年 2 月，深圳乍暖还寒，王传福从做投资管理的表哥吕向阳那里借了 250 万元，注册成立了比亚迪科技有限公司，领着 20 多人在深圳莲塘的旧车间里扬帆起航了。

3．认知因素

认知过程是产生创意、激发创造力、识别机会的基础。认知因素如创业意识、创新思维等本身就是创业能力的重要组成部分，是个体创业机会识别的重要前提。机会认知就是感知和认识到机会，就是合理解读信息并识别出其中蕴含价值的过程，也是机会的认知和识别过程。

4．社会关系网络

创业者的关系网络对机会识别相当重要，拥有大量社会关系网络的创业者与单独行动的创业者在机会识别上有显著的差异。社会关系网络能带来承载创业机会的有价值信息，个人社会关系网络的深度和广度影响着机会识别。社会关系网络是个体识别创业机会的主要来源。在社会关系网络中，按照关系的亲疏远近，我们可以大致将各种关系划分为强关系与弱关系。强关系以频繁相互作用为特色，形成于亲戚、密友和配偶之间；弱关系以不频繁相互作用为特色，形成于同事、同学和一般朋友之间。创业者通过弱关系比通过强关系更有可能获得新的商业创意，因为强关系主要形成于具有相似意识的个人之间，从而倾向于强化个人已有的见识与观念。另外，在弱关系中，个人之间的意识往往存在较大差异，因此某个人可能会对其他人说一些能激发全新创意的事情。例如，一位电工向餐馆老板解释他如何解决了一个商业问题，餐馆老板在听到这种解决办法后，可能会说："我绝对不可能从本企业或本产业内的人那里听到这种解决方案的。这种见解对我来说是全新的，有助于我解决自己的问题。"

"中国女大学生创业第一人"谈人际关系

17 岁时，李玲玲发明"高杆喷雾器"，受到诺贝尔奖得主杨振宁颁奖。一年后，她考入华中科技大学（原华中理工大学），1999 年，她发明的防撬锁在第七届中国专利博览会上获金奖。1999 年 7 月，高杆喷雾器和防撬锁两项专利被武汉世博公司看好。

双方协议：世博公司出资 60 万元（实际到账 10 万元）创立天行健科技开发公司；李玲玲以专利入股，占公司四成股份，出任公司董事长兼总经理，世博公司占六成股份。不到一年时间，公司匆匆倒闭收场，这个"中国女大学生创业第一人"就这样迅速陨落。

李玲玲自己总结创业失败的原因："最大的障碍还是在于人际关系的处理不当"。"大学生整个创业圈子都有一个与生俱来的缺陷，那就是办事无头绪，人脉资源匮乏，不会处理人际关系。"她说。2001 年，她在长沙开公司，才半年就挺不下去了，原因还在于不会处理人际关系。

5. 创造性

创造性是产生新奇或有用创意的过程。从某种程度上讲，机会识别是一个创造过程，是不断反复的创造性思维过程。细读很多创业的趣闻轶事，你会很容易看到创造性包含在许多产品、服务和业务的形成过程之中。

李维斯的创造性思维

大家都知道牛仔裤的发明人是美国的李维斯。1853 年他跟着一大批人去美国西部淘金，途中一条大河拦住了去路，许多人感到愤怒，但李维斯却说："棒极了！"他设法租了一条船给想过河的人摆渡，结果赚了不少钱。不久摆渡的生意被人抢走了，李维斯又说："棒极了！"在采矿时人们出汗很多，饮用水很紧张，于是别人采矿他卖水，他又赚了不少钱。后来卖水的生意又被抢走了，李维斯又说："棒极了！"采矿时工人跪在地上，裤子的膝盖部分特别容易磨破，而矿区里却有许多被人抛弃的帆布帐篷，李维斯就把这些旧帐篷收集起来洗干净，做成裤子，"牛仔裤"就是这样诞生的。

6. 乐观心态

保持乐观的心态能使个体首先看到环境中蕴含的机会，而不是风险。因为创业者不能确定新的产品是否能被开发出来，人们是否愿意购买这种产品，或者竞争对手是否会通过模仿创业者的新产品来争夺收益，所以蕴含新产品的机会具有高度的不确定性。识别创业机会要求创业者更愿意看到充满不确定性的机会中的希望，而不是因仅看到不确定性和风险而止步不前，这需要乐观的心态。而且，乐观的心态还是创造力的源泉。

（二）创业机会识别的主要方法

创业者可以使用多种多样的技术和方法来帮助自己识别创业机会。创业机会识别的方法较为常用的有以下 5 种，其中，有的来自于启发或者经验；另一些则很复杂，需要市场研究专家等外部力量的支持。

1. 开展调查

创业者应该开展初级调查：通过与顾客、供应商、销售商交谈和采访他们，直接与这个世界互动，了解正在发生什么以及将要发生什么。创业者也可以进行二级调查，阅读某人的发现和出版的作品、利用互联网搜索数据、浏览寻找包含自己所需要信息的报纸文章等都是二级调查的方式。创业者调查后一定要记录自己的想法，瑞士最大的音像书籍公司的创始人就有一本这样的笔记本，当记录到第 200 个想法时，他坐了下来，回顾所有的想法，然后开办了自己的公司。

2. 系统分析

实际上，绝大多数的机会都可以通过系统分析被发现。人们可以对企业的宏观环境（政治、法律、技术、人口等）和微观环境（顾客、竞争对手、供应商等）的变化进行分析、趋势预测，进而发现机会。借助市场调研，从环境变化中发现机会，是发现机会的一般规律。

3. 问题分析

问题分析从一开始就要找出个人或组织的需求和所面临的问题，这些需求和问题可能很明确，也可能很含蓄。一个有效并有回报的解决方法对创业者来说是识别机会的基础。这个分析需要全面了解顾客的需求以及可能用来满足这些需求的手段。

4. 顾客建议

从顾客那里征求想法。一个新的机会可能会由顾客识别出来，因为他们知道自己究竟需要什么。然后，顾客就会为创业者提供机会。顾客建议多种多样，最简单的，他们会提出一些诸如"如果那样的话不是会很棒吗"这样的非正式建议，留意这些将有助于你发现创业机会。

5. 创造

这种方法在新技术行业中最为常见。它可能始于明确满足市场需求，从而积极探索相应的新技术和新知识；也可能始于一项新技术发明，进而积极探索新技术的商业价值。通过创造获得机会比其他任何方式的难度都大，风险也更高。但是，如果能够成功，其回报也更大。这种情况下所产生的创新在人类所有具有重大影响的创新中，居于压倒性的主导地位。

随身听趣闻

索尼公司开发随身听（Walkman）就是一个很好的例子。20 世纪 70 年代末的一天，盛田昭夫看到索尼创办人井深大堤提着一架笨重的录音机，并戴着一副耳机，迎面走来。盛田昭夫问他："您这是怎么一回事呢？"井深大堤回答："我喜欢音乐，但我不愿吵到别人，所以只好戴耳机；可是我又不愿意整天待在房间里听，所以只好提着录音机到处跑啦！"

盛田昭夫灵机一动，新产品随身听就此萌芽了。根据盛田昭夫最初的构想，是要设计一种迷你型的录放音机——方便提着到处听。研究人员首先设法把放音部分缩小，因为录音部分的零件较小，只要放音部分缩小的问题解决后，再配上录音装置，全世界最小的录放音机即可问世。

当研究人员完成放音部分的缩小设计方案后，戴上耳机试音，结果意外发现声音出奇的美妙，于是决定把放音机推出市场。所以随身听其实就是小型录放音机的放音部分而已。随身听开发出来之后，销售部门与经销商都很担心，因它不能录音。最后在盛田昭夫的坚持下，在 1979 年夏天，索尼公司以年轻人为销售对象，以时

髦产品推出随身听。随身听一上市就大受人们喜爱，原来索尼企划部预估一年卖不到
10万部，结果一年内卖出了400万部，盛田昭夫因此也博得"随身听先生"的雅号。

第三节
// 创业机会的评价 //

创业者在正确识别创业机会之后，还要能够对机会进行有效的判断。这个机会是否具有吸引力、持久性、适时性？是否能够产生预期的利润？是否能够对其所服务的目标市场创造一定的价值？这就涉及创业机会的评价问题。

一、创业机会的选择和评估步骤

（一）创业机会的选择

1. 选择擅长领域

比尔·盖茨说："做自己最擅长的。"每个创业者都应该选择自己最擅长的创业项目，做自己最擅长的事，匹配自己的"比较优势"。创业时，不能盲目跟风，选择的项目与自己过去的从业经验、技能、特长和兴趣爱好越吻合，内在和持久的动力及成功的可能性就越大。对连续多次创业的创业者来说，经验非常重要，如果总结好每次失败的原因，那么下次创业成功的概率会增大。

2. 选择利基市场

利基市场是在较大的细分市场中具有相似兴趣或需求的一小群顾客所占有的市场空间。大多数成功的创业型企业一开始并不在大市场开展业务，而是通过识别较大市场中新兴的或未被发现的利基市场而发展业务。在确定利基市场后，要用更加专业化的经营来获取最大限度的收益，从而在强大的市场缝隙中寻求商机。在复杂多变的商业环境里，如果创业企业能够在一个他人"看不到"的市场缝隙里发展，遭受的市场阻力会小很多，容易成功。创业者要学会在市场中寻找可以盈利的缝隙，从而建立起自己独特的优势。

3. 选择新兴市场

现在是"快鱼吃慢鱼"时代，对刚刚进入市场的创业者来说，做到最优是不可能的，但可以做最快、最独特的市场"填补者"。当你能够在新兴市场开辟出自己的独特优势时，就可以获得该领域的先占优势，握有主动权，利润率比较高。相反，如果畏首畏尾，不敢尝试创新，等看到别人成功后才步人后尘，以图分一杯羹，则注定不会有很大的市场突破。所以，想要成功创业，就要敢于抢占新兴市场的先发优势与市场发展空间。

（二）创业机会评估步骤

1. 确定评估目标

确定评估目标是创业机会评估的第一步，将直接影响到创业机会评估后续步骤的实现。创业机会评估的目标是识别有商业价值的创业机会，达到挖掘创业价值、规避创业风险、吸引风险投资的目的。

2. 分析影响因素

影响创业机会的因素有很多，既有内部创业团队的因素，也有外部创业环境的因素；

99

既有社会因素，也有经济因素；既有市场因素，也有社会网络因素等。从各种影响创业机会的因素中抽出关键性的因素，构建创业机会评估指标体系。

3. 构建评估指标体系

创业机会评估指标体系是在对创业机会影响因素全面分析的基础上结合创业者的实际情况构建的。

4. 选用合适的评估方法

评估方法是对评估指标的排序和量化。鉴于创业机会评估的特殊性，创业机会评估方法应在借鉴多个创业机会评估体系的基础上，选择定量与定性相结合的方法。

5. 评估实施

创业机会评估的实施是评估的实际操作阶段，对定量指标和定性指标进行处理，引入需要的数据和相关专家的评定，并结合相关模型，最终得到评估结果。评估实施也是对创业机会进行选择和淘汰的过程，关键是相关数据的获取和模型的选择。

6. 评估反馈

创业机会评估是一个动态的过程，其本质上是一个主观的、理论的分析过程。创业机会是否能真正成为一个成熟机会，是否可以在现实中开发，还需要进一步从实践中证明。依据创业活动实践，可以从风险规避和价值创造这两个方面对创业机会评估的结果做进一步修正。

二、创业机会的评价

（一）创业者对机会的初始判断

创业机会的把握有个时间窗口问题，错过了时间窗口，机会将不再是机会。因此，一旦识别了创业机会就要迅速采取行动。如果想要通过严格的步骤和细致的方法来评估创业机会，1个季度可能不够，1年不一定够，甚至10年都不一定够，这是残酷的现实。创业者应该进行简单的判断，再进行一定的市场调研，对创业机会做个初始判断。

1. 假设加上简单计算

初始判断简单地说，就是假设加上简单计算。让我们看看创业者们是怎么判断机会的。企业家牛根生在谈到牛奶的市场潜力时说："民以食为天，食以奶为先，而我国人均喝奶的水平只是美国的几十分之一"。也许这就是他对乳制品机会价值的直观判断。

这样的判断看起来也许不可信，甚至会让人觉得有些幼稚，但是它有效。机会瞬间即逝，如果都要进行系统的评估，将耗时耗力，在短时间内几乎是不可能的事情。

2. 市场调研

假设加上简单计算只是创业者对机会的初始判断，在展开进一步的创业行动前还需要进行一定的调查研究，对机会价值做进一步的评价。如史玉柱，在"脑白金"产品投放市场之前，他已经感觉到保健品市场具有广阔的空间，尤其是中老年群体对保健品具有强烈需求，但他却不知如何切入。这时候他采取了周密和全面的市场调研，对老年群体通过亲自与他们聊天，发现市场诉求点，找到了儿女"送爸妈"的最佳定位，验证了这个机会的巨大潜力。

（二）系统评价创业机会

系统地对创业机会进行评估要考虑到很多方面，比如市场层面、效益层面、创业团队、创业者个人、竞争优势层面、策略特色层面等。国内外很多学者通过建立创业机会评价体系来客观评估创业机会，其中，美国百森商学院教授蒂蒙斯的创业机会评价框架和刘常勇教授的评估方法就非常具有代表性。

1. 蒂蒙斯的创业机会评价框架

蒂蒙斯教授提出了比较完善的创业机会评价指标体系，认为创业者应该从行业和市场、经济因素、收获条件、竞争优势、管理团队、致命缺陷问题、个人标准、理想与现实的战略差异8个方面评价创业机会的价值潜力，并围绕这8个方面形成了53项指标，如表4-1所示。

表 4-1　蒂蒙斯的创业机会评价框架

行业和市场	（1）市场容易识别，可以带来持续收入。 （2）顾客可以接受产品或服务，愿意为此付费。 （3）产品的附加价值高。 （4）产品对市场的影响力高。 （5）将要开发的产品生命长久。 （6）项目所在的行业是新兴行业，竞争不完善。 （7）市场规模大，销售潜力达到 1 000 万～10 亿美元。 （8）市场成长率在 30%～50% 甚至更高。 （9）现有厂商的生产能力几乎完全饱和。 （10）在 5 年内能占据市场的领导地位，达到 20% 以上。 （11）拥有低成本的供货商，具有成本优势
经济因素	（1）达到盈亏平衡点所需要的时间在 2 年以下。 （2）盈亏平衡点不会逐渐提高。 （3）投资回报率在 25% 以上。 （4）项目对资金的要求不是很大，能够获得融资。 （5）销售额的年增长率高于 15%。 （6）有良好的现金流量，能占到销售额的 20%～30% 甚至更高。 （7）能获得持久的毛利，毛利率要达到 40% 以上。 （8）能获得持久的税后利润，税后利润率要超过 10%。 （9）资产集中程度低。 （10）运营资金不多，需求量是逐渐增加的。 （11）研究开发工作对资金的要求不高
收获条件	（1）项目带来的附加价值具有较高的战略意义。 （2）存在现有的或可预料的退出方式。 （3）资本市场环境有利，可以实现资本的流动
竞争优势	（1）固定成本和可变成本低。 （2）对成本、价格和销售的控制较高。 （3）已经取得或可以获得对专利所有权的保护。 （4）竞争对手尚未觉醒，竞争较弱。 （5）拥有专利或具有某种独占性。 （6）拥有发展良好的网络关系，容易获得合同。 （7）拥有杰出的关键人员和管理团队

续表

管理团队	（1）创业者团队是一个优秀管理者的组合。 （2）行业和技术经验达到了本行业内的最高水平。 （3）管理团队的正直廉洁程度能达到最高水准。 （4）管理团队知道自己缺乏哪方面的知识
致命缺陷问题	不存在任何致命缺陷问题
个人标准	（1）个人目标与创业活动相符合。 （2）创业家可以做到在有限的风险下实现成功。 （3）创业家能接受薪水减少等损失。 （4）创业家渴望进行创业这种生活方式，而不只是为了赚大钱。 （5）创业家可以承受适当的风险。 （6）创业家在压力下状态依然良好
理想与现实的 战略差异	（1）理想与现实情况相吻合。 （2）管理团队已经是最好的。 （3）在客户服务管理方面有很好的服务理念。 （4）所创办的事业顺应时代潮流。 （5）所采取的技术具有突破性，不存在许多替代品或竞争对手。 （6）具备灵活的适应能力，能快速地进行取舍。 （7）始终在寻找新的机会。 （8）定价与市场领先者几乎持平。 （9）能够获得销售渠道，或已经拥有现成的网络。 （10）能够允许失败

2. 刘常勇的创业机会评价框架

中国台湾中山大学企业管理系教授刘常勇提出了更为简单的评估方法，他从市场和回报两个方面给出了评估创业机会的框架，如表 4-2 所示。

表 4-2　刘常勇的创业机会评价框架

市场评价	（1）是否具有市场定位，是否专注于具体顾客需求，是否能为顾客带来新的价值。 （2）依据波特的五力模型进行创业机会的市场结构评价。 （3）分析创业机会所面临市场的规模大小。 （4）评价创业机会的市场渗透力。 （5）预测可能取得的市场占有率。 （6）分析产品成本结构
回报评价	（1）税后利润至少高于 5%。 （2）达到盈亏平衡的时间应该少于 2 年。 （3）投资回报率应高于 25%。 （4）资本需求量较低。 （5）毛利率应该高于 40%。 （6）能否创造新企业在市场上的战略价值。 （7）资本市场的活跃程度。 （8）退出和收获回报的难易程度

系统评价类似于大公司开展的可行性论证分析，创业者由于自身条件的限制难以进行如此完整的系统评价。在系统评价创业机会时，一定要明确创业是一项具有高度风险的活动，一定要注意创业活动不确定性强的特点，创业者不太可能按照框架中的指标对创业机会一一做出评价，但创业者可以选择其中若干要素来判断创业机会的价值。不能事事都强调依据，不确定环境本身就难以预测，创业者需要在行动中不断检验自己的假设。过分强调证据，容易把困难放大，弱化创业者承担风险的勇气。

// 要点回顾 //

- 创意就是具有创业指向同时具有创新性甚至原创性的想法。好的创意至少具有新颖性、真实性、价值性。
- 创业机会就是能够满足消费者需求并能使创业者收获回报的有吸引力的商业想法或主张。看到机会、产生创意并发展成清晰的商业概念才意味着创业者识别到机会。一个创意只有能带来利润回报才能开发成创业机会。
- 创业者可以从变化趋势、尚未解决的问题和市场缝隙中寻找创业机会。
- 创业警觉性、先前经验、认知因素、社会关系网络、创造性、乐观心态等影响着创业者识别机会的可能性。
- 识别创业机会只是创业活动的起点，要理性创业，还必须进行创业机会评价，根据评价的结果决定是否开发这个机会进行创业。

// 关键名词 //

创意　创业机会　机会来源　机会识别　机会评价

// 复习思考题 //

1. 创意、商业概念、创业机会，这些概念之间存在什么样的区别和联系？
2. 创业过程分为创业机会识别和创业机会开发两个阶段。作为大学生，我们具备了机会识别的哪些素质？还需要加强哪些素质呢？
3. 有人说我国的经济发展中蕴含了大量的创业机会，你认同这个说法吗？
4. 在相同的环境中，为什么有的人能看到创业机会，而另一些人看不到？
5. 初始创业者该如何评价创业机会？

// 行动学习 //

逢"3"抓手——抓住创业机会

游戏目的：锻炼识别、抓住创业机会的能力。

游戏规则：请学生一只手翘大拇指，另一只手掌心向下，围成圈，手掌盖住边上同伴的大拇指。然后，主持人讲一段小故事，学生听到数字"3"的字眼，抓别人的拇指，同时逃自己的拇指。游戏的关键是小故事的编排要能多次引发学生们的敏感反应，比如"从前有坐山"。学生可用踩脚和抓握这些动作来误导其他学生。

游戏文档：春秋时代齐景公帐下有 3 员大将，分别是公孙接、田开疆、古冶子，他们战功彪炳，但也因此恃功而骄，晏子为避免造成未来可能的祸害，建议齐景公早日消除祸患。晏子设了一个局：让齐景公把 3 位勇士请来，赏赐他们 3 位两颗珍贵的桃子。而 3 人无法平分两颗桃子，晏子便提出协调办法：3 人比功劳，功劳大的就可以取一颗桃。公孙接与田开疆都先报出他们自己的功绩，分别各拿了一个桃子。这时，古冶子认为自己功劳更大，气得拔剑指责前二者；而公孙接与田开疆听到古冶子报出自己的功劳之后，也自觉不如，羞愧之余便将桃子让出并自尽。因为羞辱了别人而导致别人自杀，古冶子为此感到羞耻，拔剑自刎。就这样，晏子只用两颗桃子，帮助齐景公兵不血刃地去掉 3 个威胁。

扫一扫

第四章阅读提高

扫一扫

第四章学习资源

第五章
创业团队的组建与管理

阿里拥有一支优秀的创业团队，别人可以复制阿里的模式，但是不能复制阿里创业团队的激情和精神。这才是阿里的核心竞争力。

——马云

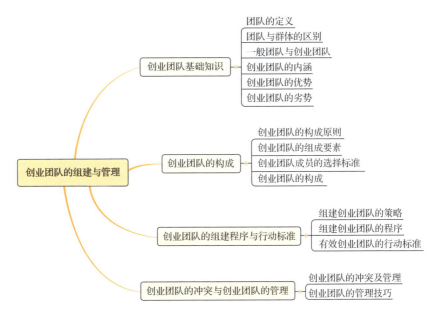

通过本章的学习，你应该能够：
（1）理解团队和群体本质的不同；
（2）把握创业团队的内涵；
（3）认识创业团队的构成原则；
（4）清楚组建创业团队的策略；
（5）明确创业团队冲突的产生原因；
（6）领会创业团队管理的技巧。

复星科技集团的创业团队

1989 年，郭广昌从复旦大学毕业后留校任教。3 年后他和 4 个同学用借来的 3.8 万元创业，如今已经坐拥 200 多亿元资产，复星集团也成为中国民营企业三甲，并在医药、房地产、钢铁、商业 4 个领域都有出色表现。复星的成功源于 5 人的创业团队。他们 5 人就像 5 根手指，哪根也少不得。5 根手指攥紧，就是一个拳头。当年创办广信科技（源于郭广昌和梁信军的名字，1993 年更名为复星科技）时，郭广昌是复旦大学团委干部，梁信军是校团委调研部长，汪群斌是生命学院团总支书记，范伟是学校影印社的经理，谈剑还在读书。他们 5 人不仅建立了良好的关系，还有许多共同之处。比如有共同的理想，共同的人生哲学。在企业理念上，郭广昌提出修身、齐家、立业、助天下的 9 字思想作为复星创业的共同追求。刚创业时，他们 5 人都是团干部出身，都希望做一些个人能力不能企及的事业，都不太在乎物质方面的享受，家庭成员也支持他们的理念，而且他们有团队合作的精神，他们都同意他们创造的事业终将归社会。如今，在复星多元化的产业链条中，郭广昌成为整个企业集团的灵魂。郭广昌是个极有魄力的领导者，他情商高，能很好地整合与协调团队。梁信军口才好、反应快、精力充沛、善于沟通交流，这些几乎是复星创业团队公认的，所以梁信军现在是副董事长兼总裁，成为复星投资和信息产业的领军人物，他还担任了集团的党委书记和新闻发言人。汪群斌是复星实业总经理，专攻生物医药；范伟掌管房地产；谈剑负责体育及文化产业，作为 5 人中唯一的女性，谈剑的特殊优势体现在政府公关等事务。如今复星的董事会的人数由当初的 5 人增加到 7 人，新增加的是财务、法律、人力资源等方面的专家。

进入 21 世纪，企业面临的外部环境变幻莫测，依靠创业者一个人的资源和经验，单枪匹马创业的时代已经一去不复返了。有研究发现，由创业者、雇员和战略合作伙伴组成的多元化创业团队所组建的公司，比个人创业公司的业绩要好很多。当今的世界充斥着丰富的技术，拥有大量的创业者和充足的风险资本，而真正缺乏的是出色的团队，如何创建一个优秀的团队将是创业过程面临的最大挑战。那么，创业团队与一般意义上的团队有什么区别？创业团队如何构成？创业团队组建的程序和行动标准是什么？如何有效地管理创业团队呢？

第 一 节
// 创业团队基础知识 //

一、团队的定义

团队是一种特殊类型的群体，是由两个或者两个以上的个体构成的，这些人具有互补的技能，对共同目标、绩效指标及方法做出承诺并彼此负责。团队定义中具体涉及以下几个重要方面：一般由 5～30 个成员所组成，7～13 个为最佳；成员知识背景不同，技能互补，如不同的成员分别拥有不同的专业技术特长、概念性技能、人际技能；拥有共同的目标，一个共同的目标使团队凝聚成一个整体，总体力量大于单个个体力量之和，团队将目标转换为具体并且可衡量的绩效指标，具体的绩效指标有助于团队不断进步。在实现团队目标、绩效指标的过程中，团队成员逐步形成默契的配合，彼此承诺和信任，相互负责。

二、团队与群体的区别

团队并不等同于一般意义上的群体，二者存在根本的区别。

首先，从成员特色上看，群体成员知识、技能、经验相异性小，不具有相互依存性，成员可以自由决定或采取行动。而团队成员具有不同的专长而互相依赖，任何成员的行动决定会影响到别的成员。也就是说，团队中成员的角色是互补的，而群体中成员的角色是互换的。团队中谁离开谁都不行，而群体中谁离开谁都无所谓。

其次，从目标性质看，群体目标与组织的目标相似，能为成员所辨识；团队则被赋予特定的目标，目标为全体成员所认同。也就是说，团队的目标实现需要成员间彼此协调和相互依存，而群体的目标实现不需要成员间的相互依存。

再次，从运作方式看，群体有一位明确而强势的领导者，由领导者主导形成决策，指派或授权给个人执行任务；团队成员共享领导权，可以轮流担任领导者，决策过程由全体成员参加，决策内容为全体成员所认同，任务的达成需要成员彼此交换信息和资源并协调行动。

最后，从成员评估看，群体偏重个别成员的影响，工作成败由个别成员承担；团队以集体的工作成果为衡量标准，工作成败由全体成员共同承担。也就是说，团队的绩效评估以整体表现为依据，而群体的绩效评估以个体表现为依据。

因此，团队中成员的作用是互补的，而群体中成员之间的工作在很大程度上是可互换的。团队是群体的特殊呈现方式，是一种为了实现某一特定目标而由相互协作依赖并且共同承担责任的个体所组成的正式群体。具体而言，团队由两个或者两个以上拥有不同技能、知识和经验的人组成，具有特定的工作目标，成员间相互依赖、技能互补、成果共享、责任共担，通过成员间共同协调、支援、合作和努力完成共同目标。

三、一般团队与创业团队

一般团队与创业团队的区别如表 5-1 所示。

表 5-1　一般团队与创业团队的区别

比较项目	一般团队	创业团队
目的	解决某类或者某个具体问题	开创新企业或者拓展新事业
职位层级	成员并不局限于高层管理者职位	成员处在高层管理者职位
权益分享	并不必然拥有股份	一般情况下在企业中拥有股份
组织依据	基于解决特定问题而临时组建在一起	基于工作原因而经常性地一起共事
影响范围	只影响局部性、任务性问题	影响组织决策的各个层面，涉及范围较宽
关注视角	战术性、执行性问题	战略性的决策问题
领导方式	受公司最高层直接领导和指挥	以高管层的自主管理为主
成员对团队的承诺	较低	高
成员与团队间的心理契约	心理契约关系不正式，且影响力小	心理契约关系特别重要，影响到公司决策

初创时期创业团队组建的目的在于成功地创建新企业，随着企业的成长，创业团队可能会发生成员进进出出的变化，新组建的高管团队是创业团队的延续，其组建目的是

107

发展原来的企业或者开拓新的事业领域；创业团队的成员往往处于企业高层管理者的位置，他们会对企业重大问题的决策产生影响，甚至会关系到企业的生死存亡；创业团队成员往往拥有企业的股份，因此他们具有很高的责任感参与企业建设，他们对企业成长较为关心；创业团队关心企业的全局性和战略性的决策问题；创业团队成员对所创建的组织具有较深厚的感情，对企业的认同感较高，更愿意使用企业的特征和属性定义自我身份，对组织声望和形象较为关心和维护。

一般团队的组建只是为了解决某个或者某类特定问题；一般团队成员往往具有解决问题的相关技能和知识，他们很少处于组织的高层位置，只是为了组织任务或者项目完成而临时组建，项目或者任务一旦完成，其团队形式可能会解散；一般团队成员未必拥有公司股份；一般团队成员往往只关注公司战术性或者执行层面的问题；一般团队成员以完成任务作为自己主要的责任，对公司的相关承诺程度相对较低。

四、创业团队的内涵

创业团队有狭义与广义之分。狭义的创业团队是指由两个或两个以上具有共同愿景和目标，共同创办新企业或参与新企业管理，拥有一定股权且直接参与战略决策的人组成的特别团队。他们拥有可共享的资源，按照角色分工相互依存地在一起工作，共同对团队和企业负责，不同程度地共同承担创业风险并共享创业收益。广义的创业团队不仅包含狭义的创业团队，还包含与创业过程有关的各个利益相关者（比如风险投资商、供应商、专家咨询团体等），他们在新企业成长过程的某几个阶段起到至关重要的作用，同时也为社会增加了新的价值。

一个好的创业团队对内要完善内部沟通机制，实现创业团队内部的精诚合作，对外要敏锐地发现新的创业机会，并制订科学合理的战略，合理利用创业资源确保捕捉到的创业机会得以顺利实现。创业团队需要不断探求更多的商业机会，进行资源的合理运用，使企业持续健康发展。

五、创业团队的优势

创业团队之所以比个人创业更容易成功，是因为相对个人而言，创业团队在多个方面更能体现出优势。

（一）资源优势

创业团队的每个成员具有不同的知识结构、成长背景、经验积累、经济和社会资源等，这些资源集合在一起要比单个创业者丰富，从而可以有效地解决企业面临的许多问题，增加企业成功的可能性。创业团队也可以解决个人创业在时间和精力等方面的不足，避免创业企业过分依赖于一个人而导致失败。

（二）决策优势

创业团队成员之间合理分工、各负其责，能更有效地把握具体问题，加快决策的效率和速度，发挥好群策群力的作用，增加决策的科学性。通过任务分担可以为管理者省出更多时间用于思考企业的大事，为企业重大问题决策提供时间保证，也可以避免因为一个人的变动而给企业带来致命的影响，保证创业团队决策的连续性。

（三）创新优势

创新一般包括5种表现形式：开发新产品，或者改良原有的产品；采用新的生产方法；发现新的市场；发现新的原材料和半成品；创建新的创业组织。不管是哪一种创新，团队都可以把多种资源优势、技能和知识整合到一起，从而增加成功的可能性。团队内每一位成员具有不同的思维方式和信息获取渠道，这使创业团队比个人更有可能发现创新点，为企业赢得更多的商机。

（四）绩效优势

创业团队形成的合力，使其工作绩效大于所有个体成员单独工作时候的绩效之和。团队成员通过团结合作、优势互补、集体效应，以增加成员士气、增加凝聚力，其产生的群体智慧和能量将远远大于个体，产生真正的协同效应。

因此，组建一个创业团队，一方面降低了个人的创业风险，另一方面也能够通过优势互补，有效形成团队合力，保证在竞争中处于优势地位。

六、创业团队的劣势

与个人创业相比，团队创业也有劣势，主要表现为：集体决策由于需要反复协调和沟通，最终统一意见可能导致消耗大量的时间，降低决策速度，可能造成贻误战机。另外，多人决策造成利益冲突，如果彼此没有很好地协调和沟通，不能达成理解和共识，可能会造成团队分裂，这些会给创业带来意想不到的危机。

创业聚焦

马化腾和他的团队合伙创业的故事

在马化腾看来，人的能力要和其拥有的股份匹配，不匹配就要出问题。如果拿大股的不干事，干事的股份又少，矛盾就会发生。马化腾的成功之处，就在于其从一开始就很好地设计了创业团队的责、权、利。能力越大，责任越大，权力越大，收益也就越大。

十几年前的一个秋天，马化腾与他的同学张志东"合资"注册了深圳腾讯计算机系统有限公司。之后又吸纳了3位股东：曾李青、许晨晔、陈一丹。为避免彼此争夺权力，马化腾在创立腾讯之初就和4个伙伴约定清楚：各展所长、各管一摊。马化腾是CEO（Chief Executive Officer，首席执行官），张志东是CTO（Chief Technical Officer，首席技术官），曾李青是COO（Chief Operating Officer，首席运营官），许晨晔是CIO（Chief Information Officer，首席信息官），陈一丹是CAO（Chief Administrative Officer，首席行政官）。直到2005年的时候，这5人的创始团队还基本保持这样的合作阵形，不离不弃。如今，其中4个还在公司一线，只有COO曾李青挂着终身顾问的虚职而退休。

都说一山不容二虎，尤其是在企业迅速壮大的过程中，要保持创始人团队的稳定合作尤其不容易。在这个背后，工程师出身的马化腾从一开始对于合作框架的理性设计功不可没。

从股份构成上来看，5人一共凑了50万元，其中马化腾出了23.75万元，占了47.5%的股份；张志东出了10万元，占20%的股份；曾李青出了6.25万元，占12.5%的股份；其他两人各出5万元，各占10%的股份。

"要他们的总和比我多一点点，不要形成一种垄断、独裁的局面。"马化腾曾谈道。而同时，他自己又一定要出主要的资金，占大股。他认为："如果没有一个主心骨，股份大家平分，到时候也肯定会出问题，同样完蛋"。

保持稳定的另一个关键因素，就在于搭档之间的"合理组合"。

《中国互联网史》作者林军回忆说："马化腾非常聪明，但非常固执，注重用户体验，愿意从普通用户的角度去看产品。张志东是脑袋非常活跃，对技术很沉迷的一个人。马化腾技术上也非常好，但是他的长处是能够把很多事情简单化，而张志东更多是把一件事情做得完美化。"

许晨晔和马化腾、张志东同为深圳大学计算机系的同学，他是一个非常随和、有自己的观点但不轻易表达的人，是有名的"好好先生"。而陈一丹是马化腾在深圳中学时的同学，后来也就读深圳大学，他十分严谨，同时又是一个非常张扬的人，他能在不同的状态下激起大家的激情。

如果说其他几位合作者是"搭档级人物"的话，曾李青则是腾讯5个创始人中最好玩、最开放、最具激情和感召力的一个，与温和的马化腾、爱好技术的张志东相比，是另一个类型。其大开大合的性格，也比马化腾更具备攻击性，更像拿主意的人。不过或许正是这一点，也导致他最早脱离了团队，单独创业。

后来，马化腾在接受多家媒体的联合采访时承认，他最开始也考虑过和张志东、曾李青3人均分股份的方法，但最后还是采取了创业团队5人根据分工占据不同股份比例的策略。即便后来有人想加钱占更大比例的股份，马化腾都不同意。

当然，经过几次稀释，最后上市时他们所持有的股份比例只有当初的1/3，但即便是这样，他们每个人的身价都已非常高，是一个皆大欢喜的结局。

可以说，在我国的民营企业中，能够像马化腾这样，既包容又拉拢，选择性格不同、各有特长的人组成一个创业团队，并在成功开拓局面后还能依旧保持长期默契合作，是很少见的。

第 二 节

// 创业团队的构成 //

创业团队是一种特殊的群体，他们相互配合、相互帮助，通过开诚布公的沟通形成团队协作的行为风格，为了共同的目标而努力。创业团队的构成应该是质的构成和量的构成的统一。

一、创业团队的构成原则

（一）知识互补

创业团队成员的知识互补具有以下含义：如果创业团队的成员具备自己专长的知识，都是处理不同问题的专家，那么创业团队成员在知识方面相互补充，形成整体优势。

（二）性格协调

性格是一个人比较固定的对人和事的态度和行为方式，是人的最核心的个性心理特征。在一个创业团队中，成员的性格应该是协调的。协调并不是完全一致，而是指性格的补偿作用。创业团队将不同性格的人的优势发挥出来，相互弥补不足，才能发挥整体团队的最大优势。比如，性格活泼开朗的人与性格稳重沉静的人的结合、内向的人与外向的人的结合等。

（三）分工明确

创业团队的每一个人都应该有明确的分工，担任不同的角色。

招不到优秀的员工是因为投入的不够

小米的合伙人故事非常精彩，合伙人各自负责一个业务板块，互不干涉，高效的协作让小米的合伙人制度成为同行竞相模仿的对象。

小米团队是小米成功的核心原因。雷军为了挖到聪明人不惜一切代价。"如果你招不到人才，实际上是因为你投入的精力不够多。"雷军说。早期他每天都要花费一半以上的时间用来招募人才，前100名员工每名员工入职他都亲自会见并与其沟通。当时招募优秀的硬件工程师尤其困难。有一次，一个非常资深和出色的硬件工程师被邀请来小米公司面试，他没有创业的决心，对小米的前途也有些怀疑，几个合伙人轮流和他交流，整整12小时，打动了他，最后工程师说："好吧，我已经体力不支了，还是答应你们算了！"

二、创业团队的组成要素

创业团队需要具备以下5个重要的团队组成要素，它们被简称为"5P"。

（一）目标（Purpose）

创业团队应该有一个既定的共同目标，为团队成员导航，让他们知道要向何处去。没有目标，创业团队就没有存在的价值。目标在创业团队中以愿景或者战略的形式出现，缺乏共同的目标会使团队缺乏凝聚力和发展力。

（二）人（People）

人是构成创业团队最核心的力量，在一个创业团队中，人力资源是所有创业资源中最活跃、最重要的资源。应充分调动创业者的各种资源和能力，将人力资源进一步转化为人力资本。

（三）定位（Place）

创业团队的定位包含以下两层意思。

（1）创业团队的定位：创业团队在企业中处于什么位置？由谁选择和决定团队的成员？创业团队最终应对谁负责？创业团队采取什么方式激励下属？

（2）个体（创业者）的定位：作为成员在创业团队中扮演什么角色，是制订计划还是具体实施或者评估？是大家共同出资，委派某个人管理，还是大家共同出资，共同参与管理，或是共同出资，聘请第三方（职业经理人）管理？在创业企业的组织形式上，是合伙企业还是公司制企业？

（四）权限（Power）

创业团队当中领导人的权力大小与其团队的发展阶段和创业企业所在行业相关。一

111

般来说，创业团队越成熟，领导者所拥有的权力相应越小，在创业团队发展的初期阶段，领导权相对比较集中。为了调动团队成员的积极性，要对成员赋予一定的权力，主要原因有两点：一是团队成员对于控制力的追求是他们参与创业的一个重要的动因；二是创业活动具有动态复杂性，必须依赖团队成员承担较多的权力来实现目标。

（五）计划（Plan）

计划是创业团队对于未来的发展规划，在计划的帮助下，创业团队能够有效地制订团队短期和长期目标，能够提出目标的有效实施方案，计划具有指导作用，可能贯穿创业的全部过程。有效的计划有两层含义：一是目标最终的实现，需要一系列具体的行动方案，可以把计划理解成达到目标的具体工作程序；二是按计划进行可以保证创业团队顺利运转。只有在计划的帮助下，创业团队才会一步一步地接近目标。

三、创业团队成员的选择标准

（一）创业者自我评估

在任何选择创业伙伴的过程中，创业者都应该先对自己做仔细和全面的评估。这是因为，从非常现实的角度来看，除非创业者清晰地知道自己拥有什么，不足在什么地方，否则，他们不可能知道从别人那里得到什么。为了选择与自己在知识、技能和特征等方面具有互补性的合作者，创业者首先必须对自己的人力资本进行认真的自我评估。但是这是一件十分困难的事情，因为人们通常意识不到自己的行为，或者对自己的认知存在一定的偏差，而且在许多情况下，只是根据他人对自己的反映来理解自己的特征。

创业者自我评估主要考虑 5 个方面：一是知识基础，创业者接受的教育经历可以表明创业者知道什么和不知道什么，以及需要从其他人那里得到什么；二是专门技能，每个人都有一系列独特的完成某些任务的能力，创业者应该理解并且列举出自己的技能；三是动机，思考创业动机有利于评价创业者和潜在合作者的动机差异，防止未来发生隐患；四是承诺，承诺是指完成任务以及实现企业相关目标的意愿；五是个人特质，创业者要了解个人的责任感、外倾性、友好性、情绪稳定性和经验开放性等主要个人特征处于什么样的水平。

（二）团队成员的互补性和相似性

选择优秀的创业伙伴并且发展与他们的良好工作关系是一项复杂的工作，需要创业者付出很多努力，因为新企业的成功在很大程度上取决于所获取的人力资本，以及每项人力资本带来的社会资本等资源。创业者如何选择有效的创业伙伴呢？

人们往往愿意与自己在许多方面相似的人进行交往，觉得相互更加了解，而且认为彼此容易产生默契和信任。同样，创业者也会遵循"相似吸引"原则，多数创业者选择那些在背景、教育、经验上与自己相似的人组建团队，但是会造成信息重复和知识冗余。这样组建的创业团队可能在某个领域具有得天独厚的优势，但是在运营和管理企业方面存在局限性。创业团队为了获取成功，成员需要掌握宽泛的知识、信息、技能。

因此，创业团队的组建不能光考虑和背景、教育、经历等相似的人在一起工作，而要强调成员技能的互补性，使这个原则成为为企业提供多元化人力资源的基础。当然相似性对创业团队也是有利的，它使团队成员沟通顺畅，形成较好的人际关系。因此，创业者组建创业团队要使用平衡的方法，在知识、技能和经验方面关注互补性，而在个人特征和动机等方面关注相似性。

（三）团队成员的评估

一个高效、强有力的创业团队，成员之间应该形成各种业务的互补，以使个人的能力和素质得到最大限度的发挥，以形成新的集体力量。创业团队成员的选择和评估应从4个方面考虑：基本素质、知识结构、能力结构以及年龄。

1．基本素质

基本素质常常泛指个人综合素质，它是由文化素质、伦理素质、业务素质和心理素质构成的，它是人所具有的内在特质。

（1）文化素质。创业团队成员应该接受过良好和系统的教育，具有厚实的文化基础、比较高雅的情趣，注重以文化艺术陶冶自己的情操，注重礼仪和形象。

（2）伦理素质。伦理素质包括品德水平、价值观、法律意识。在创业过程中，创业团队成员应爱国守法、明理诚信，具有较强的法律意识，尊重法律和社会公德；坚决维护国家利益和企业利益，为人正直、尊重别人、平等待人；具有谦虚、协作、敢于承担责任的品德；具有高度的责任感和纪律性，有为事业献身的精神。

（3）业务素质。业务素质包括专业背景、经验与创新力、行业知识以及战略策划、市场运作、组织管理、判断分析和解决问题的能力。创业团队成员应具备相关的专业知识，熟悉相关专业领域的科学、技术及经营管理的知识，能够承担专业性较强的任务；创业团队成员应熟悉行业的发展历史、空间、结构、潜力和方向；创业团队成员应能够熟练掌握企业策划、市场规划与运作、组织管理的理论方法；创业团队成员应善于考察市场，及时捕捉市场信息，发掘企业价值，对风云变幻的市场形势冷静思考，果断决策。

（4）心理素质。心理素质包括意志品质、工作责任心、自控和协调能力、承担压力和风险的能力。创业团队成员应具有坚强的毅力和百折不挠的进取精神，具有较强的工作责任心和事业进取心；创业团队成员应尽可能保持稳定的创业心理状态，大工作量、高工作强度以及瞬息万变的市场变化要求成员心态沉稳，不急不躁；创业团队成员应善于同自己团队的人员相处，善于协调不同文化、阅历、经验背景的人员的关系。

2．知识结构

创业团队成员的知识结构是由多方面组成的，包括经济管理的基础知识、专业知识以及法律、法规和其他相关知识等。创业涉及的知识是多方面的，创业团队成员除了必须具备本行业产品市场、用户等相关业务知识，还必须具备经济学科及相关学科的知识。

3．能力结构

创业团队成员除具备基本的知识结构，还要将知识转换成能力，具备较强的运用知识的能力。知识和能力是密切相关的，只有掌握了一定的知识，并能灵活运用，才能使知识转变为能力，如组织能力、管理能力、市场运作能力、产品研发能力、协调能力、应变能力以及创新能力等。

4．年龄

据相关统计，创业者年龄一般集中在25～44岁，男性创业集中在3个年龄段，依次为18～24岁、25～34岁和35～44岁；女性创业也集中在3个阶段，依次为25～34岁、35～44岁和45～54岁。现在随着国家创业政策的不断完善，创业人员有低龄化倾向。处于这些阶段的创业人员思想较成熟，精力充沛，富有进取心。一些专家认为：人在创业早期，具有竞争力较强的特点和理想主义的特征。在这个时期的人关心的是个人的社会地位，希望尽快实现自我价值，而在晚期，变得比较宽容，对组织及社会有较高的责任感，但竞争性不足。所以在25～44岁这个阶段的人员最适合创业。当然，这只是一般的情况，

113

选择什么样的年龄段从事创业活动，应根据具体情况进行具体分析。

四、创业团队的构成

创业团队的构成是指各类业务人员的比例结构。一个科学的创业团队，从业务上讲，应该具有合理的比例结构。一般来说，从业务构成上讲，创业团队应包括以下 6 类人员。

（一）技术人员

如果创业企业以技术为核心，则创业者往往应该是技术的掌握人。如果创业者不懂技术，则在创业团队成员中应该有专门的核心技术骨干，技术骨干应该精通技术的工艺、技术的实施过程、产品制造工艺流程及新产品的包装和新产品开发计划等主要内容。

（二）管理人员

管理人员主要是指企业行政或业务管理部门的人员。企业管理人员是企业决策机构的核心，是企业创立与发展的主要策划者。

（三）市场开发和销售人员

创业企业产品和服务的市场推广是经营活动的关键环节，要选择从事和实施创业企业市场研究和评估、市场营销计划、产品定价、销售管理、服务管理等工作的人员。

（四）财务管理人员

财务管理人员主要从事筹集资金、管理现金流、短期融资、簿记、会计和控制等工作。

（五）法律人员

法律人员应熟悉与创业企业相关的法律，如民法典、民营企业法、公司法、证券法、税法、破产法、有关专利和所有者权利的法律，应该具备与企业活动相关的法律实践的经历和经验。

（六）商务、金融人员

商务、金融人员应通晓并熟悉国际贸易有关规则，有形成交易与交易合同的谈判能力，熟悉国际金融业务或与国际贸易相关的业务。这类人员可以来自从事经营国际结算业务的银行或企业，也可来自从事国际贸易财务结算的部门。他们应有形成交易的财务评估能力和交易清算能力。

小贴士

适宜创业和不适宜创业人群的特征

1. 适宜创业人群的性格特征

➤ 独立。独立性之所以是创业者特有的性格特征，是因为开放、竞争、进取的时代背景下要求人必须有独立性。有独立性的人敢于开拓创新，能在激烈的竞争中另辟路径，在事业中有所成就。反之，缺乏独立性格的人则容易接受别人的暗示，为别人的言行所左右，人云亦云，或左顾右盼，犹豫不决。这种人自然无法把自己的潜力充分发掘出来，更无法开创事业的新局面，只能成为当今时代的弱者。

➤ 自信。自信是创业者成功的基本条件之一。一个人只有相信自己，尊重自己和认可自己，才会体会到自身和团队的价值所在，才能激发自身的力量，才会有坚强的毅力应对种种困难。

> 坚韧。坚韧是人们性格的意志特征。具有坚韧性格的人能长时期坚信自己决定的合理性，坚持自己的目标。在创业中，由于知识经验、思想方法的缺陷及条件和环境的限制，创业企业经常会碰到种种困难和干扰，使人丧失兴趣，滋生畏难情绪，容易造成行为方向失去控制，进而影响团队的意志力。此时，为了驾驭自己的行为，就要有顽强的毅力，制止与预期目标相矛盾的行为，并克服种种困难与干扰，才能实现预定目标。在无人干涉的新领域中探索难免会碰到无法预知的困难，只有不怕困难，敢于披荆斩棘、奋力拼搏，才能开辟出一条光明的新路。

> 自制。自制是人们调控自身行为方向的性格特征，具有自制力的人也是理性的人，能不为他人所诱惑，自主地决定行为方向。坚韧自制最为重要的作用在于能使人坚持自己的行为方式，克制自己的情绪，表现出应有的忍耐性，不断发展自我和完善自我。

> 合群。它是指善于交往以及与人和睦相处。合群作为对待群体与他人态度的性格特征，在现代社会中具有重要意义。任何个人都是社会系统中的一员，不能孤立地存在于社会之外。尤其在当今竞争激烈的时代，要提高生活质量，并且在事业中有所成就，人们更应具有合群的性格特征。人只有合群才能得到别人的关心，只有合群才能通过相互交流传递信息，增进彼此间的了解，使人体验到愉快与幸福。

2. 不适宜创业人群的性格特征

一般认为，拥有下列性格的人不适合创业：缺少职业意识的人；优越感过强的人；惟上是从，得过且过的人；片面和傲慢的人；僵化死板的人；感情用事的人；多嘴多舌与固执己见的人；胆小怕事、患得患失又容易自满自足的人。

第三节

创业团队的组建程序与行动标准

一、组建创业团队的策略

创业团队刚创建时，可能成员间彼此都有高度的承诺和强烈的认同，但是随着时间的流逝，成员间的各种矛盾、认知差异、利益冲突等逐渐浮出水面。因此，组建创业团队要遵循以下策略。

（一）树立团队中权威主管

企业需要权威的主管，同样，创业团队的成功需要强势的领导人。但是大家一起创业，谁是这个领导者？谁来最后决定？当发生严重的冲突或者意见不一致的时候，谁最后裁决？在创业企业中，团队的创始人是至关重要的，他必须有宽广的胸怀和优秀的品质，有良好的素养和能力担当，为组建团队发挥影响力，并且在企业的发展中，做好团队成员间的协调，使成员的整体水平不断提高，以适应企业发展的需求。

（二）促进团队成员之间的相互信任

相互信任是形成团队的基础，但是成员之间的相互信任需要长时间的磨合。实际上，每个人都有利己的冲动，很少有人会毅然决然把团队或者集体的利益放在个人利益之上。

因此，盲目信任团队中成员，可能是非常不明智的。但是成员间的合作又需要彼此信任，因此，团队要建立信任的氛围，又要建立规则，确保信任在团队中盛行，避免因为信任而产生的风险。

（三）妥善处理不同的意见和矛盾

有些团队成员可能会执着地坚持自己的创业构想，极力维护自己的主张，但是忽视自己的不足，给人造成自负傲慢、固执己见、争权夺利等印象，难以获得同事的认同和欣赏；还有些成员为了巩固自己的地位和利益，使用政治手段或者不道德行为，造成彼此间信任危机。这些都可能影响团队健康成长。因此，团队需要有善于协调的领导者来解决上述问题，成员也要为了维护团队健康发展而相互配合及相互理解。

（四）合理分配股权

创业团队的股权分配是一个敏感而复杂的事件。尤其几个人一起创业经常会采取平均分配股权的方式，但是这种平均主义会带来许多不良后果。实际上，成员间因为能力和动机的差异，对团队的贡献必然不同，如果使用平均主义，显然造成了大锅饭的情况，当某些成员的投入与股权不成比例时，会使其产生心理落差，而一些搭便车的成员可能混得心安理得，这会影响团队的士气，也使团队的整体力量难以发挥。而另外一种情况是，当把股权集中在少数几个人手中时，又无法调动整个团队成员的积极性。

创业者在股权分配时要充分考虑每位成员的投入和贡献，尽可能使股权与投入相对等，以维护公平并对每个合作伙伴都产生激励作用。这里的投入不仅包括资金投入，而且包括成员知识、经验和技能等人力资本投入，因此在进行股权分配时需要考虑财务资本和人力资本两方面的贡献。目前公司在成立初期的股权分配方式一般使用单一股权分配，简单来说就是合伙投资人根据自己在公司成立时期投入资金的多少来分配相应股份，这种股权分配方式较为简单。这种股权分配方式可以使各个职员都与公司的发展息息相关、荣辱与共，因此职员往往会更加投入到工作中去，从而有助于工作效率的提升。但是在公司未来的发展过程中，不可避免地会发生利益冲突的问题。

随着创业团队的成长，创业者要妥善解决股权分配的问题，并且在企业发展的过程中，根据具体情况对股权进行调整，使企业的技术骨干和高级管理人员得到合理的股权，既激励和留住优秀的人才，也对其他成员进行鞭策。在确定所有权分配的时候，创业者要遵循 3 个原则。第一，重视契约精神。在创业之初，就要把所有权分配方案以公司章程的方式写入法律文件，以契约形式明确创业团队成员的利益分配机制。第二，遵循贡献决定权利原则分配所有权比例。组建创业团队的目的是把企业发展壮大，在所有权分配时多数采取按出资的多少分配所有权，但是对于没有投入资金有关键技术的团队成员如何进行所有权分配，也是创业者需要认真考虑的问题，要考虑资金和技术对新创企业的贡献。第三，控制权和决策权统一的原则。拥有较大控制权的成员对企业承诺性更高，更加关心企业的成长和发展，其对应的决策权高有利于组织管理效率的提升，也有利于其积极性和主动性得到进一步释放。

东方博远公司的期权激励

东方博远公司创立初期，创业团队内部就签署了协议，明确了每个团队成员的名义股份以及按服务时间逐步释放的原则，其中技术总监名义股份为

10%，这些股份在工作 3 年，发挥相应作用之后才能够得到。由于期权激励工具对激励对象利益的兑现附带有服务期的限制，因此采用期权激励能较好地实现对创业团队成员的持续激励，对稳定创业团队的作用也就比较明显。

二、组建创业团队的程序

创业团队的组建是一个十分复杂的过程，不同类型的创业项目所需的创业团队不同，组建创业团队的步骤也不完全相同。概括来讲，大致的组建程序如下。

（一）明确创业目标

总目标确定之后，为了推动团队最终实现创业目标，再将总目标进行分解，确定若干可行的、阶段性的子目标。

（二）制订创业计划

一份完整的创业计划，必然包含创业核心团队的计划和人力资源计划。通过创业计划可以进一步明确创业团队的具体需求，比如人员的构成、素质和能力要求等。创业团队的组建需要契合创业计划的要求，以保证创业项目的运行。

（三）招募合适的人员

招募合适的人员是创业团队组建中最关键的一步。关于创业团队成员的招募，主要考虑两个方面：价值观相同和知识互补。

（四）团队的职权划分

创业团队的职权划分就是根据执行创业计划的需要，具体确定每个团队成员所要担负的职责以及所享有的相应权限。

（五）构建制度体系

创业团队制度体现了创业团队对成员的控制和激励能力，主要包含团队的各种约束制度和激励制度。

（六）团队的调整和融合

随着团队的运作，团队组建时在人员匹配、制度设计、职权划分等方面的不合理的地方逐渐暴露出来，这时候需要对团队进行调整融合，这是一个动态持续的过程。

三、有效创业团队的行动标准

（一）以创业机会为线索

如果创业机会所蕴含的不确定性较高，价值创造潜力较大，往往也就意味着创业过程面临的任务比较复杂，具有挑战性，此时，理性地组建创业团队能更好地应对创业过程中的复杂任务，有助于创业成功。例如，在高技术领域，大部分创业者都在依据理性逻辑来组建创业团队，强调团队成员之间在技术、营销、财务等职能经验领域的互补性。而如果创业机会蕴含的不确定性较低，价值创造潜力一般，在这样的条件下，创业团队成员之间的齐心协力和信任感更加关键。

（二）以凝聚力为核心

创业团队的每个成员都是紧密相关、不可分割的，企业的成功既是每位成员共同努力的目标，也能使成员从中获取精神和物质上的收益。优秀的创业团队的每一位成员都会认为单纯依靠个人的力量不可能单独成功，任何个人离开企业的整体利益不可能单独获益。同样，任何个人的损失也将损害整个企业的利益，从而影响每个成员的利益。

（三）以合作精神为纽带

具有成长潜力的企业最显著的特点就是其创业团队的整体协同合作能力。优秀的创业团队注重相互配合以减轻他人的工作负担，从而提高整体的效率；注重在创业团队的成员中树立榜样模范，并通过奖励制度奖励员工。

（四）以完整性为基础

任务的完成必须建立在保证工作质量、员工健康或者其他相关利益不被侵犯的前提下。因此，艰难的选择和利弊的权衡应综合考虑顾客、公司利益以及价值创造，而不能以纯粹的功利主义为依据，或者狭隘地从个人或者部门需求的角度来衡量。

（五）以长远目标为导向

和大多数组织结构一样，新企业的兴衰存亡取决于其团队的敬业精神，一支敬业的团队，其成员会朝着企业长远目标而努力，而不是指望一夜暴富。他们将在长远目标的指引下不断奋斗直到取得最后的胜利。没有一家企业能够靠今天进入明天退出（或者经营发生困难之际退出）而在短期内获得意外横财。

（六）以价值创造为动力

创业团队成员都致力于价值的创造，即努力把蛋糕做大，从而使所有的人都能获利，包括为客户提供更多价值，帮助供应商也能从团队的成功中获取相应的利益，以及使团队的赞助商和持股人获得更大的盈利。对创业团队的成员而言，企业最终获取的收益才是衡量成功程度的标准，而非他们个人的薪水、办公条件或者生活待遇等。

（七）以公正性为准绳

尽管法律或者道德都没有规定创业者在企业收获期要公平公正地分配所获利益，但是越来越多的成功创业者都关注共同分享收获。对关键员工的奖酬以及职工股权计划的设计应该与员工在一段时间内的贡献、工作业绩和工作成果相挂钩。由于意外和不公平的情况往往在所难免，因此创业者必须随时做相应的增减调整。

小贴士

一个高效的创业团队应该具备的特征

➤ 团队成员拥有共同的梦想，满怀热情地为了公司的成功工作。

➤ 团队成员至少有一人对公司所处的行业有一定的经验。

➤ 如果团队成员此前就在一个团队里愉快地合作过，不管是在大公司还是在新创公司中，那么这个团队往往具有更多优势，因为成员们已经经过了磨合期，不再面临初次合作存在的问题。

➤ 团队拥有行业关系网，其兄弟公司能够助其一臂之力。

➤ 团队掌握的专业知识涵盖该行业的各个方面：技术、财务、营销、运营。

➤ 团队全心致力公司发展，共同应对融资问题。

携程的创业团队

梁建章、沈南鹏、季琦和范敏构成的携程创始人团队是中国互联网企业里构成最复杂、职位变动和交接最多的一个，但却是过渡最平滑的一个。如果他们不曾为彼此安排好发展空间并保证利益，不曾为大局做出妥协，携程难以安存至今。

2000年年初，携程创始人之一季琦的职位由CEO变为了联席CEO，另一创始人梁建章开始同任CEO。年中，季琦改任总裁，梁建章为唯一CEO。2002年，携程和首旅共同投资创建连锁酒店如家，季琦离开携程执掌如家。为达到上市要求，携程在2003年撇清了和"交易关联方"如家的投资关系。季琦成为如家的独立当家人。

季琦的职位和身份的变化为携程后来的发展"摆平"了道路。

不过直到2006年春末，季琦才向《中国企业家》披露：看到经济型连锁酒店的机会并要创立如家的创意其实出自梁建章，而不是他自己。而携程另两位创始人——现任董事长梁建章和CEO范敏，都把投资如家称为"集体智慧"。尤其梁建章，显然没有把发掘出一个供创业伙伴施展的机会当作对外宣讲的资本。

在彰显一种低调风格之余，这里面还隐含着如何处理各个创始人之间力量消长的问题：如何为彼此安排好发展空间并保证利益，如何为大局做出妥协。

携程创立之初的1999年，4位创始人依据各自经历大体定下了人事架构。沈南鹏出任CFO，他此前是德意志银行亚太总裁。季琦和梁建章相继出任CEO，前者此前创办上海协成科技，擅长市场和销售，主外；后者是甲骨文咨询总监，擅长IT和架构管理，主内。最后一个加入的范敏，此前是上海旅行社总经理和新亚酒店管理公司副总经理，其出任执行副总裁，打理具体旅游业务，而后逐步升任COO以及CEO。

论及性格，季琦有激情、锐意开拓；沈南鹏风风火火，一股老练的投资家做派；梁建章偏理性，用数字说话，眼光长远；范敏善于经营，方方面面的关系处理得体。4人特长各异，各掌一端。

但携程正式运营半年之中，季琦由CEO转任联席CEO及至总裁，梁建章成为唯一CEO。同为创始人，两人原本并行的关系变化为上下级。

在季琦主政的半年里，携程走的是旅游信息平台的"门户"式路线，烧钱比较快；但2000年互联网泡沫破灭，公司的第二笔融资所剩不多。梁建章掌舵之后，开始借并购大举转向酒店和机票的预订业务，这成为后来的携程主业。梁建章认为自己有比其他创业人更丰满的经验：第一，在国外管理过大公司；第二，在国内也有两年经验，了解国情；第三，懂IT，知道如何用ERP式的模板去优化一个公司的管理，而这正是要用互联网平台和IT技术去改造传统旅游产业的携程所需要的。

如果是在"江湖文化"兴盛的传统企业里，如此变动通常会引发意气之争，或导致一场血雨腥风的较量，甚至企业就此沉沦。不过在携程，由梁建章出任CEO执掌大权，却是"没什么异议"。

携程创始人团队的4人在1999年创业之时皆人到中年，都已在各自领域功成名就，"驾驭过大的商业"。这跟其他创业者有天壤之别。那个时候，丁磊、马化腾、李彦宏都还是技术青年，张朝阳刚从麻省理工学院毕业不久。

简单说，这是一群成年人。每个人的成长所要遭遇的挫折和付出的成本，他们在创业之前都已经历，而不需要把那些"成长的烦恼"带给携程。"大家的出发点都是考虑怎么对公司有益，不会感情用事，少有江湖气。"梁建章说，"这种分工是不难得到的结果。"

在独任 CEO 的同时，风格强硬的梁建章又对几位创始人约法两章："第一，你们可以提意见，我也很愿意听你们的意见，但既然我是 CEO，最后要我说了算；第二，如果有新人进来，不一定是在你们之下，只要他们比你们强。"

实际上在季琦转任总裁之后，就开始不再全面涉入携程的日常管理。创立如家的建议也是在这个时候被梁建章提出来的，并很快取得共识。季琦在随后的一两年时间里，专心致力于如家的规划。在寻求首旅共同投资如家之后，携程在一年多的时间里也持续给予资源上的帮助。

第四节

创业团队的冲突与创业团队的管理

一、创业团队的冲突及管理

在一个组织或群体中，由于人与人之间存在一定的差异，对同一个问题不同人会有不同的理解和态度，这样就可能产生一定的矛盾。冲突在组织或群体中是客观、普遍存在的。创业团队是一种典型的组织。团队中，成员共同出资、共同承担风险、共同分配利润、共同参与管理。因此，创业团队成员中的冲突，不是企业员工与企业管理者的冲突，而是管理者（创业者）之间的冲突。

创业团队的最鲜明的优势在于"能够提升对创业问题的理解、提高企业的学习能力和创新能力、提高创业决策水平"。但是，与一般的群体组织类似，创业团队各成员之间存在一定的差异。他们对创业的心理预期和目标实现途径，以及他们的价值观、沟通方式、性格等，都可能有所不用。因此，创业团队成员之间难免发生一定的冲突。尤其是在当前经济环境中，市场竞争异常激烈，科技进步速度快，存在很多不确定的市场因素，直接能够导致创业团队成员对市场的判断产生分歧。因此，创业团队成员之间的冲突几乎是不可回避的，广泛存在于合伙企业之中。

（一）创业团队冲突产生的原因

创业团队冲突一般由多种因素引起并积累到一定水平之后才爆发，很多冲突在爆发之前实际上已经存在了。可以看出，团队冲突的爆发需要多种原因的积累，一般分为"个体原因"和"群体原因"。

1. 个体原因层面

一般而言，创业团队成员每个人的受教育程度、职业经历、性格等方面都存在差异，这些都会形成团队冲突。如有些学者认为团队的异质性是产生冲突的重要原因，而异质性内容可以包含团队成员的年龄、工作经历、受教育程度以及认知水平等；还有些学者从人口统计学特征的角度对团队冲突的原因进行剖析，认为性别、年龄、民族、文化等变量与冲突的产生关系不显著,但是受教育程度、职业经历、性格、认知能力等变量对人际冲突的产生具有显著的影响;也有些学者认为团队冲突源于团队成员间的动机、价值观以及理想存在差异或者与现实情况不符。

2. 群体原因层面

对于群体层面的因素,比如创业团队成员之间的协同性、凝聚力、群体压力、群体规范、信任等,是造成创业团队冲突的重要原因。其中,创业团队成员之间的协同性可以促使具有不同职业经历的成员之间产生良性情感;相反,如果成员缺乏协同性,即使是职业经历类似的成员,也会产生冲突。协同性还可以使创业团队成员之间提高信任,彼此相互依存。如果不能相互协同,个别成员一意孤行,创业团队成员之间可能会产生冲突。同样,创业团队成员之间缺乏凝聚力,也必然导致成员间纪律涣散,彼此离心离德,最终产生破裂而导致创业团队解体。此外,创业团队中成员压力差异、合作制度不规范、信任缺失等现象,也是导致创业团队冲突的重要诱发因素。

(二)创业团队冲突的类型

对创业团队冲突的认识角度不同,划分的类型就存在差异,但是目前被普遍接受的创业团队冲突包含认知冲突和情感冲突两种类型。

1. 认知冲突

所谓认知冲突,是指创业团队成员在某些行为、做法、认知、观念等方面意见不一致的现象。认知冲突属于功能冲突,其具有积极的一面:通过创业团队成员对相异性观点进行相互沟通、交换意见,彼此坦诚以待,主要目的是共同找出彼此能够接受的解决方案,其能够促进成员之间的学习和提高,一般而言对创业团队的发展具有正面的影响。

2. 情感冲突

情感冲突是指创业团队成员之间人际关系的不合或者价值观不一致,一般表现为相互猜疑、不合作、相互敌视。情感冲突往往会给创业团队成员带来较差的情绪,相互之间积累成见,不利于任务有效开展,从而影响团队的健康发展。因为创业团队经常面对不确定性,相互之间存在分歧或者冲突其实是正常现象,每个创业团队成员都应该正确面对和处理冲突。同样,创业团队中的认知冲突如果处理不好,很容易上升到情感冲突,因此虽然认知冲突具有一定的正面影响,但也要积极控制和有效地引导。

(三)创业团队冲突产生的正面影响和负面影响

冲突对创业团队的影响具有双重性质。正如上面所言,不同类型的冲突,给创业团队带来的影响是不一样的。

1. 认知冲突对创业团队的正面影响

认知冲突可以激发创业成员之间的思考,使创业团队变得更灵活,同时也能产生一定的创新要素。

(1)成员在解决认知冲突的过程中会产生新的想法,进而引发对组织的创新。当创业成员之间产生冲突后,各成员都会积极地收集信息、论证自己的观点,各成员之间也会积极地交流、相互学习。一般来说,会对组织原有境况产生一定的变革,进而有利于组织的生存和发展。通过各成员的深入交流,彼此理解,能够显著提高各成员之间的了解程度,有利于成员整体学习能力的提高,能够有效提高组织的创新水平。

(2)冲突的解决过程,同时也是创业成员冲突主体之间相互学习的过程,更是不断提高组织决策的过程。通过解决冲突,能够刺激创业成员间深入研究问题,更倾向于得到系统的方案。通过解决成员之间的冲突，权衡利弊，之后做出的决策更能代表组织的利益。如果没有冲突，完全服从于一个人的判断，可能会出现考虑不周全的现象。

（3）通过制造和解决冲突，能够提升成员的积极参与程度，提高成员的积极性。如果组织对每个成员的意见都能认真考虑，将任何一个小的冲突都认真对待，那么成员会有被尊重的感觉，会更加积极地参与组织行为。另外，通过在组织中故意制造一定的冲突，形成一种竞争场面，也有利于提高成员的创造性。

2. 情感冲突对团队的负面影响

情感冲突可以影响创业团队成员的士气，导致工作效率降低，对团队绩效具有负面影响。当认知冲突严重到一定的地步，主体之间产生了严重的分歧，上升到情感冲突时，会对组织造成一定的负面影响。

（1）情感冲突会消耗组织的资源，影响组织资源的最优分配。为了解决冲突，各创业成员可能要花费大量的时间和精力对某些问题进行激烈的讨论。在讨论的过程中，组织需要花费一定的资源。组织有限的资源没有利用在追求既定目标上，而是用于解决成员之间的冲突。所以，冲突也可以在一定程度上阻碍组织的健康成长。

（2）情感冲突能够给创业团队成员的心理或身体带来伤害。创业团队成员之间的情感冲突如果非常严重，会让成员产生紧张、焦虑、恐惧等情感，进而能够严重影响其工作。同时，成员之间因为存在较深刻的情感冲突，很不容易形成团结、友善的工作氛围。

（3）一些情感冲突还可能造成创业组织内部的恶性竞争。组织内部如果情感冲突较为严重，创业团队成员会千方百计地维护自己的利益，可能会采取一些不正当的手段进行竞争，从而严重影响组织的整体利益。

（四）创业团队冲突管理的方法

针对不同类型的冲突，最重要的是要积极引导良性冲突的发生，防止或消减不良冲突对组织带来的影响。

（1）针对认知冲突，要围绕"积极引导""提高战略认同""防止冲突升级"等角度进行认识和行动。认知冲突对提高创业团队活力、激发创新精神具有重要的意义，因此需要积极引导，建立良好的组织氛围，引导成员进行"思维碰撞"，这是创业团队文化建设的重要内容。团队在实现目标的过程中，不应该将创业团队成员视为"机器人"，而是应该视为"有情感、有思想"的目标共同缔造者，要避免和消除某个创业团队成员一人独大的局面，尤其是在当今社会，技术迅猛发展，知识和信息更替较快，一个人的单打独斗难以形成竞争优势，必须借助整体力量才能更好应对创业过程的不确定性和复杂性，有效地识别和利用机会。因此，要尊重每个创业团队成员，建立团结、友善、相互帮助、相互鼓励、积极向上、努力拼搏的良好组织氛围。要激发创业团队成员畅所欲言，要鼓励创业团队成员相互学习，成员间都要尊重对方不同的思想或意见。

团队最鲜明的特征在于成员对战略目标的一致性认同。认知冲突一般发生在团队建设过程中一些"具体的做法"或"日常管理"层面。如果团队成员对战略目标产生了分歧，这属于对重大问题的意见不一致，很容易使认知冲突演变为情感冲突。团队在制订战略目标的过程中，一定要争取每个成员的高度认同。同时，对实现战略目标的重要步骤、方法，也要给予明确。如果团队成员在大的问题上没有分歧，则认知冲突一般可以得到有效控制。

为了防止认知冲突上升到情感冲突，创业团队应该建立冲突预警机制。冲突预警机制是指对冲突的产生、发展、结果等全过程进行监督和评价的系统。冲突预警机制就是专门防止或消减冲突产生严重后果的一套方法。建立冲突预警机制，一般需要从以下4个层面入手：①对冲突进行内部监测，主要监测冲突对组织内部产生的一系列影响，比如对各成员的工作带来了哪些影响、对各成员的生活带来了哪些影响等；②对冲突的外部环境进行监测，判断组织内部冲突对外部相关主体带来了影响；③构建冲突的预警标准，即当冲突达到什么程度的时候，开始进行干预；④制订相关的解决冲突的策略，通过判断冲突的类型、预测冲突带来的后果，制订相应的对策。

（2）针对情感冲突，主要围绕"团队目标清晰化""团队激励系统化""团队沟通渠道顺畅化"等角度进行认识和行动。尽可能把创业团队目标细化，分解出清晰的阶段目标，以降低和减少情感冲突。一个高效的组织，必须有一个明确的奋斗目标。一个合理的目标是成员合作的动力。同样，清晰的目标也是解决成员冲突的标杆。组织的任何行为、各项工作，都要紧密围绕目标进行。有了明确的目标，至少可以保证成员之间的意见不至于相差甚远。因此，在组织发展过程中，要不断明确发展目标、不断细化。如果各个成员对目标都深信不疑、坚定执行，各个成员之间产生不良冲突的概率将降低。为了从制度上解决或缓解情感冲突，应该建立系统的团队激励机制。其中，合理的权力机构是重要的内容。组织内部相互制约、相互制衡的关系，可以有效保证重大冲突的发生。也就是说，合理的权力结构，既能防止权力过于集中，又能防止权力过于分散，防止了独断专行和权力泛化。

一般而言，可以从组织结构、管理模式等层面，构建合理的权力结构，减少重大冲突的发生。从组织结构方面来说，要选择更适合的组织结构。从管理模式方面来说，要不断创新，适应时代的需求。随着信息经济、知识经济的到来，过度集权式的领导方式已经不能给组织带来有效的决策。相反，不断创新管理模式，比如深度应用移动互联网、大数据等手段，可以有效地提高管理的质量。通过客观分析数据，提高技能型成员、数据分析成员的管理权力，可能更符合当前市场的需求。

构建顺畅的团队成员之间的沟通渠道，是解决和缓解情感冲突的重要保障。为了避免创业团队成员之间的冲突加剧，一定要建立一套顺畅的沟通渠道。构建该渠道至少要明确以下3点：①遇到冲突，团队成员之间采用什么方式解决（是按照人数，还是按照股份，抑或是按照成员的职位）；②谁来召集解决，什么时间解决；③关于解决冲突之后的落实情况，由谁来监督。总之，冲突是创业团队成员之间普遍存在的现象，构建顺畅的沟通渠道是解决情感冲突的有效途径。

小贴士

有效创业团队要学会合作

无论创业者之间是合伙关系，还是雇佣关系，其本质都是人与人之间的合作关系。它不仅包括人与人之间的能力合作、资源合作，还包括文化的认同、心灵的融合。合作是否成功，除了各自能力和资源是否具有互补性和对等性，还有一个最重要的因素，即各自在道德和情感上是否具有相融性。因此，从终极意义上来说，团队成长的过程也是一个文化磨合与道德认同的过程。只有团队内部形成了基于文化和道德认同的互尊、互信、互爱、互惠的关系，创业团队才有可能步入成功的良性循环，形成超强的团队凝聚力。研究表明，凝聚力是预测团队行为的一个重要指标，对创业团队尤为重要，因为创业团队所面对的环境具有很高的复杂性和不确定性。

123

二、创业团队的管理技巧

创业团队对于创业成功具有重要的意义，但是并非所有的团队都能取得成功，因此，创业团队的管理非常重要。由于创业团队本身的动态性特征，团队管理显得十分重要，团队管理是一门艺术，要针对具体情况灵活进行，但是也有一些普遍性的原则可以遵循。

（一）确立清晰的愿景和目标

共同的目标是团队存在的基础，杰出团队的显著特征便是团队成员具有共同的愿望与目的。由于人的需求、动机、价值观、地位和看问题的角度不同，不同的人对企业的目标和期望值存在很大的区别。因此，要使团队高效运转，就必须有一个共同的目标和愿景，就是让大家知道"我们要完成什么""我能得到什么"。这一共同目标是成员共同愿望在客观环境中的具体化，是团队的灵魂和核心，它能够为团队成员指明方向，是团队运行的核心动力。

（二）关注团队成员的选拔与培训

创建团队的第一步就是选择团队成员。这里要解决两个关键问题：该聘用什么样的人？怎么聘用？第一个问题根据企业的具体需求来决定，要考察待聘用人员的智力、经验和人际交往能力，不仅要考察其表现的能力，还要考察其潜在的能力。可以通过正式的招聘程序进行综合评估，也可以通过非正式渠道进行全方位了解。第二个问题可以通过多种渠道解决，如招聘、猎头公司等。招聘程序尽量做到严格、规范，最终的目标是找到与企业需求相匹配的合适人选。

团队成员选拔以后，要进行适当的培训，其主要目的是培育共同的价值观，提升员工的业务素质水平，为团队整体目标的实现打好基础。要充分考虑员工的个性特质与工作的匹配程度，把合适的人放在合适的位置上扮演合适的角色，充分发挥员工的潜能与优势。同时，要加强员工的思想政治工作和职业道德建设，培养员工爱岗敬业、团结拼搏的精神，使企业内形成和谐、友善、融洽的人际关系和通力合作的氛围。

（三）培养良好的团队氛围

联络团队感情可以保持团队士气和热情，没有人希望在冷漠、敌视的环境中工作与合作。因此，成员间首先要相互尊重、相互了解并且体谅他人的难处；其次要抽时间共处，通过组织活动联络大家的感情，使彼此满意和认可；最后还要相互帮助，互惠互利，在工作和生活中相互支持和关心，增加凝聚力。构建健康和谐的人际关系能使团队成员之间从提防、排斥与怀疑转为开放、接纳与信任。信任对于团队的健康发展和效率提高具有至关重要的作用。团队关系越和谐，组织内耗越小，团队绩效就越大。要使团队健康发展，团队成员之间就应该团结一心，履行对团队的承诺。

个体的发展离不开良好环境的支持。良好的文化氛围、科学的经营管理、合理的资源配置、职责明确的分工、公平的激励机制等，都是团队快速成长的良好环境条件。只有在这样的环境中，员工才能感受到团队的魅力所在，将自己融入这个大家庭中，履行好自己的职责和义务，与他人和平共处、高效合作。也只有在这样的环境中，人的潜力才能得到最大发挥，团队的合作精神和凝聚力才能真正体现。

（四）有效的激励

激励是团队管理的重要内容，直接关系到团队的存亡，对创业团队成员的激励能够有效调动成员的积极性和创造力，通过授权、工作设计、优化薪酬机制等一系列措施，发挥成员的主观能动性，使成员产生满意度和归属感，成员就更加能够全身心投入团队的建设之中。尤其创业团队遇到的任务多数充满不确定性，有效的激励能够使成员面对困难时不逃避，而且增加对团队的归属感和忠诚度，不会遇到不确定情境就轻易产生离职的念头。

创业团队激励形式

创业团队成员本身具有分离倾向，团队管理稍有松懈就可能导致团队的绩效大幅度下降。有效激励是企业长久保持团队士气的关键。有效激励通常包括两方面的激励，一是物质方面，二是心理方面，具体体现在以下3点。

➢ 团队文化的激励。团队文化是固化剂，团队凝聚力的培养离不开团队文化的建设。团队文化激励对团队建设的积极作用主要表现在：团队文化通过营造一种积极向上、相互尊重、相互信任的文化氛围来协调企业内外的人际关系，通过调动成员的积极性、主动性和创造性来增强团队的凝聚力和竞争力，使团队成员与整个团队同呼吸、共命运，把领导者、团队成员与整体紧紧联结在一起。

➢ 经济利益的激励。创业企业的产权一般比较明晰，机制灵活，所以对创业团队成员，可以把期权激励作为经济激励的一项重要内容来实施，把传统的以现金作为代表的短期经济激励和以期权为代表的长期经济激励结合起来，以体现人力资源的价值。

➢ 权力与职位的激励。通常，创业者具有强烈的进取精神，创业团队成员又通常是高级知识群体。他们不仅仅为追求经济利益而进行创业活动，还希望得到成就感以及权力和地位上的满足。

（五）做好沟通管理

沟通是有效管理团队的重要内容之一。没有沟通，团队就无法运转。其一，沟通可使信息保持流畅，实现信息共享，避免因为信息缺失而出现错误决策与行为。其二，沟通可以化解矛盾，增加团队成员之间的信任。其三，沟通可以有效地解决冲突，提高团队决策质量，促进决策方案的执行。在企业经营管理中，团队成员对有关问题形成不一致的意见、观点和看法，可能演化为人与人之间相互猜忌，造成彼此间分歧，创业团队成员首先不要回避这些分歧，要充分沟通和交流，消除彼此间的误会，使成员间形成共识，这样能够有效地理解和执行团队决策方案，提高绩效。

（六）关注个人发展

创建一支优秀、稳定的团队，还要给个人广阔的发展空间。有效的团队建设可保证每个人都能找到自己的位置，并且能够在团队的建设中进行发展。这样成员不仅有饱满的热情，全身心投入工作之中，还会不断在工作中寻找新的方式，提高效率。个人的发展，不仅仅依靠经验的积累，还要借助目标的设定、绩效评估以及信息反馈。通过这3个程序，激发员工的潜力，使其认清自己的优点和不足，对自我进行提高和改善，以获取更大的发展空间。

（七）突出领导的作用

领导力是指领导在动态环境中，确立团队目标，建立良好团队关系，提高整个团队的活力，树立团队规范，以及指导并帮助团队取得更加突出成绩的能力。优秀的领导者能够把企业文化和价值观传递给员工，培养起队员之间的凝聚力；善于同员工进行沟通，并采纳合理的建议；随时掌握员工身心的动态变化，从细微之处着手，尊重员工的需要和愿望，激发员工的积极性和创造性；善于平衡内外关系，为团队发展寻求最大的支持；懂得适当授权；以身作则，通过自己的智慧和影响力带动员工为最终的业绩目标奋斗。

小贴士

创业团队领导者的素质

大多数创业团队都有一个起领袖作用的领导者，他思维敏锐、富有远见卓识，能够预见到可以让公司发挥出最大潜质的战略。因此，创业团队领导者的能力与潜质对于新创企业的发展很重要。创业团队领导者应该具备以下特质。

➢ 清晰的愿景。创业团队领导者应能够在模糊和混乱的情景下，敏锐发现隐藏的商机，并且准确地向下属传递。

➢ 智力和精力。创业团队领导者需要有充沛的精力，投入足够的智慧、道德、能力和精力，才能塑造企业组织的文化，推动事业的发展，迅速地发现问题所在。由于企业组织从上到下都要接受他的领导，所以他必须全身心地投入。创业团队领导者的智力和精力越好，企业就越优秀。

➢ 正直的品行和好的工作习惯。不论是在团队内部，还是外部，领导者都必须诚实地对待每一个人，树立良好的个人形象，成为企业组织运作的典范。

➢ 授权能力。与团队成员建立密切的关系，这与创业团队领导者的创造力和亲和力有关。工作过程中，创业团队领导者要适度授权，委托他人来完成任务，不应该过度热心地把所有的事都揽在自己身上。

126

// 要点回顾 //

- 团队中成员所做的贡献是互补的，而群体的工作在绝大多数情况下是可以互换的。
- 创业团队成员对公司的重要决策产生影响，他们多数拥有公司的股份，因此拥有更高的责任感参与决策，关心公司的成长，对公司具有浓厚的感情。
- 创业团队对创业成功起着举足轻重的作用，是新企业通向成功的桥梁。
- 创业团队的组成要素包括目标、人员、定位、权限和计划。
- 组建创业团队的策略：要在团队内树立唯一的权威主管，努力促进团队成员之间的相互信任，妥善处理不同的意见和矛盾，合理分配股权。
- 创业者在组建创业团队的过程中，应该妥善处理互补性和相似性的统一以及建设性冲突和破坏性冲突的关系。
- 创业团队的管理技巧：确立清晰的愿景和目标、关注团队成员的选拔与培训、培养良好的团队氛围、进行有效激励、做好沟通管理、关注个人发展、突出领导的作用。

// 关键名词 //

群体　团队　创业团队　认知冲突　情感冲突

复习思考题

1. 创业团队的优势在哪里？
2. 创业团队的关键要素有哪些？
3. 如何选择创业团队成员？
4. 简述组建创业团队的程序。
5. 创业团队的行动标准有哪些？
6. 创业团队冲突的类型及产生的后果有哪些？
7. 如何采取有效的策略管理创业团队？

行动学习

实践练习1　古典名著中的创业团队

《水浒传》《三国演义》《西游记》等古典名著都详细刻画了创业团队，请选择其中的几个团队，从团队组建、角色扮演、冲突解决、团队演化等多个方面，认真剖析比较，总结团队运营所涉及的关键要素和一般规律。

实践练习2　蒙眼排队

活动目标：理解创业团队的内涵，学会沟通和团队协作。

活动过程如下。

（1）小组成员在一个空场地围成一个圆圈站好。

（2）教练宣布："开始2分钟的小组沟通。"（没有任何小组任务。）

（3）沟通时间结束，给每个成员分发眼罩。

（4）要求每个成员戴上眼罩，原地转3圈。

（5）教练给每个成员分发号码牌（事先准备好），并让成员确认自己的号码，然后检查眼罩佩戴的情况，防止作弊。

（6）宣布任务："请小组成员在3分钟内，按照号码牌的大小，依次排成一排，在排队的过程中，不允许发出任何声音。"

（7）其他学员观察排队结果。

（8）换另外一个小组，重复上面的步骤，对比两组的过程和结果。

（9）活动参加者和观察者的代表做总结发言。

扫一扫

第五章阅读提高

扫一扫

第五章学习资源

127

第六章
创业资源的获取与利用

创业者在企业成长的各个阶段都会努力争取用尽量少的资源来推进企业的发展，他们需要的不是拥有资源，而是要控制这些资源。

——霍华德·史蒂文森

本章导图

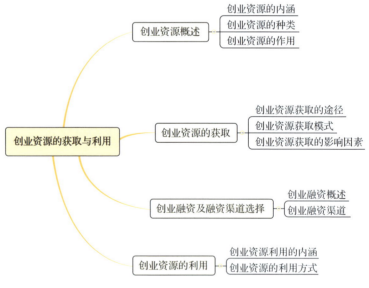

学习目标

通过本章的学习，你应该能够：

（1）了解创业资源的内涵、种类、作用；

（2）理解创业者为什么难以获取资源；

（3）熟悉创业资源获取的途径；

（4）了解创业资源获取模式；

（5）掌握创业资源获取的影响因素；

（6）掌握创业融资的渠道及选择策略；

（7）了解创业资源利用的内涵和方式。

开篇案例

整合资源的"四两拨千斤"

这是一个航空公司整合汽车制造厂、司机等各方资源，借力打力，多方得利，进账1 300万元的真实案例。

四川有一家航空公司想给乘客提供从市区到机场的免费接送服务，于是这家航空公司看遍了国内的汽车品牌，最终选中了一款7座的休旅车。这种车型的市场价是15万元。航空公司找到这家汽车制造企业，开口就说要订购150辆，并希望能以9万元一辆的价格成交。但是这家汽车制造企业觉得航空公司给的这个报价太低所以没有同意。这时航空公司对这家汽车制造企业说："坐飞机出行的人购买能力一般比较强，也是你们这种车型的精准意向客户。如果我们两家公司能够成交这笔交易，那么乘坐我们航空公司飞机的乘客坐了你们公司的这款车等于有了试乘体验。此外，我们还可以规定开这个专车的司机在发车时必须播报一下你们汽车的品牌和车型，如何？"汽车制造企业经过一番计算，如果按照每辆车单趟6个乘客，一来一回，一天3次往返的话，一年下来近200万人次的精准广告。这是一笔划算的交易，于是汽车制造企业同意了航空公司的报价。

接下来，航空公司要面向社会招聘专职司机。航空公司设定了一定的门槛，要求每位司机缴纳17.8万元的保证金。在当地开出租车拉活，买个牌照再买辆车的价格也差不多是这个数字，但是司机们都知道开出租车是一件很累的活。而这家航空公司给专车司机每位乘客25元的车费，这样如果一位专车司机一天3个来回的话就可以赚到900元，一年的收入就是30万元，并且客源稳定不发愁，只要出力就能稳赚不赔。于是航空公司很顺利地招聘到专车司机。

对航空公司而言，一辆专车收取的保证金是17.8万元，买车的费用是每辆9万元，这样计算下来每辆车的收益是17.8万元减去9万元，即8.7万元，150辆专车一年给航空公司带来的纯收入就是1 300万元左右。对乘客而言，他们也获得了实惠，因为如果自己打车要花150元左右，坐机场大巴也要30元，但是只要买这家航空公司的机票就能凭机票免费坐车。对航空公司，虽然看似每张机票要拿出25元给专车司机，但是"免费接送"这一优惠政策一经推出，平均每天的机票销量多了几千张。

创业活动大多数都是创业者在资源高度约束的情况下开展的商业活动，大多数创业者都经历了"白手起家"的过程。

第一节
创业资源概述

一、创业资源的内涵

常言道："巧妇难为无米之炊"。创业需要资源，如果不能获得这些创业资源，即使看到了商机，创业者也只能望（商）机兴叹。那么，什么是创业资源？创业资源除资金以外还包括哪些资源呢？这些资源获取有哪些渠道呢？怎样探索出创造性利用这些资源的新机制呢？这些都成为创业成功的重要保证。我们首先来了解一下资源和创业资源的内涵。

有关资源的定义有以下几种解释。

《辞海》上关于资源的定义是：生产资料和生活资料的天然来源。

经济学中把为了创造物质财富而投入生产活动中的一切要素通称为资源，即指一般意义上的商业资源。

徐绪松教授提出 CSM 新资源观论，认为投入后能够产生效益，包括能够创造经济价值（创造财富）、产生经济增长、建立竞争优势、提高核心竞争力、实现人与自然的和谐、可以持续发展等的东西均称为资源。资源，是指任何一个主体在向社会提供产品或服务的过程中，所拥有或所能够支配的能够实现自己目标的各种要素以及要素组合。

创业资源，是指新创企业在创造价值的过程中需要的特定的资产，包括有形与无形的资产，它是新创企业创立和运营的必要条件，主要表现形式为创业人才、创业资本、创业机会、创业技术和创业管理等。

狄更斯在《双城记》开篇中写道："这是最好的时代，这是最坏的时代。"很多人认为用这句话来形容初创企业再合适不过。现在要想创建一家企业比以前要容易得多，而正是因为大量初创企业的存在，初创企业要想生存下来也比以前要困难得多。在这个竞争激烈的时代，资源争夺也愈加激烈，创业企业难以找到足够的资源来支撑自身的发展。目前我国大学生创业形势不容乐观，虽然很多学生有创业意识和创业热情，但现实情况是大多数刚毕业的大学生在启动创业活动之初能够掌握的资源很少，创业成功率不高。麦可思研究院联合中国社会科学院发布的《2017 年中国大学生就业报告》显示，近 5 年来，大学生毕业即创业连续从 2011 届的 1.6% 上升到 2017 届的 3.0%，接近翻了一番。其中，毕业半年后自主创业的 2013 届本科生中，有 46.2% 的人 3 年后还在继续自主创业。毕业半年后自主创业的 2013 届高职高专毕业生中，有 46.8% 的人 3 年后还在继续自主创业。甚至有数据指出，即使在浙江等创业环境较好的省份，大学生创业成功率也只有 5% 左右。这与欧洲和美国的大学生创业成功率 20% 有很大的差距。是什么让中国大学生创业如此之难呢？《2017 年中国大学生就业报告》指出，2011 届到 2015 届连续 5 年的大学生创业者都认为"缺少资金""缺乏企业管理经验""市场推广困难"是可能导致创业失败的 3 大风险，其中"缺少资金"稳居 3 大风险中的第一位。

由此可见，创业资源不足，尤其是资金缺乏，或者即使获得资源也无法有效利用，是大学生创业很难成功的最主要原因。如何发掘这些资源，并加以有效利用，是推动大学生创业，提高创业成功率的必然要求。

二、创业资源的种类

创业资源是新创企业建立过程中必需的资源，一般来说，创业资源包括人力资源、财务资源、物质资源、技术资源、管理资源、组织资源、品牌资源、市场资源、政策资源和信息资源等。表 6-1 列出了这些创业资源的具体类别。按照资源对企业成长的作用，我们将其分为两大类，对于直接参与企业日常生产、经营活动的资源，我们称之为要素资源；未直接参与企业生产，但其存在可以极大地提高企业运营的有效性的资源，我们称之为环境资源。

130

表6-1 创业资源的种类

资源种类		具体内容
要素资源	人力资源	创业团队成员的知识、经验、智慧、判断力、人际关系
	财务资源	银行贷款、风险投资、政策性的低息或无偿扶持基金等
	物质资源	创业或经营活动所需的有形资产，如厂房、土地、设备
	技术资源	关键技术、制造流程、作业系统、专用生成设备
	管理资源	企业诊断、市场营销策划、制度化和正规化企业管理的咨询等
环境资源	品牌资源	借助大学或优秀企业的品牌，借助科技园或孵化器的品牌，借助社会上有影响力的人士对企业的认可等
	市场资源	经营许可权、销售渠道、顾客关系等
	政策资源	政府扶持政策、与政府的关系
	信息资源	宣传和推介信息、中介合作信息、采购和销售渠道信息等
	组织资源	企业的战略规划、员工开发、评价和报酬系统等

三、创业资源的作用

创业者获取创业资源的最终目的是组织这些资源追逐并实现创业机会，提高创业绩效，获得创业的成功。无论是要素资源还是环境资源，无论是否直接参与企业的生产，它们的存在都会对创业绩效产生积极的影响。总的来说，要素资源可以直接促进新创企业的成长，而环境资源可以影响要素资源，并间接促进新创企业的成长。

（一）技术资源和人力资源是关键资源

创业资源中的技术资源是指技术资产及技术开发能力。其中，技术资产包括诀窍、专利等，技术开发能力是企业知识和技能的总和。创业技术决定了创业产品或服务的市场竞争力和获利能力，决定企业能否获得市场认可以及能否生存和健康发展。

在创业初期，企业规模较小，对管理及人才的需求度较低，很多时候，拥有了核心技术，就拥有了获得资金支持的资本。但是，一些看起来很有市场前景的"商机"，如果未拥有或者控制核心技术就贸然进入，必然很快遭受重创。

思迈人才网的失败

大学生小胡和7位同学筹资12万元，成立了思迈人才顾问有限公司，并建立了思迈人才网。公司主旨是为企业和个人提供人才评估、咨询、培训、交流、猎头、人事代理等服务，为大学生提供求职培训、素质测评、推荐安置工作等服务。看起来很有市场前景，但该团队中没有一个人拥有与主旨相关的核心技术甚至运营经验。开业之初，由于人才网络、企业网络没有运作起来，各种服务项目没法开展。于是，小胡决定从最基础的为大学生找家教和其他兼职做起，这也不是他们所擅长的。公司创立仅3个月，净亏7.8万元。最终他以1元钱把思迈卖给了别人。

技术在创业中可谓相当重要，技术的重要，主要体现在人的重要，而不单单是技术本身。技术是由专业人才掌握的。知识经济时代，人才是经济和社会发展的第一资源。科技的迅猛发展、激烈的全球化竞争，任何技术都可能落伍，任何资源都可能被取代，技术、产品的竞争实质上就是人才的竞争，只有人才资源是任何时代都不能缺少的，人才是企业创业、创新和持续发展的基础，也是企业永葆活力的坚强后盾。因此，专业人才是创业企业的根本，是创业企业最为重要的人力资本。

人才决定公司成败

　　微软公司 1975 年创办之时，人员只有 3 人，年收入只有 16 000 美元。目前微软是全球最大的计算机软件提供商。微软公司现有雇员 12 万余人，在 2019 财年微软营收为 1 258.43 亿美元。2019 年 7 月，微软股价报收 136.42 美元，市值突破 1 万亿美元。微软是一个知识密集型的企业，它的持续成长，依赖于一个稳定的充满智慧和激情的员工队伍。发现和选聘最优秀的人才，是微软公司的首要任务。当比尔·盖茨被问到他过去几年为公司所做的最重要的事时，他回答说："我聘用了一批精明强干的人。"另一家高科技企业苹果公司的创立人史蒂夫·贾伯说："刚创业时，最先录用的 10 人将决定公司成败，而每一个人都是这家公司的 1/10。如果 10 人中有 3 人不是那么好，那你为什么要让你公司里 30% 的人不够好呢？小公司对于优秀人才的依赖要比大公司大得多。"

（二）财务资源是根本资源

　　财务资源对任何一个企业来说都非常重要，对于新创企业，无论是有形资源、无形资源还是人力资源的构建与购置都需要资金的投入，否则只能是纸上谈兵。绝大多数创业者往往由于资金缺乏而在创业之初就陷入困境。

争取创业贷款去创业

　　小刘大学毕业后，回到上海，一直未找到满意的工作，看到自己居住的小区内有一家小型超市生意非常红火，就打算创业，计划在小区内办一家小超市。但是，办个小超市至少需要投资六七万元，自己没有那么多资金。如果向银行贷款，一般需要自己提供资产抵押或第三方提供担保，自己又不具备条件。正在他一筹莫展时，上海浦发银行与联华便利签约，推出"投资 7 万元，做个小老板"的特许免担保贷款业务，小刘获悉后立即递交申请，2 个月后顺利地从浦发银行领到贷款，马上如愿开起小超市。

　　创业之前创业者必须结合创业计划，合理确定资本结构与资金需求数量，并切实筹集到所需数量的资金，才可能正式开始创业。只要有一个环节的资金不到位，即便再伟大的创业事业也将面临断炊的风险。因此，资金在创业中具有不可或缺的重要作用。

（三）信息资源是重要资源

　　一方面，大学生创业需要大量信息，但不知从哪里去寻找（信息不足）；另一方面，市场上有海量信息，却没有被人识别和发现（信息过剩）。

郑兴伟的第一桶金

"我要创业，我要当老板！" 2008年9月，17岁的郑兴伟刚踏入温州大学校门时就立下豪言。初入大学校园，善于观察的他敏锐地发现，温州的家长对子女的课外辅导非常重视。而覆盖了所有专业的大学城学生，是一股强劲的师资力量。因此他把目光放到了家教中介上，并迅速投入实践。在说服其他6名热血青年后，组建起了"七彩虹"创业团队。在一年时间里，团队印发了3万张业务名片，5名男生利用课余时间通过校园网和各大社区投入广告，联系学生并录入信息；两位女生会温州话，主要负责联系家长，对接需求。经过团队的共同努力，一年之后，每个人平均净赚2.8万元，这是他们的第一桶金。

新创业的企业，由于是新进入者，在对于市场信息、项目信息、资金信息、政策法规等信息资源的把握上会处于劣势。由于竞争十分激烈，就更加需要丰富、及时、准确的信息，比如对于谁是潜在的顾客、顾客将如何评价产品或服务，这些市场信息可以为创业者制订研发、采购、生产和销售的决策提供指导和参考。

第 二 节

// 创业资源的获取 //

在这个竞争激烈的时代，资源的争夺也愈加激烈。而作为刚毕业走向社会的大学生，创业初期能够掌握的资源不多，这就要求大学生能够快速、高效地找到足够的资源来支撑企业的发展。那么，创业资源获取的途径有哪些呢？

一、创业资源获取的途径

（一）获取人力资源的途径

高素质人才的获取和开发，是现代企业可持续发展的关键。特别是高科技创业企业，因为其更大的知识比重，人才资源则更为重要。这里的人力资源不仅仅指创业者及其团队的特点、知识、激情，还包括创业者及其团队拥有的能力、意识、社会关系、市场信息等。

获取人力资源的途径

- 打工。
- 模拟公司运作。
- 参加校园创业大赛或者挑战杯大赛。
- 拜访最优秀的人。
- 与优秀的人共事。

大学生的经历少，打交道的人少，认识的朋友自然也少，而创业之初，多听听朋友的意见，争取他们的支持和帮助很重要。大学生在校期间，既可以通过参与各种社团活动，也可以开展一些小型的创业活动，比如提供一些产品的校园代理，来认识一些志同道合的人。同时，在这个过程中，大学生既能赚些钱，增长关于市场的知识，又可以锻炼组织能力，比如组织 3 人的小团队（团队人数切忌太多，3 人就可以了，最多别超过 5 人），而这些人中很有可能会有一部分人成为你未来的创业团队的伙伴。

得合伙人者得天下

创业者的人脉圈子，往往决定了其事业的高度。同乡、校友、同事等，都是形成人际交往圈子的重要因素。在这些圈子里，校友圈子又显得比较特别，有人说，世界上能够产生最好的朋友的地方是学校和战场。我国一些知名企业，其创业团队成员间就属于校友关系，如表 6-2 所示。

表 6-2　属于校友关系的创业团队

企业名称	学校	校友创业团队
腾讯	深圳大学	马化腾、张志东、陈一丹、许晨晔
新东方	北京大学	俞敏洪、徐小平、王强
携程	上海交通大学	季琦、沈南鹏、范敏
饿了吗	上海交通大学	张旭豪、康嘉、汪渊、邓烨
复星集团	复旦大学	郭广昌、梁信军、汪群斌、范伟、谈剑
蘑菇街	浙江大学	陈琪、魏一博
美团网	清华大学	王兴、王慧文
途牛网	东南大学	于敦德、严海峰

（二）获取外部资金资源的途径

对于外部资金的获取，一般可通过以下 5 种途径：①依靠亲朋好友筹集资金，双方形成债权债务关系；②抵押、银行贷款或企业贷款；③争取政府某个计划的资金支持；④所有权融资，包括吸引新的拥有资金的创业同盟者加入创业团队，吸引现有企业以股东身份向新企业投资并参与创业活动，以及吸引企业孵化器或创业投资者的股权资金投入等；⑤一个详尽可行的创业计划，可以吸引一些大学生创业基金甚至风险投资基金的目光。在获取外部资金资源之前，记住一位企业家曾经说过的一段话："创业首先要用自己的钱干起来，你自己的钱不先投进去，凭什么让别人为你投钱？"

（三）获取技术资源的途径

2005 年大学生创业竞赛中，上海交大"七彩虹"创业团队所持项目——分布式 ISP 接入方式，通过技术手段实现上网电话费用的降低，可以从当时的每小时 2 元降到 0.07 元。有关人士认为这一项目极具市场前景，如能推广，会给风险投资带来丰厚的回报。上海交大学子科技创业有限公司近水楼台先得月，抢先和"七彩虹"创业团队签了投资协议。由此可见，技术资源能回答这样的问题：我们能提供什么样的产品或者服务？它能满足或者说实现人们什么样的需求？谁会需要我们提供的产品或者服务？很多时候，拥有了核心技术，就拥有了获得资金支持的资本。

获取技术资源的方式

- 吸引技术持有者加入创业团队。
- 购买。
- 自己研发。
- 并购。
- 联盟。

目前，我们大学生的技术意识还不够强。从全国各类创新创业大赛上收集到的项目方案来看，其中偏向于商务服务类的居多，而拥有核心实用技术的少。真正的创业者，一是拥有核心技术，二是拥有一流团队。比如，在美国硅谷，最容易获得风险投资的创业项目，其团队既要拥有哈佛商学院 MBA 毕业生这种会管理、懂市场的团队成员，也要拥有从麻省理工、斯坦福等学校毕业的懂技术的团队成员。所以，仅仅依靠一个商业上的想法来融资是很困难的。

东北大学生创业第一人

在 2006 年第二届中国青年创业周上一举摘得"中国最具潜力创业青年奖"的董一萌，于 2001 年获得长春市新星创业基金 10 万元，并于当年 9 月成立"一萌电子公司"，主营网站建设和软件开发。他认识到一个企业必须有自己的核心产品，其发展才有后劲。当时，全国上网人中近 90% 是通过搜索引擎寻找需要的信息，董一萌意识到，搜索引擎营销是一个黄金行当。然后，他集中所有精力，做好这一件有创新性和实用性的事情。几个月后，"一萌公司"推出了自己研发的产品，客户只要使用该产品，便可优化设置，提高其网站在搜索结果中的排名。至 2005 年年底，董一萌发展了全国多个省市的代理商，并在北京建立了分公司。

（四）获取市场与政策资源的途径

市场与政策等信息是创业者正确决策的信息依据，是适时调整创业思路的基础。在千变万化的市场经济中，如不能及时地、完备地得到这些信息，创业者必然会"盲人摸象"。同时，如果各种信息离散度大、层次浅，难以保证信息的完整性、准确性、及时性和有效性，无疑会影响创业企业的决策，甚至关系到创业企业的成败。所以，大学生创业者必须借助众多途径来获取及时、准确、有效的市场和政策信息。

获取市场与政策资源的途径

- 政府机构。
- 同行创业者 / 企业。
- 专业信息机构。
- 图书馆。
- 大学研究机构。
- 新闻媒体。

■ 会议。
■ 互联网。

　　市场与政策信息对创业企业的业绩有很大的影响，比如国家政策、法律、法规的调整，国内外市场形势的变化，这些不可控因素都不是我们所能控制的。但创业者始终要对这些信息保持高度的敏感性，能够及时找到有利于大学生创业的一些有用的信息。

小贴士

各地创业政策

　　近年来，为支持大学生创业，各级政府出台了许多优惠政策，涉及融资、开业、税收、创业培训、创业指导等诸多方面。对打算创业的大学生来说，了解这些政策，可有效地降低创业成本，提高创业效率。

■ 北京市创业政策

（1）设立小额担保贷款，贷款金额最高 50 万元，且由区财政进行贴息。除拥有北京《再就业优惠证》的人员外，持有北京户口的未就业大学毕业生想要从事个体经营或自主、合伙开发创办小型企业自筹资金不足的，也可申请小额担保贷款。

（2）完善创业园建设。

（3）开展大学生创业援助计划和自主创新推进项目活动。2012 年启动"放飞青春梦想，创业成就未来"北京大学生创业援助计划。

■ 上海市创业政策

（1）设立创业贷款，贷款金额为 5 万元至 30 万元。专门设立大学生创业"天使基金"。

（2）给予社保补贴。

（3）建立创业培训与创业见习制度。

（4）提供房租补贴。

（5）减免行政事业收费。

（6）建设完善创业园区。

■ 安徽省创业政策

（1）明确创业扶持群体。对毕业两年内的高校毕业生和中等职业技术学校毕业生依法从事个体经营的，除免收有关行政事业性收费外，对自筹资金不足的，可申请不超过 5 万元的小额担保贷款；符合小型微利企业条件的，减按 20% 的税率征收企业所得税，并按规定给予一定比例贷款贴息。

（2）大学生创业注册资本"零首付"。毕业两年内的高校毕业生投资设立 50 万元以下的有限责任公司可"零首付"注册，自公司成立之日起 3 年内缴足注册资本。

（3）放宽创业领域。凡法律法规没有禁止的行业和领域，各类创业主体均可进入，并平等享受相关优惠政策。

（4）放宽注册冠名。依法申办的企业、个体工商户，冠市名不受注册资本限制，冠"安徽"省名由市工商局直接联网申报核准。

（5）放宽预备期营业执照范围。凡企业申请登记的经营范围涉及前置行政审批而暂不能提交审批文件、证件的，工商机关可在该经营范围后标明"筹备"字样，颁发筹备期营业执照。

（6）明确非货币资产注册比例。允许投资人使用知识产权、科技成果等非货币资产作价出资创办中小企业，无形资产出资额最多可达企业注册资本的70%。

（7）免收行政事业性收费。对高校毕业生免收管理类、登记类和证照类的各项行政事业性收费。

二、创业资源获取模式

创业之初，每家企业拥有的初始条件不同，创业所需的各项资源往往只能依靠创业者在既有资源基础上通过自身努力获取。典型的资源获取模式分为技术驱动型资源获取模式、人力资本驱动型资源获取模式和资金驱动型资源获取模式。

（一）技术驱动型资源获取模式

技术驱动型资源获取模式是指创业者最先拥有技术资源，或者创业初始技术资源较为充裕，带动其他资源向企业聚集的资源获取模式。在这种模式下，创业者以拥有的核心技术为基础，根据技术开发的需要获取、整合和利用资源。大学生创业或高科技企业创业多采用这种模式。

创业聚焦

137

做全球最大的语音技术提供商

大学生创业在 20 世纪末作为新事物曾风靡一时，但经过市场竞争大浪淘沙，成功者寥寥无几。现任中科大讯飞信息科技有限公司总裁的刘庆峰无疑是其中难得的成功典范。1990 年，17 岁的刘庆峰踏进了中国科学技术大学无线电系的大门。9 年之后，以他为首的中国科学技术大学 6 位大学生因为研制成功我国第一台"能听会说"的中文计算机，获得 668.85 万元的技术股权奖励，为中国在国际人机对话技术领域赢得重要一席——只要会说中国话，就能非常方便地用语音控制计算机和畅游因特网。

1999 年以前，中文语音市场掌握在国外公司手中，且微软、IBM、摩托罗拉等众多国际巨头纷纷在中国设立语音研究基地，国内语音专业优秀毕业生基本外流，竞争形势非常危急。正是在这种背景下，受"挑战杯"大赛和大学生创业号召影响，当时还在中国科学技术大学攻读博士学位的刘庆峰创办了"科大讯飞"，他立志要将中文语音技术在中国人自己手里全面产业化。正是这种振兴民族语音产业的强烈信念和"初生牛犊不怕虎"的勇气凝聚起了科大讯飞最初的创业团队，使其敢于在激烈的竞争压力和强大对手面前正面出击，寻求从核心技术到产业应用的全面突破。

1999 年年底，刚成立不久的硅谷天音（科大讯飞的前身）在发展上遇到了资金方面的困难。地方政府主动为其穿针引线，解决问题，并带着美菱集团、省信托投资公司等几个企业的负责人考察硅谷天音，并促成美菱、合肥永信、省信托正式同硅谷天音签署协议，成为其股东，注入了 3 060 万元的资金。2000 年元月硅谷天音正式改名为科大讯飞，注册资金也从当初的 300 万元人民币上升为 6 000 万元人民币，为科大讯飞日后的快速发展奠定了坚实的基础。

自 2019 年起，科大讯飞的人工智能战略基本完成"人工智能 1.0 阶段"，开始进入"人工智能 2.0 阶段"，这意味着科大讯飞从技术创新向双轮驱动发展战略过渡，同时，也象征着人工智能红利期即将到来。2019 年科大讯飞营业收入为 100.79 亿元，首次突破了百亿元大关，较 2018 年同比增长 27.30%，是 2015 年度企业营收规模的 4 倍。

如今，科大讯飞正在借助技术创新的力量进一步推动企业进步，争取在短期内成为全球最大的中文语音技术提供商，未来这个企业将要成长为一个更大规模的创新型的国际 IT 企业集团。

（二）人力资本驱动型资源获取模式

人力资本驱动型资源获取模式是指创业者以拥有的团队为基础，通过发挥团队特长或根据机会开发的需要来获取、整合和利用资源的模式。

携程旅行网的资源获取

1999 年，在美国接受教育并且工作多年的沈南鹏、梁建章，与接触过国外文化的民营企业家季琦、国营企业管理者范敏，4 人共投入 200 万元创办携程，总部设在上海，目前已在北京、广州、深圳、成都、杭州、厦门、青岛、南京、武汉、沈阳等城市设立分公司，员工 7 000 余人。作为综合性在线旅行服务公司，携程向超过 2 000 万注册会员提供包括酒店预订、机票预订、度假预订、商旅管理、特约商户及旅游资讯在内的全方位旅行服务。

我们来看一下这个超级团队是如何组建的。如果现在我们看携程的这个团队，会有两个直观的印象：一是这个团队是真正的豪华阵容，每个创始人都具有光彩夺目的背景；二是这 4 人都非常善于合作，能将团队的力量放大数倍。从创立到 2003 年年底上市，这个 4 人团队如同接力赛一般，在企业发展的不同阶段分别领跑，各自发挥所长，完成属于自己的使命的过程。携程 3 年内两次叩开纳斯达克大门，利用国际风险投资资本和国际风险投资工具（见表 6-3），借助股权私募基金的力量实现了公司的跳跃式发展。

表 6-3　携程历次融资信息

公司名称	时间	轮次	金额	投资方
携程	1999 年 10 月	A	50 万美元	IDG 资本
	2000 年 3 月	B	450 万美元	IDG 资本、软银、晨兴创投、兰馨亚洲
	2000 年 11 月	C	1 127 万美元	软银、兰馨亚洲、凯雷等
	2003 年 9 月	D	1 500 万美元	老虎基金
	2014 年 8 月至 2015 年 5 月	IPO 后	10.5 亿美元	Priceline（占股超 15%）
2003 年 12 月 10 日，携程在纳斯达克上市，募资 7 560 万美元，当时市值 13 亿美元				

（三）资金驱动型资源获取模式

资金驱动型资源获取模式是指创业者最先拥有资金，或者创业初始资金较为充裕，带动其他资源向企业聚集的资源获取模式。在这种模式下，创业者以其拥有的资金为基础，通过寻找和资金相匹配的项目，进而对其进行开发来获取、整合和利用资源。

人人车

人人车成立于 2014 年 4 月，由李健、赵铁军、杜希勇、王清翔联合创建，李健任人人车 CEO。人人车通过打破传统二手车交易的信息壁垒，将一些买家和卖家从"柠檬市场"中解救出来；通过免费上门检测车况等服务，采用 C2C 虚拟寄存模式，主打 C2C 交易。

2014 年 7 月，公司成立初即获得来自红点创投的 500 万美元 A 轮融资。此后短短 4 年时间，人人车先后完成了 6 轮融资（见表 6-4），为公司的发展战略的顺利展开奠定了良好的资金基础。

表6-4　人人车历次融资信息

时间	轮次	投资方	金额
2014 年 7 月	A	红点投资	500 万美元
2014 年 12 月	B	策源资本、雷军系顺为资本	2 000 万美元
2015 年 8 月	C	腾讯战略	8 500 万美元
2016 年 9 月	D	汉富资本、中民投资本、新浚资本和普思资本	1.5 亿美元
2017 年 9 月	E	滴滴出行	2 亿美元
2018 年 4 月	F	高盛集团、腾讯、滴滴出行	3 亿美元

2017 年 9 月，人人车与中国汽车流通协会达成合作，成为二手车检测国家级标准——"行认证"的二手车电商首家战略合作伙伴，全面升级检测标准，保障二手车车况。2017 年 9 月，人人车获滴滴出行投资 2 亿美元，双方围绕汽车产业展开了全方位深度合作，共同构建汽车行业交易新生态，推动汽车产业升级，助力人人车成为最大、最受用户信赖的汽车交易服务平台。正是借助于资本的力量，人人车实现快速增长，目前业务已覆盖 100 余个城市。

三、创业资源获取的影响因素

（一）创业导向

创业导向是创业者在经营、实践和决策的过程中所采取的创新、承担风险、抢先行动、主动竞争和追求机会的一种态度或意愿。

创业导向强调如何行动，是创业精神的表现过程。即具备创业导向的企业能自主行动，具有创新和风险承担的态度，面对竞争对手时积极应战，面临市场机会时超前行动。企业追求机会所表现出的创业导向，驱使企业寻求与整合资源，并创造财富。

王明"英语＋早餐"创业项目的资源获取与利用

王明是一所重点大学的大三学生，并且还是学校英语俱乐部的部长。王明很渴望创业，但由于能力、年纪、经验所限，尝试过很多次后都失败了。这一次，王明看上了学校新建食堂 4 楼的一个空旷的大厅。这个大厅旁边是一个隶属于学校的高档餐厅。高档餐厅的生意一直很一般。目前，这个大厅闲置着，王明想通过关系低价把这块场地拿下来。因为学校有几万名学生，虽说在食堂 4 楼，但如果宣传得当，还是有学生愿意来的。王明经过一番深思熟虑后走进了学校后勤集团主任的办公室。

王明跟后勤集团的主任说："我有办法帮您把学生吸引到 4 楼来吃饭，同时我还要给您带来生意，我保证每个月给您带来 2 万元的营业额，我的条件是免费使用您那闲置的场地。这个场地用来干什么呢？我不是用来做任何商业行为，只是用来带领学校里的学生晨读英语。"

接着，王明去了一个英语培训机构谈合作。王明跟他们说："我想帮您们招生，至少一个学校帮您们招 100 个学生。我的条件是，您们提供培训资料的视频与老师，每周过来一次或两次带领同学们晨读英语。同时晚上在这个教室里播放培训相关视频，为您们招生做宣传。"

之后，王明又去找学校英语俱乐部的会长，告诉会长说："我给我们协会找了一个定点读英语及开会、做活动的地方，同时给会长您提供一个单独办公室。但需要您动用协会的力量帮我招晨读学生。协会里的人可以免费参加，只需支付 3.5 元的早餐费。"

在相继谈妥了后勤集团、英语培训机构和学校英语俱乐部之后，王明开始向学生宣传。"新东方老师带领你晨读！带领你走出哑巴英语。"于是，一个多方借力、多方获利的经典营销案例产生了。

1. 王明通过英语俱乐部招到学生 400 人左右。定价为每个学生每天早晨 6 元（含 3 元营养早餐），按月收取费用。每个学生毛利为 3.5 元，一个月毛收入为 $400 \times 3.5 \times 30 = 42\ 000$ 元。

2. 英语俱乐部免费获得了办公室与活动场所，提高了协会的形象。

3. 后勤集团每个月收入增加了 3 万元（$2.5 \times 400 \times 30 = 30\ 000$），同时还带动了 4 楼的餐厅生意。

4. 英语培训机构通过晨读与晚上的视频学习，在一个月内招到 46 名学生，一个学期招了近 200 名学生。其等于免费拥有了一个学生试听试读的场所，不需要花力量宣传组织学生来听。

通过一年时间的运营，王明赚了近 70 万元，他真正运用自己的力量，利用各种渠道获取的简单资源，赚取了人生的第一桶金。

很多人创业，往往想到的是用自己的钱，用自己的资源。可是又有多少人能够跳出这个思维局限，利用好 "借力思维" 呢？王明就是运用 "借力思维"有效地获取和利用了自己、学校后勤集团、英语俱乐部、英语培训机构的资源，实现了自己的成功。

（二）商业创意的价值

一个商业创意在多大程度上能够被资源所有者认同决定了这个商业创意的价值。很多人都知道，阿里在创业初期，马云跑了 38 家风投机构都遭到拒绝，其中包括雷军、柳传志等人。最后是日本软银的孙正义，投了阿里 2 500 万美元。2014 年阿里巴巴在美国上市，孙正义获得了 3 000 倍的回报，孙正义又重回日本首富的宝座。他成全了阿里，阿里也成全了他。孙正义在回忆自己当年为何在 10 分钟之内就决定给马云投资时说道："当时互联网刚刚兴起，投资了美国和日本互联网公司后，下一步就想投资中国，见了中国 20 家初创企业，其中一个就是马云。马云是唯一一个没向自己要钱的，甚至没有什么计划，马云就谈了一下对未来的构想，以及为何要帮助小企业实现梦想。"此外，孙正义还表示，投资阿里巴巴完全是出于直觉，是对马云描绘的商业创意的高度认可，起初想投资阿里 5 000 万美元，但是由于金额太大被拒绝了。马云是幸运的，千里马常有，而伯乐不常有，孙正义也算是马云的伯乐了，一生能遇到一个如此相信自己的人也算是一种幸事。

（三）资源配置的方式

创业需要一系列的人、财、物以及人际关系等资源。配置就是把这些资源进行合理有效的整合，让资源被得到有效利用，物尽其用，不被浪费，实现这些资源的价值。资源配置方式创新能够开发出新的效用。

（四）创业者的管理能力

创业者的管理能力越强就越容易获得资源。创业资源中资金不是至关重要的，最重要的是创业者个人的经营管理能力。经营管理能力是一种较高层次的综合能力，是运筹性能力。它涉及人员的选择、使用、组合和优化，也涉及资金的聚集、核算、分配、使用、流动。作为创业者，只有学会效益管理、知人善用以及最大化地、充分合理地整合资源，才能形成市场竞争优势。

（五）社会网络

如果你的社会网络广，你所了解到的资源拥有者的信息就多，这样你就可以有针对性地跟资源拥有者沟通。比如你知道这个人有钱，你就可以跟这个人聊财务资源的问题；如果这个人是猎头，你就可以和他谈人力资源的问题。

（六）资源辨识能力和外部社会环境

资源辨识能力越强、外部社会环境越有利，获取资源就越容易。美国的创业教育开始得比较早，创业氛围浓厚，所以美国的创业者可能在获取资源时比较容易。在我国，国家已经把创业带动就业上升为国家发展战略，出台了大量的支持创业的政策。

第三节

// 创业融资及融资渠道选择 //

在创业过程中，资金问题是任何一个创业者都要面临的大问题。对资金匮乏的大学生而言，这也是一个最现实、最严峻的问题。如果得不到资金保证，即使是一个好的项目、一项有市场前景的发明创造，也无法付诸实施。

潇湘设计："融资就像第 101 次求婚"

企业名称：潇湘设计工作室。

创业人物：名牌大学毕业生李南。

融资概况：在半年的融资历程中，见过几十个投资人，但最终未能达成融资协议。

事件回放：第一次谈判，李南就被投资人批驳得丧失信心——模式不创新、运作不稳定、计划不现实……投资人直接判了死刑，完全不容他再描述发展目标。

以前，李南总爱说自己做项目不是纯粹为赚钱，而盈利是投资人最关心的问题，李南的回答彻底触动了投资人的底线。有了这样的失败经历后，他开始改变自己的说法，并把自己的宏伟蓝图描述得非常动人。但这种缺乏数据支撑的虚化说辞似乎也不受欢迎，尤其面对有丰富经验的投资人。经过一次次失败，李南更加清楚地认识了自己的价值和项目的瑕疵。他说："融资，就像 101 次求婚一样，可能要身经百战、反复磨砺才能促成。"

一、创业融资概述

（一）创业融资的内涵

融资主要是指资金的融入，具体指通过一定的渠道、采用一定的方法、以一定的经济利益付出为代价，从资金持有者手中筹集资金，满足资金使用者在经济活动中对资金需要的一种经济行为。广义的融资指资本在持有人之间流动，以余补缺的一种经济行为。狭义的融资主要是指资本的融入，即通常说的资本来源。

创业融资是指创业者为了将创意转化为现实，通过不同的渠道，采用不同的方式筹集资金以建立企业的过程。

（二）创业融资难

创业者面临的最大问题是什么？广州青年企业家协会2004年的一项专题调查显示，45% 的被调查者认为创业遇到的最大问题是"缺乏资金"。

大部分大学生并没有足以支撑创业的财富积累，而与此同时，银行不愿意贷款给初创企业，创业风险投资家又总在寻求大笔交易，私人投资者越来越小心谨慎，公开上市只适用于一小部分有良好成长业绩的"明星"企业，所以创业资金的筹集是阻碍那些刚刚起步的大学生创业者创业成功的一大拦路虎。

大学生创业者融资难的因素

- 个人信誉较弱，难以获得资金帮助。
- 经营企业的思维意识较差，失败风险大。
- 创业者普遍缺少抵押财产，难以获得银行贷款。
- 新创企业没有经营记录，难以评定信誉等级。
- 项目属于验证期，风险类投资介入缓慢。
- 创业者融资信息来源不足，不了解社会各类扶持资金情况。

二、创业融资渠道

如果你想组建一个创业团队，想注册一家公司，那就要考虑一个至关重要的条件——你的创业第一桶金从哪里来？长期以来，这个问题困扰无数的创业者。或许对部分起点高的人而言，能够通过各种渠道迅速找到创业的突破口，挣得第一桶金，但对普通创业者来说，赚取第一桶金几乎难如登天。正如一部古戏所唱的："一文钱买鸡蛋，蛋变鸡，鸡变蛋，能变个没完。"而大多数人却就差那一文买蛋钱。然而，钱是有的，关键是到哪里去找。

很多创业故事都已经告诉我们，富裕的启动资金绝对会帮助你在创业路上少走一些弯路。这里总结了 10 种获取启动资金的渠道。

（一）自我筹资

总的来说，成功的企业家的创业资金有 30% 来自于自己的积蓄。创业初期团队成员依靠自身的筹资，往往具备了初期项目启动的能力。同时自筹资金也是一种自我承诺，极大地坚定与鼓舞了团队士气。

一般来说，大学生创业初期所选择的项目及投入都不会太大，所以创业的启动资金大部分是由几个股东一起凑起来的，单人创业的启动资金基本上是自筹。从萌生创业想法到最终付诸实践，期间总会有机会让你攒下积蓄。"先打工赚钱，再出来创业"也成为许多创业者的路径规划。

（二）向父母、亲朋好友融资

向家人和朋友借钱，应该是很多创业者采取的方法。

有利的一面是，成功概率高，投资和利息条件较优惠，而且能够较快拿到钱。

不利的一面是，容易出现纠纷，父母可能会插手公司；如果创业失败，可能会一辈子对他们有负罪感。向父母借款时不要超出他们的损失承受能力。你当然希望可以借到足够创一番事业的钱，但要考虑到如果你创业失败，可能会给家人带来很大的麻烦。

杜开冰（私企老板）建议："借钱，首先要考虑借多少合适。'合适'就是不要贪多，创业资金 5 万元和 150 万元，在我看来，对于一个初次创业者，毫无区别。假如都倒闭，存活的时间也差不多。搞不好，5 万元那位通过精打细算，反而还撑得久些。创业应该从力所能及的项目开始。"

（三）股东融资

共同参与的所有股东，合伙凑集启动资金。不少人选择合伙创业的方式来减轻创业初期资金的压力，人多力量大，一人出几万元，10 万元、20 万元的启动资金很快便能凑拢。

优势：容易共同前进，达成统一利益共识。

劣势：出现亏损时股东有可能因承受不住压力而撤资，影响士气。

周文明（重庆中交科技股份有限公司董事、总经理）建议："一开始最好是两人合伙。这样的合伙只需要考虑两人的创业匹配度，首先你们两人的能力是不是互补，互补的才能发挥最大的作用，否则容易造成内耗和浪费，短板没人能补上，整体能力就会打折扣；其次你们的价值观是否统一；第三，有没有容错能力，现在好多合伙创业出了问题后，合伙人相互指责推诿，最后以好友绝交收场。"

143

所以，用别人的钱创业，看着筹资轻松，风险和问题却从资金层面转移到合伙人层面，创业者仍然不能放松警惕。

（四）创业贷款申请

大学生创业者可针对每年的创业扶持政策，进行申请，以获得当地政策与资金的扶持。

优势：创业贷款资金使用压力较小，有贴息、免息等政策。

劣势：获得扶持难度较大，申请者较多。

大学生创业贷款是国家给大学生提供的创业优惠措施，为支持大学生创业，国家各级政府出台了许多优惠政策，涉及融资、开业、税收、创业培训、创业指导等诸多方面。

小贴士

大学生创业贷款

1. 大学生创业贷款优惠政策

■ 利息减免。到当地银行申请创业贷款，当地政策对于创业贷款会有一定的利息减免政策，主要表现为创业贷款的利率会按照人民银行规定的同档次利率下浮20%。

■ 贴息政策。国家为大学毕业生提供的小额创业贷款是政府贴息贷款，其期限为1～2年，2年之后不再享受财政贴息。

■ 当地政策。大学生创业贷款金额在全国各地有各自的政策规定，相关优惠政策就要看各地实际情况。各地政府为了扶持当地大学生创业，出台了相关的政策法规，而且更加细化，更贴近实际。

2. 大学生创业贷款申请要求

■ 大学专科以上毕业生。

■ 毕业后6个月以上未就业，并在当地劳动保障部门办理了失业登记。

■ 贷款申请者必须有固定的住所或营业场所。

■ 营业执照及经营许可证，稳定的收入和还本付息能力。

■ 创业者所投资项目已有一定的自有资金。

3. 大学生申请创业贷款需要提供的资料

■ 婚姻状况证明、个人或家庭收入及财产状况等还款能力证明文件。

■ 贷款用途中的相关协议、合同。

■ 担保材料，涉及抵押品或质押品的权属凭证和清单，以及银行认可的评估部门出具的抵（质）押物估价报告。

4. 大学生创业贷款金额及期限

■ 最高不超过借款人正常生产经营活动所需流动资金、购置（安装或修理）小型设备（机具）以及特许连锁经营所需资金总额的70%。

■ 各国有商业银行、股份制银行、城市商业银行和有条件的城市信用社要为自主创业的毕业生提供小额贷款，贷款额度在5万元左右。

■ 期限一般为2年，最长不超过3年，其中生产经营性流动资金贷款期限最长为1年。

■ 个人创业贷款执行中国人民银行规定的贷款利率，可在规定的幅度范围内上下浮动。

（五）加入孵化计划 / 赢取创业基金

每年大量的社会公益机构，针对创业者开展大赛、论坛，经过评委评定，发放部分资金帮助创业者。

优势：获得的扶持资金可免偿或免息。

劣势：公益机构创业扶持评审周期慢。

很多城市的创业园区、政府机构都有为创业者提供创业基金的政策和孵化器，提供办公的场所和初始基金；一些知名创业扶植服务机构、基金也会定期举办创业大赛等活动。用赢取创业基金的方式筹集创业的启动资金，不失为一个高效、可行的办法，但同时也要求创业者具备足够的实力，从众多申请者中脱颖而出。

如创业邦推出的"创新中国孵化计划"，由创业邦天使基金会为每家入孵企业提供50万～200万元的启动资金，帮助创业企业渡过早期最艰难的时刻。

> 李程（谛听科技创始人、CEO）建议："创业者应该多参加同行业的创业者活动，这些创业者活动不仅给予创业者激励，也创造了很多创业经验交流的机会。这种思想的碰撞对创业者是很有价值的。"

（六）天使投资

天使投资起源于纽约百老汇。传统意义上的天使投资是指自由投资者或非正式机构对有创意的创业项目或小型初创企业进行的一次性的前期投资，是一种非组织化的创业投资形式。而现在，天使投资的概念已经拓展了，它还包括一些正式机构对有创意的创业项目或小型初创企业进行的多轮次的前期投资。

天使投资的特征：直接向企业进行权益投资；不仅提供现金，还提供专业知识和社会资源方面的支持；程序简单，短时期内资金就可到位。

天使投资主要面向的是初创期和种子期的企业，投资资金数量都比较少，一般几万元到几百万元不等，而且投不投、投多少资金主要依据投资者个人的眼光和喜好，遇到合适的项目投资者可以立刻拍板。

中国天使投资人目前已渐成规模，对我国的创业起到了很好的促进作用。不同的天使投资人有各自相对鲜明的投资判断准则、投资风格、主要关注的领域，大学生创业者想要成功地获得天使投资人青睐，顺利拿到风险投资，就必须对此有所了解。国内部分天使投资人的投资风格如表 6-5 所示。

表 6-5　国内部分天使投资人的投资风格

天使投资人	投资判断准则	投资风格	关注的投资领域	主要投资项目
蔡文胜	◎ 团队是第一要素 ◎ 方向要对 ◎ 要有好的执行速度 ◎ 要有一定的用户规模	◎ 对白手起家的创业者比较偏爱 ◎ 投资的阶段较早 ◎ 投资速度很快 ◎ 投资规模一般在几十万元到500万元之间，占10%～30%的股份	互联网	暴风影音、网际快车、ZCOM、58同城、美图秀秀、大旗网、优化大师等

续表

天使投资人	投资判断准则	投资风格	关注的投资领域	主要投资项目
雷军	◎ 能洞察用户需求，对市场极其敏感 ◎ 最好是两三个优势互补的人一起创业 ◎ 一定要有技术过硬并能带队伍的技术带头人 ◎ 低成本情况下的快速扩张能力 ◎ 有创业成功经验的人加分 ◎ 业务在小规模被验证	◎ 一般只投熟人；不熟不投，或者是投很少的钱 ◎ 帮忙不添乱，不是控制型"天使" ◎ 倾向于解决中国本土用户需求的项目	游戏、软件、电子商务、移动互联网	多玩网、iSpeak、乐讯、7K7K、拉卡拉、乐淘、凡客、小米科技
徐小平	◎ 创业者对自己的项目要有理性的狂热	◎ 投资判断非常感性，很多时候只会看人不会看报表 ◎ 与其他大多数天使投资人"只投熟人，不熟不投"不同，投资了很多陌生人 ◎ 投资完后对企业和项目过问较少，不会太多干涉和介入企业的发展与运营	互联网	世纪佳缘、Light in the Box、聚美优品网
周鸿祎	◎ 创业者是否能正确认识自己的才能，看清自己的缺陷 ◎ 创业者的团队协作精神 ◎ 抗压能力，精神韧性	◎ 通常进行小份额战略投资 ◎ 不寻求控股地位	互联网、游戏	奇虎360、迅雷、Qvod、酷狗、迅游、博雅、起凡游戏、乐宝游戏、火石

（七）商业银行贷款

商业银行贷款具体包括个人生产经营贷款、个人创业贷款、个人助业贷款、个人小型设备贷款、个人周转性流动资金贷款、下岗失业人员小额担保贷款和个人临时贷款等类型。目前各类银行都有针对中小企业的贷款政策，可帮助初创企业解决短期资金问题。

很多人认为找银行，金额大了批不下来，再加上对政策、手续的不熟悉，他们觉得审查会很麻烦，投入的时间和精力成本太高。但实际上，很多银行都设有小额担保贷款，在必要时可用于满足企业日常生产经营的资金周转，帮助创业公司突破瓶颈。

小贴士

银行系小额贷款产品

1. 工行——个人信用消费贷款产品

这是工行为特定条件借款人发放的，用于消费用途的无担保、无抵押的信用贷款。现在正在搞利率优惠活动，1年期贷款利率为5.22%，1年以上为5.7%，贷款额度600元至80万元不等，贷款期限最长5年，4种还款方式可自由选择，提前还款不收取任何费用。

2. 农行——网捷贷

农行的网捷贷是农业银行针对农业银行个人客户推出的自助申请、自动审批的小额信用贷款。贷款额度最高30万元,贷款期限为1年,还款方式是贷款到期一次性还款。

3. 建行——快贷

这是建行推出的线上全流程自助贷款。快贷产品分快e贷、融e贷、质押贷、车e贷、沃e贷共5种,快e贷门槛最低。快e贷贷款金额为1 000元至30万元不等,贷款期限最长1年,可循环使用。贷款年利率为5.6%左右。

4. 招行——闪电贷

这是招商银行推出的一款全线上自助信用贷款。贷款额度为1 000元至30万元不等,贷款期限分为24期、60期、240期3种,贷款日利率为0.018%,用户可按日计息,提前还款无额外费用。

5. 浦发银行——微小宝

这是浦发银行针对授信金额在500万元以下的小型微型企业融资需求推出的专属服务,它包含4个子产品:网络循环贷、积分贷、组合贷和小额信用贷。小额、信用、灵活是该系列授信产品的主要特征。浦发银行根据小微企业的成立年限、交易记录、销售收入、盈利能力、还款来源等情况,结合企业的上下游、在银行的金融资产、结算占比以及使用的金融产品数量进行综合评估,在符合银行准入条件的基础上给予企业小额信用贷款。

(八)众筹募资

众筹源于国外"crowdfunding"一词,顾名思义,就是利用众人的力量,集中大家的资金、能力和渠道,为小微企业、艺术家或个人进行某项活动等提供必要的资金援助。创业者可以把自己的产品原型或创意提交到众筹平台,发起募集资金,由感兴趣的人来捐献指定数目的资金(捐助者可以在项目完成后得到一定的回馈,如这个项目制造出来的产品)。众筹最初是艺术家们为创作而筹措资金的一个手段,现已演变成初创企业和个人为自己的项目争取资金的一个渠道。众筹网站使任何有创意的人都能够向几乎完全陌生的人筹集资金,消除了从传统投资者和机构融资的许多障碍。

互联网金融的兴起让许多人们曾经以为的不可能事情成为可能,现在,有越来越多的国外创业者开始在Kickstarter、Indiegogo等众筹网站募集资金,国内也出现了很多出色的众筹平台,如天使汇、大家投、点名时间、追梦网等。这些众筹平台分属于股权众筹、奖励型众筹、捐赠型众筹等不同种类。目前,国内股权众筹平台有20家左右,其中发展较快的天使汇为100多个创业项目成功募集到资金。

147

小贴士

股权众筹

股权众筹是指公司出让一定比例的股份,面向普通投资者募集资金,投资者通过出资入股公司,获得未来收益。这种基于互联网渠道而进行融资的模式被称作股权众筹。另一种解释是"股权众筹是私募股权互联网化"。股权众筹运营模式有以下3种。

1. 凭证式众筹

凭证式众筹主要是指在互联网通过卖凭证来进行募资,出资人付出资金取得相关凭证,该凭证又直接与创业企业或项目的股权挂钩,但投资者不成为股东。

2. 会籍式众筹

会籍式众筹主要是指在互联网上通过熟人介绍,出资人付出资金,直接成为被投资企业的股东。

3. 天使式众筹

与凭证式众筹、会籍式众筹不同，天使式众筹更接近天使投资或风险投资（Venture Capital，VC）的模式，出资人通过互联网寻找投资企业或项目，付出资金或直接或间接成为企业的股东，同时出资人往往伴有明确的财务回报要求。

（九）担保机构融资（信用担保）

信用担保融资主要由第三方融资机构提供，是一种民间有息贷款，也是解决中小型企业资金问题的主要途径。

从 20 世纪 20 年代起，许多国家为了支持本国中小企业的发展，先后成立了为中小企业提供融资担保的信用机构。目前国内中小企业信用担保融资机构已经有很多。

（十）其他融资方式

其他融资方式有典当贷资、P2P 贷款、设备融资租赁、孵化器融资、集群融资、供应链融资等，下面着重介绍典当贷款和 P2P 贷款。

典当贷款：典当期限短则 5 天，长则半年，到期还可以延期；典当金额少则几百元，多则上千万元，这些都可以双方协商约定。小企业的扩张发展选择典当贷款，不失为一种有效的融资方式。

P2P 贷款：如果需要少量营运资金，可以尝试 P2P 贷款，在网上寻找合适的借款人。

148

第四节
创业资源的利用

没有足够的资源，难道就不能做事情？不能创业吗？我们不能被眼前的困难吓倒了，其实能否创业成功和创业者在创业之初所能控制的资源多少关系不大。井深大与和盛田昭夫创立东京通信工业公司（索尼公司前身）时，初创资本仅为 500 美元；惠普公司的创始人休立特和帕卡德创业之初身无分文，是用特曼教授所借的 538 美元租用汽车房创立惠普公司的；苹果公司是沃茨尼亚克和乔布斯在自家的汽车房创立的。我们要明白一个道理，基本上企业的任何资源都可以利用，创业者有效利用资源的能力对创业成功的重要性要远胜于其所拥有的创业资源。现在这个时代，单个企业的力量是十分有限的，创业者只有效利用各方面的资源才能把企业做大。

一、创业资源利用的内涵

创业资源利用是指新创企业配置创业资源形成企业特有能力，以提升竞争优势，最终创造价值与财富的过程。通常情况下，创业资源的利用是一个动态的循环过程。

资源利用的过程具备两个特点：尽量多地发现有利的创业资源，以效率最高的方式来配置、开发和使用这些创业资源。创业资源利用分为内部资源利用和外部资源利用。

内部资源基本上可以概括为人、财、物和技术 4 个主要的方面，除了人以外，企业资源的作用都相对明确，只要配置合理就能发挥很好的作用。表 6-6 为内部资源清单。

表6-6 内部资源清单

资源名称	对资源的认知
创业者	素质与能力、社会关系网络、需求特征
创业企业员工	素质与能力、社会关系网络、需求特征
创业企业的固定资产	寿命周期、使用成本、有效配置
创业企业的流动资产	使用成本、有效配置
创业企业的资金	使用成本、有效配置
创业企业的技术资产	后续研发、拓展应用

与内部资源相比，外部资源（见表6-7）就要复杂多了。

首先，外部资源都是相对独立的利益主体。

其次，外部资源与创业者或创业企业的关系也更加复杂，创业者或创业企业对外部资源的开发、配置和使用的难度更大。

最后，很多外部资源不是直接摆在创业者和创业企业面前的，而是需要去寻找、发掘或选择，因此具有相当的不确定性。

对创业者来说，善于利用外部资源是非常重要的能力，在企业的创立和早期阶段尤其如此。其中关键是，具有资源的使用权并能控制或影响资源部署。

表6-7 外部资源清单

资源类别	具体资源	对资源的认知
相关政府机构	园区管理委员会、工商行政管理部门、税务管理部门等	相对规范的外部资源
商业化的服务组织	银行、技术市场、管理咨询公司、会计师事务所、律师事务所、投资机构、广告公司	实际上是把创业企业作为"买方"的各种营利机构
非营利性的服务组织	慈善基金会、公益组织	—
产业链相关组织	原材料供应商、机器设备供应商、潜在顾客、批发商、零售商、代理商	—
可能的合作伙伴	高校、科研院所等研究机构	—
竞争者	竞争者	—
社会网络	与创业者存在人际关联的个体	—

永恒西式婚庆公司

东华理工学院2003级电子计算机专业在校大学生库军强经过充分的市场调查，得出"开拓西式婚礼市场必定会有丰厚的回报"的结论，决定进军这一领域。2006年10月28日，他注册了江西省抚州市永恒西式婚庆公司，并于11月2日在互联网上开设婚庆网站。但是，库军强没有西式婚庆所需的教堂、婚庆用品，也没有业务推广和报纸电视广告的经费，他是如何解决这些问题的呢？答案就是整合他人的资源。

首先是场地问题——教堂，抚州市的两个教堂在江西省是最雄伟的。库军强以详细的计划书使教堂负责人相信，抚州市第一家西式婚庆公司很有前景，双方成功签了一个3年的合作协议。对于婚庆用品，库军强经过两个月的奔波，和抚州市一家大酒店以及几家婚庆用品店达成协议，租用他们的婚庆用品，他们也成了婚庆公司的长期合作伙伴。至于广告，则想办法吸引媒体眼球，让媒体主动报道——库军强在学校就业指导课上的模拟招聘会中得到启发，他做了一个模拟婚庆。2006年11月2日，库军强的公司和米兰婚纱摄影店在抚州市最繁华的街道赣东大道上，举行了一场模拟婚庆，吸引了抚州市的许多媒体，当天的报纸都用了相当大的篇幅报道婚庆的事情。模拟婚庆的录像上传到了公司的网站上，全国的朋友都能看到。模拟婚庆的录像传上网站后的第二天，公司就接到了浙江一对新人的电话，这是公司的第一笔业务，他们报价10万元。自此，公司的婚庆业务便红火起来。

　　"白手起家、无中生有"并不是单纯的没有任何资源，而是创业者在面临资源匮乏的情况下对有限资源进行转化与创造。创业者一般在创建企业时，无法完全拥有人力资源、社会资源、财务资源、物质资源、技术资源和组织资源，有时只有一种想法或技巧。创业者会运用自身具备的资源利用能力，以一种突破习惯的思维方式利用自身拥有的资源或他人的资源，通过立即行动，来迎接新机会或解决新问题。

二、创业资源的利用方式

　　创业资源在未被利用之前大多是零散的，要发挥其最大的效用，转化为竞争优势，为企业创造价值，还需要创业者运用技巧将不同来源、不同效用的资源进行配置与优化，使有价值的资源融合起来，发挥"1+1>2"的放大效应。创业者利用资源的方式包括利用自有资源、创造性地拼凑资源和发挥资源的杠杆效应等。

（一）利用自有资源：步步为营

　　创业者分多个阶段投入资源并在每个阶段投入最有限的资源，这种做法被称为"步步为营"。步步为营的策略首先表现为节俭，设法降低资源的使用量，降低管理成本。但过分强调降低成本，会影响产品和服务质量，甚至会制约企业发展。比如：为了求生存和发展，有的创业者不注重环境保护，或者盗用别人的知识产权，甚至以次充好。这样的创业活动尽管短期可能赚取利润，但长期而言，发展潜力有限。所以，创业者需要"有原则地保持节俭"。

杰弗里·康沃尔总结的"步步为营"的9条理由

- 企业不可能获得来自银行家或投资者的资金。
- 新创建企业所需外部资金来源受到限制。
- 创业者推迟使用外部资金的要求。
- 创业者对自己掌控企业全部所有权的愿望。
- 使可承受风险最小化的一种方式。
- 创造一个更高效的企业。
- 使自己看起来"强大"以便争夺顾客。
- 为创业者在企业中增加收入和财富。
- 审慎控制和管理的价值理念。

步步为营策略表现为自力更生，减少对外部资源的依赖，目的是降低经营风险，加强对所创事业的控制。很多时候，步步为营不仅是一种做事最经济的方法，也是创业者在资源受限的情况下寻找实现企业理想目的和目标的途径，更是在有限资源的约束下获取满意收益的方法。习惯于步步为营的创业者会形成一种审慎控制和管理的价值理念，这对创业企业的成长与向稳健成熟发展期过渡，尤其重要。

（二）创业从学会拼凑开始

拼凑，是指在资源束缚下，创业者为了解决新问题，实现新机会，有效利用手边的现有资源，通过将就，立即行动，创造出独特的服务和价值。

在创办新企业的过程中，拼凑绝不是偶然现象。绝大部分企业在创立之初，都受到了严重的资源束缚：没有钱购买先进的设备，就去淘一些人家废弃的二手货；招聘不到满意的员工，创业者则身兼数职，或者"上阵父子兵"。这些都只是新企业缺乏资源的表面现象，真正困扰创业者的是如何四两拨千斤——用有限的资源在竞争日益激烈的市场上抢占一席之地。这是一场比拼智慧的战争，善于拼凑的创业者用发现的眼光，洞悉身边各种资源的属性，将它们创造性地利用起来。这种有效的利用很多时候甚至不是事前仔细计划好的，而往往是具体情况具体分析、"摸着石头过河"的产物。而这也正体现了创业的不确定性特性，并考验创业者的资源有效利用能力。

他山之石

格雷森的故事

一个废弃的煤矿穿过格雷森的农场。煤矿形成了巨大的污水坑，并且产生大量沼气。沼气是一种温室气体，对人体有毒，也正是因为这个原因导致煤矿遭弃用。这对农场来说，无疑是灭顶之灾。但是，格雷森和他的合伙人巧思妙想，挖了一个洞直通废矿架，并且从本地工厂购买了一台二手柴油发电机，经过简单改造，使之能够燃烧沼气。发的电大部分卖给本地电网。考虑到发电机产生大量的热，他便建造了一个温室，利用发电机的冷却系统给水加热，用于无土栽培番茄。在非用电高峰期，就用生产出的电点亮特制的灯泡，用于加速番茄生长。考虑到温室里有种植番茄的营养物质、水、免费的热能，格雷森决定养罗非鱼。他用冲洗番茄根部的水养鱼，并用鱼的排泄物作为肥料种番茄。最后，倘若手中还有多余的沼气，他就卖给一家天然气公司。

这是拼凑资源的一个典型案例。现实中，很多新企业都是在资源极度贫乏的制约下挣扎产生的，于是白手起家、因地制宜的故事层出不穷。创业者通常利用手边能够找到的一切资源（尽管这些资源的质量也许不是最好的）去构建梦想中的企业帝国。

很多创业者都是拼凑高手，通过加入一些新元素，与已有的元素重新组合，形成在资源利用方面的创新行为，进而可能带来意想不到的惊喜。创业者通常利用身边能够找到的一切资源进行创业活动，有些资源对他人来说也许是无用的、废弃的，但创业者可以通过自己的独有经验和技巧，加以有效利用并创造。

（三）发挥资源的杠杆效应

一个人事业能做多大，要看他的"资源之手"能伸多长。所谓杠杆资源，是指一个个体或企业通过资源杠杆作用来追求机会而获取的外部资源。除了具有外部资源的内涵，

151

杠杆资源还具有杠杆作用，即这些资源是通过杠杆作用获得的，或要获得这些资源需要利用杠杆作用。资源的杠杆效应如图6-1所示。

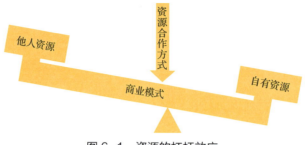

图6-1　资源的杠杆效应

资源杠杆效应就是以尽可能少的付出获取尽可能多的收获。资源杠杆效应体现在以下几方面。

- ☑ 更加延长地使用资源。
- ☑ 更充分地利用别人没有意识到的资源。
- ☑ 利用他人的资源来完成自己创业的目的。
- ☑ 用一种资源补另一种资源，产生更高的复合价值。
- ☑ 利用一种资源获得其他资源。

创业聚焦

一个人行天桥的故事

国际商场是天津市第一家上市公司，邻南京路，这是一条十分繁忙的主干道，对面就是繁华的商业街。在国际商场开业时，门口并没有过街天桥，行人穿越南京路很不方便也不安全。"应该修天桥！"估计经过那里的人都会产生这样的想法。有一天，一个年轻人找到政府部门，提出用自己的钱修天桥，但希望政府部门允许他在天桥上挂广告牌。不花钱还让老百姓高兴，政府部门觉得不错，就同意了。这个年轻人拿到政府批文，立即想到找可口可乐那样的大公司洽谈广告业务。在这样繁华的街道上立广告牌，这是大公司求之不得的事情。很快，这个年轻人从大公司那里拿到广告的定金。

他用这笔钱修建了天桥并且还略有剩余。天桥修建好了，广告也挂上了，年轻人从大公司那里拿到余款，获得了第一桶金。

对创业者来说，容易产生杠杆效应的资源，主要包括人力资本和社会资本等非物质资源。创业者的人力资本由一般人力资本与特殊人力资本构成，一般人力资本包括受教育背景、以往的工作经验及个性品质特征等。特殊人力资本包括产业人力资本（与特定产业相关的知识、技能和经验）与创业人力资本（如先前的创业经验或创业背景）。调查显示，特殊人力资本会直接作用于资源获取，有产业相关经验和先前创业经验的创业者能够更快地整合资源，更快地实施市场交易行为。而一般人力资本使创业者具有知识、技能、资格认证、名誉等资源，也提供了同窗、校友、老师以及其他连带的社会资本。相比之下，社会资本有别于物质资本、人力资本，是社会成员从各种不同的社会结构中获得的利益，是一种根植于社会关系网络的优势。与外部联系人之间交往频繁的创业者所获取的相关商业信息更加丰裕，从而有助于提升创业者对特定商业活动的深入认识和理解，使创业者更容易识别出常规商业活动中难以被其他人发现的顾客需求，进而更容易获得财务和物质资源——这正是社会资本的杠杆作用所在。

要点回顾

- 创业需要资源。我国大学生创业成功率不高的一个很重要的原因就是大学生掌握的创业资源不足。所以，如何发掘创业资源，并有效利用创业资源，就成为推动大学生创业、提高创业成功率的必然要求。
- 创业资源主要包括人力资源、财务资源、物质资源、技术资源、管理资源、组织资源、品牌资源、市场资源、政策资源和信息资源等。每种创业资源都有相应的获取途径，熟悉这些途径对能否有效获取创业资源至关重要。
- 了解创业资源获取的影响因素，有助于创业者更好更快地获取所需要的创业资源。
- 创业融资难，是摆在大学生创业者面前非常现实和严峻的问题，如何才能快速有效融到所需资金呢？首先要正确计算所需的资金量，不要贪多，资金不是越多越好。然后选择一个最合适、融资成本最低的途径。
- 能否创业成功和创业者在创业之初所拥有的资源多少关系不大。创业者有效利用资源的能力对创业成功的重要性要远胜于其所拥有的创业资源。大学生创业者要熟练掌握各种资源利用的技巧。

关键名词

创业资源　创业资源种类　创业资源获得　创业融资　融资渠道　创业资源利用

复习思考题

1. 创业者为什么经常受到资源匮乏的约束？创业者一般需要拥有哪些资源？
2. 创业企业的融资会有哪些困难？
3. 人们常说创业是白手起家、无中生有，对此你怎么看？
4. 创业融资的途径有哪些？应该如何选择？
5. 创业者如何利用好有限的资源？
6. 曹操有句名言："吾无才，天下之才皆我之才。"他有效利用了很多优质资源并完成霸业，请你对此进行分析。

行动学习

1. 真格基金创始人、新东方联合创始人徐小平曾经说过这样一句话："创业是你人生资源总和的爆发。"你如何理解这句话？
2. 某创业者准备创建一个服务性企业，开展一些非常超前的、具有相当挑战性的业务。由于业务的特殊性，他感觉未来的经营当中可能会经常遇到一些法律上的问题，当然也可能没有。解决这一潜在问题的方式有两种：一种是去找他的一个律师朋友，邀请他加盟并给予一定的所谓"技术股"，并且这样做会让他感到踏实，但如果将来没有太多的法律问题，别的创业伙伴可能就会感觉不平衡；另一种选择就是等出现问题之后再找律师帮助解决，一次性付费。假设你是这个创业者，你会如何进行决策？

3. 你和两个好友用3人的全部积蓄创建了一家企业，并且企业的发展也比较平稳，具有一定的发展前景。在经过了一年多的经营之后，由于销售货款积压以及一些没有预料到的后续投资的出现，企业在资金的周转上出现困难。在这种情况下，你将如何利用企业内外部的有效资源来解决这一问题？

扫一扫

第六章阅读提高

扫一扫

第六章学习资源

第七章
商业模式设计与创新

当今企业之间的竞争，不是产品和服务之间的竞争，而是商业模式之间的竞争。

——彼得·德鲁克

💬 **本**章导图

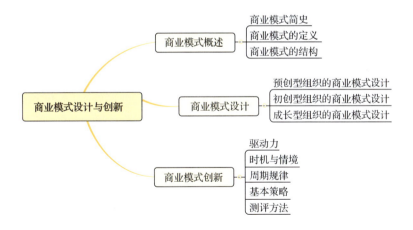

💬 **学**习目标

通过本章的学习，你应该能够：

（1）了解商业模式简史；

（2）理解商业模式的定义和结构；

（3）熟悉商业模式的设计思路；

（4）掌握商业模式创新的阶段和策略；

（5）认识商业模式在创业中的重要性。

开篇案例

布局下沉市场：拼多多商业模式"拼"什么？

成立于 2015 年 9 月的社交电商平台拼多多在阿里巴巴、京东统治的电商红海里脱颖而出，迅速占领下沉市场。2015 年 4 月，拼多多上线两周，公众号用户破百万；2016 年 7 月，用户数量突破 1 亿；2018 年 7 月 26 日，拼多多在美国上市，随后市值一度超过京东和百度。短短 5 年多时间，拼多多作为社交电商黑马打破传统电商发展困境，"拼"的是什么呢？

2015 年，传统电商行业在一、二线城市用户增长及流量红利方面正面临瓶颈，同时，随着智能手机的普及，三线以下城市、乡镇地区市场潜力无限，各大电商平台都在寻求新的增长点。拼多多创始人黄峥看到藏在阿里、京东等电商巨头阴影下的机会，从下沉城市起家，即将目标顾客从一、二线城市转向三线及以下城市、乡镇地区的消费人群，占领"低端"市场，最终颠覆整个电商领域。

不同于传统电商平台，拼多多以"拼"和"百亿补贴"布局下沉市场，通过砍价、满减、秒杀等方式获取大量用户，把科技红利带给中小城市或者乡村消费人群，为最广大用户创造价值。正如黄峥所言："永不放弃做正确的事，永不放弃为最广大人群创造价值"。而要实现如此宏大的布局，必须回到现实，从电商的基础"人－货－场"3 方面下手。

（1）人：拼多多始终将用户需求放在首位，通过社群化、场景化为用户创造价值。创立之初，拼多多利用微信巨大的用户流量，通过"砍价""拼团"了解和匹配用户需求，获取大量忠实、活跃的用户，同时拼多多依托大数据和人工智能技术，通过用户的浏览记录、购买行为等特征来识别用户购买能力和消费习惯等，预测用户需求，实现个性化推荐。

（2）货：拼多多重构"货"，提供精准化、情感化的产品和服务。拼多多作为电商平台，直接和工厂合作，尽可能降低产品成本，简化购物流程，极大提高交易效率。拼多多利用微信分享、拼团、砍价等社交关系的裂变式传播，积累大量用户消费习惯、购物偏好等数据，为精准化营销奠定基础。用户通过拼团、砍价、百亿补贴、限时秒杀、一元抽大奖等优惠方式，以较低的价格买到优质商品，并收获有趣的购物体验。

（3）场：拼多多颠覆传统电商，实现"人找货"向"货找人"的转变。场是连接人和货的方式，拼多多的场是通过社交关系网把商品和人连接在一起。拼多多自创立之初，致力于引导产品和用户的匹配，通过朋友拼团，让货找到人，减少购物流程。拼多多基于人工智能技术，依据用户的多元化消费场景，提供个性化消费需求方案，创造目标用户的人货匹配路径。

第一节
商业模式概述

作为理论概念，商业模式是有别于战略管理、产业组织理论的一个研究单元。自 20 世纪 90 年代后期以来，商业模式引起实践者和学者们高度重视，形成了多个特色鲜明的研究视角与领域。然而，多元化研究视角和目的使商业模式的本质、构成要素和功能的界定变成实质性挑战，人们频繁地将其与管理文献中其他大众词汇混淆，如战略、商业概念、收入模式、经济模式，甚至商业过程建模。

亚马逊在没有一家实体店的情况下成为世界上最大的书商，Uber 在没有一辆汽车的情况下彻底改变了出租车行业，Skype 在没有任何可用的网络基础设施情况下成为全球最大的电信提供商。诸如苹果、阿里巴巴、小米、拼多多、抖音、大疆无人机等"高速成长"的企业使商业模式备受瞩目。在这种背景下，商业界和学术界兴用商业模式术语，描述焦点企业以特定的商业单元或者商业单元组为中心的跨企业边界的活动方式，从而揭示该商业单元（组）怎样为顾客和合作伙伴创造价值，并从中获取价值的逻辑和方法。

一、商业模式简史

一个好的商业模式能够为顾客提供足够大的价值，与此同时企业方也能从中获得合适的利润。尽管商业模式概念可追溯到社会开始从事易货交易时期，但直到 20 世纪 90 年代它才显著跃升为公共意识，进入一般用途，并大量出现在管理者演说和商业新闻中。从 1993 年开始到现在，商业模式研究大致经历了 3 个阶段。

（一）迷恋阶段（1993—2001 年）

互联网兴起导致新企业如雨后春笋般涌现，诞生了如亚马逊、雅虎、eBay 和谷歌等众多互联网明星企业。互联网经济繁荣时，商业模式被老套地用于美化各式各样的不完整计划，成为企业在有点遥远、模糊的未来中获得丰厚利润的保证。20 世纪 90 年代资本市场创造了一个双重标准：从旧经济企业中获取可观的高额利润，却将钱抛向没有收益、貌似可行的新经济公司。直到 2000 年，商业模式概念还只是广泛应用于互联网企业。2000 年春天，随着互联网板块股票泡沫破裂，许多不能进行成本回收的新经济公司进入公众视野。因而，这一期间研究都聚焦于互联网企业的商业模式，并在定义中强调经济功能也就不足为奇了。这一期间，商业模式集中解释基于互联网企业的价值创造和获利逻辑，简单列举商业模式组件，主要通过互联网行业案例展现商业模式固有的优势，强调信息技术对商业模式的影响。

（二）反思阶段（2002—2009 年）

一个新模式不一定能保证企业必然走向成功。2002—2009 年，人们对商业模式的研究转向关注企业运营系统和价值实现机制，系统地归纳商业组件，并采用模型表示组件之间的因果关系，分类描述商业模式功能，涉及开放型商业模式、合作型商业模式（商业模式联盟）、公用设施商业模式、以新奇或效益为中心的商业模式和不发达市场商业模式。人们发现商业模式创新的认知障碍，开始系统研究商业模式设计、创新和演化，认识到主观认知在商业模式演化过程中的作用。尽管这一时期确实存在大量资金投入有缺陷的商业模式，但问题不在于商业模式概念本身，而是一些人对商业模式的扭曲和滥用。无论是新企业还是老牌公司，一个良好的商业模式对每个成功的组织来说都必不可少。但在管理者应用这一概念之前，他们需要一个简单的定义来消除与该术语相关的模糊性。因此，这一时期商业模式被描述成一个故事、一种做生意的方法或一个特定企业的商业逻辑。2007—2009 年全球金融危机，促使人们重新思考和评估银行企业的商业模式，甚至考虑在经济衰退时如何设计和创新商业模式，并开始注重商业模式的运营功能和战略功能。

（三）延展阶段（2010 年至今）

巴登·富勒（Baden Fuller）、摩根（Morgan）发现作为模型的商业模式存在大量不同的形式，并认为商业模式具有 3 种角色；德米尔（Demil）和勒科克（Lecocq）注意到商业模式概念的静态用途和转型用途；多兹（Doz）和科索宁（Kosonen）从客观和主观两个方面来定义商业模式；蒂斯（Teece）、左特（Zott）和阿米特（Amit）重新界定了商业模式的本质；乔治（George）和博克（Bock）站在创业者的角度，以机会为中心设计商业模式；卡瓦尔坎蒂（Cavlcante）等基于过程将商业模式变化和创新程度进行连接。实践中，商业模式概念渗透到各行各业，具有战略功能、跨组织边界特性、开放合作性、转型功能和主观定义。这个阶段人们高度强调实验与学习，发现驱动、领导以及开放与合作的作用，并开始认识到企业家个体认知、心理和情绪特征的重要性，提出主观层面的商业模式是一种认知结构。

> **小贴士**

经典商业模式示例

➤ 店铺模式（Shopkeeper Model）：在潜在消费者群聚集的地方开设店铺，并展示产品或服务。

➤ "剃须刀和刀片（Razor and Blades）"模式（又称"饵与钩"模式）：20世纪早期，某些企业出售价格极低的基本产品（如剃须刀），高价格售卖与之相关的消耗品或服务（如刀片）。

➤ "硬件＋软件"模式：苹果公司的 App Store+iPod+iTunes 商业模式，结合硬件制造和软件开发，打造开放的多边平台。

➤ 免费（For Free）模式：向特定的消费者群体提供免费的商品、服务或体验。例如，ULCC Ryanair 推出免费机票，French Mes Photos Offertes 提供免费的照片处理。

➤ 其他模式：戴尔将互联网作为分销渠道，低成本航空公司 EasyJet 把廉价航空服务带给普通大众，Google 依靠与搜索结果相关的文字广告而盈利……

二、商业模式的定义

商业模式概念变得越来越重要，已经被广泛地视为商业成功的关键要素，甚至成为产品、企业、行业、网络之外的一个新的分析单元。

"模式"一词让人联想到白板上晦涩难懂的数学公式，但商业模式绝不神秘。商业模式是分析公司业务如何运作的一个基本单元，而不同视角、不同研究学派对于商业模式的定义、结构以及功能的描述是丰富多样的。表7-1列出了当前典型的商业模式定义。商业模式是解释企业怎样工作的故事；是将技术转化为经济价值的媒介；是描述价值创造、传递和获取机制的构架或设想；是一个复杂知识系统，融合显性知识与隐性知识；是超越焦点公司并跨越其边界的一个相互依赖的活动系统，促使公司与伙伴合作共同创造价值，也获取一定份额的价值；是利用一个商业机会的组织结构设计；是战略选择的结果；是为客户提供一个价值主张所设计的不同领域企业活动之间的衔接。

表 7-1　典型的商业模式定义

研究学派	代表人物	定义
活动学派	阿米特（Amit）、左特（Zott）	商业模式是跨越焦点厂商边界的一个相互依赖的活动系统
中介学派	切萨布鲁夫（Chesbrough）	商业模式作为技术和市场绩效之间的中介结构，将新技术商业化

续表

研究学派	代表人物	定义
模型学派	巴登·富勒（Baden Fuller）	商业模式是管理者思考做商业的逻辑和方式后的认知产物与行动"模型"或"模板"
要素学派	约翰逊（Johnson）	商业模式是由若干关键要素构成的，这些要素合力创造和传递价值
战略学派	卡萨德苏斯（Casadesus）、里查德（Ricart）	商业模式是战略选择的结果，是由选择和选择后果所组成的因果关系集合
故事学派	玛格丽塔（Magretta）	商业模式是解释企业怎样工作的故事
演化学派	德米尔（Demil）、勒科克（Lecocq）	商业模式是为客户提供一个价值主张所设计的不同领域企业活动之间的衔接方式

商业模式定义存在收敛的趋势。越来越多的学者认为，商业模式是在一个系统层面上企业如何持续做商业的逻辑的简洁描述，焦点在于企业价值创造与价值获取的活动方式。众所周知，德鲁克认为如果仅有一个正确而有效的定义诠释工商企业的目的，那一定是落在企业以外的社会中，即"创造顾客"。商业模式的本质是企业持续创造顾客的一种表达形式，创造顾客是商业模式的中心，而持续性创造顾客要求企业必须捕获一定的价值。

星巴克的商业逻辑

　　星巴克（Starbucks）独特的"体验文化"把古老的商品——咖啡，发展并形成高价值、与众不同的世界品牌，在星巴克咖啡馆里，强调的不再是咖啡，而是舒适的环境、轻松的氛围、文化与知识。与其他咖啡厅讲故事的方式截然不同，星巴克从葡萄酒开始，提出用品尝红酒的方式来品尝咖啡，"地理即风味"。从 2005 年开始，星巴克就开始讲述咖啡的故事，"将每一杯咖啡的风味发挥尽致"，开设咖啡讲座，讲述咖啡相关知识。星巴克卖的不仅仅是一杯黑色的咖啡，更是咖啡背后的不同风味、不同文化。顾客对咖啡口味以及喝咖啡环境的需求在星巴克"体验文化"故事中都能得到满足。

三、商业模式的结构

　　随着对商业模式理论的深入研究，越来越多的学者逐渐通过模块化思想来解释、构建商业模式。尽管存在各种各样的研究角度和目的使商业模式的组成结构、要素纷繁复杂，但是仍存在被广泛接受的商业模式组件，即价值主张、价值创造和价值获取（见图 7-1）。其中，价值主张包括顾客痛点与价值定义两个子组件，描述所服务的顾客群体及其痛点，以及在什么市场上向客户提供什么样的产品或服务并产生什么样的价值，定义顾客的感知价值；价值创造包括资源与流程两个子组件，展示所需要的资源清单和基本流程，以及如何创造预先计划的用户价值或使用价值；价值获取包括成本结构与收

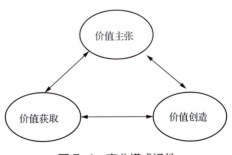

图 7-1　商业模式组件

入方式两个基本子组件，解释如何确保财务可行性及获取利润的方式，包括交换价值、收入来源、支付方式、周转率等概念。

研究视角和领域的多样性导致学者们对商业模式的认知出现差异化，不同研究者将商业模式置于不同的空间域，从而导致商业模式构成要素与元素间的关系界定存在大量分歧。如克里斯坦森（Christensen）等人认为商业模式由4个要素组成，包括价值主张、资源、流程、盈利模式，商业模式可以利用特定的关键资源和关键流程来实现一个潜在的价值主张；阿米特和左特认为商业模式是跨越焦点厂商边界的一个相互依赖的活动系统，其商业模式设计框架主要由内容、结构与治理3个设计要素及新颖、锁定、互补与效率4个设计主题构成，简称为"3+4"模型（见表7-2）；李东等人提出商业模式由4个功能板块组成，分别是定位板块、利益板块、收入板块以及成本板块，4个板块各自负担特定功能，同时又相互联系。

表7-2　阿米特和左特的商业模式设计框架

设计要素	描述活动系统的体系结构
内容	完成什么活动
结构	活动怎样连接和序列化
治理	由谁，在哪里完成活动
设计主题	描述活动系统价值创造的源泉
新颖	采用创新的内容、结构或治理
锁定	构建留住利益相关者（如顾客）的元素
互补	捆绑活动，以创造更多价值
效率	重组活动，以减少交易成本

（一）4要素模型

克里斯坦森等人认为一个成功的商业模式包括4个相互锁定的要素，即价值主张、盈利模式、资源和流程（见图7-2），且4个要素共同创造和传递价值。价值主张是指为顾客创造价值的方法，也就是帮助顾客更有效、更方便、更经济地完成他们一直在尝试的工作，这里"工作"的意思是在给定情景中顾客需要解决的一个基础性问题。盈利模式定义为当公司为顾客提供价值时怎样为自身创造价值的蓝图，

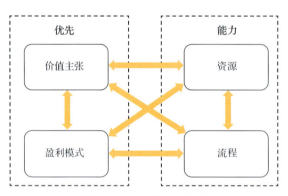

图7-2　商业模式4要素

它包括4个部分：资产结构、固定成本结构、利润率和资金周转率。企业怎样挣钱只是商业模式的一个部分。资源指的是传递价值主张，给目标顾客所需的资产，如人、技术、产品、设备、信息、渠道、合作伙伴、联盟和品牌等。流程是指企业所拥有的一套运营和管理流程，允许以重复和增加规模的方式传递价值。它可以包括周期性任务，如培训、开发、制造、预算、规划、销售和服务，也可以包括公司的规则、指标和标准。

4个要素是形成任何商业的构建模块。组织的资源和流程定义了它的能力——它是如何做的，而顾客价值主张和盈利模式表征了优先级——它的作用和原因。商业模式4要素模型提供了一种通用语言和框架来理解商业的功能，突出了要素之间的相互依赖关

系。要素之间的双向箭头表示要素之间存在相互依赖关系，描述了商业模式各个要素之间的复杂相依性，4 个要素中任何一个发生重要的变化将影响到其他要素和整体，要求模型的每个组件与其他组件保持协调。成功的商业都是或多或少地设计一个稳定的系统，4 个要素以一致的或互补的方式相互结合成一个整体，创造竞争优势在于整合这 4 个要素为顾客和企业创造价值。

创业聚焦

打造消费场景的商业模式：大士茶亭重新定义清茶馆

大士茶亭是一个已经消逝在南京历史中的地名，自带地域茶文化符号，2012 年葛胜将其成功注册成商标，入驻 1865 文化创意产业园。大士茶亭不提供餐饮、棋牌等服务，而且禁止吸烟，依靠塑造"喝茶、买茶、玩茶、学茶"4 个消费场景实现盈利。

大士茶亭整个企业的商业模式和各个分店的商业模式还是存在差异的。下面粗略地分析大士茶亭整个企业的商业模式。

（1）价值主张：打造一个商务、社交、休闲的茶空间，创造茶道新美学，为顾客建成便利化、开放式的新型休闲场所，希望顾客在喝茶中能体会和了解当代中国茶道美学。

（2）关键资源：大士茶亭的员工都是经过培训的，熟悉煮茶工艺的一系列流程并且能熟练操作；大士茶亭的茶都是经过葛胜精心挑选的好茶，并做成精致的伴手礼，煮茶的设备是品牌铁壶，拥有这样的产品、设备，可以奉献给顾客一杯好茶，让顾客感受茶道新美学，感受茶空间中不一样的放松体验；大士茶亭的品牌不断得到认可，如溧水店已打造成溧水区最高规格的茶馆。

（3）盈利模式：目前大士茶亭主要靠出售伴手礼、口粮茶、下午茶来盈利，伴手礼主要针对企业商务，口粮茶主要针对大众刚需，下午茶主要针对休闲客户饮品。大士茶亭还有佣金、提成等收入。在预算方面，葛胜尽量减少不必要的浪费，如砂之船店，葛胜制定没有预约不允许开大茶室的中央空调的规定；在计划方面，大士茶亭开始准备与利益相关者实现合作共赢，如与蓝莓汁厂商合作。

（4）关键流程：大士茶亭为让员工熟练掌握业务和技能，开设商学院，进行一系列培训，各种活动程序清晰。大士茶亭已经从当年的单一商业模式发展成为多元商业模式，门店从一家增加到如今的 5 家。

（二）6 元素模型

切萨布鲁夫（Chesbrough）和罗森布鲁姆（Rosenbloom）提出商业模式是一个居中调节价值创造过程的中介结构（见图 7-3），其包括 6 个元素，即市场、价值主张、价值链、成本与利润、价值网络、竞争战略。商业模式应该具有 6 个功能：（1）清晰地表达价值主张，即基于技术的产品为用户创造的价值；（2）确定市场细分，即该技术对哪些用户有用以及用

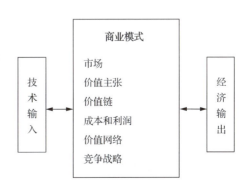

图 7-3　商业模式的 6 个分析维度

于什么目的，并具体说明公司的创收机制；（3）定义公司要创造和配送的提供物的价值链结构，并确定支持公司在价值链中的地位所需的补充资产；（4）给定所选的价值主张和价值链结构，估计生产产品的成本结构和利润潜力；（5）描述公司在连接供应商和客户的价值网络中的位置，包括识别潜在的互补者和竞争者；（6）制订竞争战略，通过该战略，企业将获得并保持相对于竞争对手的优势。实际上，上述6个功能共同服务于另外一个功能，即判断实现模式所需要的财务资本和定义扩展业务的路径。

商业模式在技术和社会领域间起转化作用，选择和过滤技术，并将技术打包进行特殊配置，提供给市场。商业模式对于创新的最终作用就是确保创新的技术核心嵌入一个经济可行的企业。技术本身没有任何客观价值，在通过商业模式进行某种程度的商业化之前，一项技术只具有潜在的经济价值。相同的技术通过不同方法进行商业化，会产生不同的结果。有时，一项技术的创新可适用于公司现有的商业模式；有时，公司也可以通过许可的方式利用新技术。然而，有时会没有明显适用于新技术的商业模式。

（三）RCOV 框架

考虑到商业模式的进化，尤其是商业模式组件之间相互作用下的动态性，德米尔（Demil）和勒科克（Lecocq）建立了商业模式的核心组件，即 RCOV 框架（见图 7-4）。其中，R 和 C 代表资源与能力（Resources and Competences），O 代表组织结构（Organizational Structure），V 代表价值主张（Value Propositions）。资源与能力组件表明创业者一开始将以资源与能力的方式去创业。资源可能来自于外部市场或从内部开发而来，而能力指个别或集体层面的管理者提供的知识和技能水平，从而改善、重组或改变现有条件下可以提供的服务。组织结构组

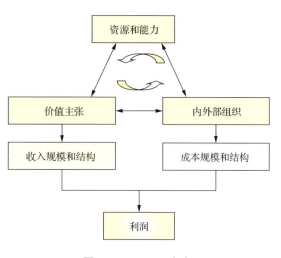

图 7-4　RCOV 框架

件包含组织内活动以及为了结合并利用外在资源而与其他组织建立的关系。概括地说，这种构建模块包含了其价值链的活动。价值主张组件，即公司以产品和服务的形式，提供给客户的价值主张。

RCOV 框架有助于管理者们思考各自商业模式中不同组件之间的相互作用，以及作用产生的原因和后果的序列，明晰商业模式各组件之间的潜在关系和反馈机制，而且能够反映出一个组织的商业模式与其性能之间关系的变化。在某种程度上，管理者们对于在公司商业模式核心部件之间创建一个可以提高公司实力的紧密耦合系统很感兴趣。然而，当环境条件产生变化，或是组件内部或是组件之间产生了恶性循环时，这种耦合系统就很难维持了。在这种情况下，为了恢复性能而增量修改商业模式的元素会显得不足，因而公司本身可能需要彻底地改变商业模式。

（四）ERC 模型

学者李永发、徐天舒、李东认为商业模式存在于 3 个空间，即现实空间、过渡空间

和思维空间，并提出商业模式在3个空间演化的猜想－表达－实体（ERC）模型（见图7-5）。

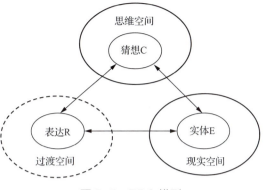

（1）现实空间，商业模式被视为一种实体（Entity）。这种视域下，商业模式等同于商业的特定架构，其活动跨越企业边界，是创造价值和捕获价值的客观真实实体。现实空间表达"模式的商业"，侧重商业。

（2）过渡空间，商业模式被视为一种表达（Representation），是特定商业现实

图7-5　ERC模型

或商业猜想的模型道具，是描述企业如何开展业务的蓝图，说明真实的商业活动如何运作，而不是真实的商业系统本身。过渡空间表达"商业的模式"，侧重模式。

（3）思维空间，商业模式被视为一种猜想（Conjecture），是决策者、设计者、执行者关于如何利用特定商业机会的理解或思维图像，存在难以被外人捕捉的部分。

思维空间中的商业模式猜想是商业模式变化的起点，触发猜想的除了行为者自身的经验、知识，还有外在刺激。过渡空间中的商业模式表达，是商业模式猜想和现实实体的反映，同时其表达的效果与技术手段、环境有关。现实空间中的商业模式实体，受商业模式猜想和商业模式表达的共同影响，同时其实际效果还与投入、背景因素有关。商业模式猜想是指看不见的思维画面，商业模式实体是指现实的商业功能架构，而商业模式表达是商业模式猜想和商业模式实体的反映，本质上可以与特定的商业情境分离。

Uber（优步）：便捷出行商业模式

　　轻轻一点，即可叫车——Uber选择便捷出行商业模式。"只需轻轻一点，专车为您服务。您的司机知道您想去的准确位置。无须现金支付。"Uber并没有很直白地表达自己的价值主张，但是却很巧妙地暴露出乘坐传统出租车所存在的缺陷，并且表明他们的服务非常好，完美地传达了"简单""便捷"的理念，而这些理念正是让Uber的服务如此诱人的核心因素：只需轻轻一点，专车为您服务，您的司机知道您想去的准确位置，无须现金支付。以上的每一条都跟传统方式上乘坐出租车的典型体验直接对应：不用打电话给不耐烦的调度员，不用费力地跟出租车司机解释你要去哪里，也没有找零的尴尬和没有带足现金的担忧。

第二节

// 商业模式设计 //

　　商业模式设计（Business Model Design）被定义为一个组织的跨边界交易的设计。一个成功的商业模式开启源自技术的潜在价值，但是企业还需要给自己施加压力，为后续新技术开发以及替代旧的商业模式做系列研究。商业模式被视为一个工具，描绘、创造和

评估初创企业的商业逻辑（Business Logics），是企业做出战略决策之后用于实现战略目标的手段。一个好的商业模式须回答：谁是顾客？顾客的价值是什么？如何在这项业务中赚钱？如何以适当的成本为顾客创造价值？

蒂斯认为，一个商业企业无论何时建成，都或显性或隐性地采用了一个特别的商业模式，其设计包括 5 个元素（见图 7-6）：①选择要嵌入产品 / 服务的技术和特征；②确定顾客从消费 / 使用产品 / 服务中获得的利益；③确定目标市场；④确认可获得的收入；⑤设计价值获取的机制。

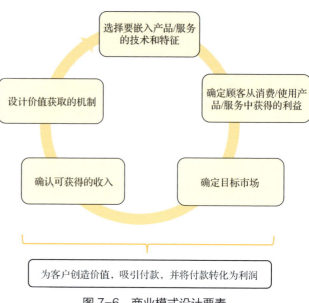

图 7-6　商业模式设计要素

尽管战略分析不可避免地与商业模式设计联系在一起，在许多情况下，公司战略决定商业模式的设计，但是，有时新的通用技术（如 Internet）的出现为公司战略必须做出响应的全新商业模式提供了机会，商业模式会影响战略的可行性。在企业发展的不同阶段，管理者通过感知外部市场、顾客需求、企业资源能力等因素调整商业模式设计策略，实现商业模式跃迁，或在初创企业中创建全新的商业模式。

小贴士

如何设计商业模式？

商业模式设计主要考虑以下 3 个方面：
- 基本组件，即构成商业模式的模块；
- 类型，即商业模式的种类、主题形式或样式；
- 目的，即企业想要的结果。

一、预创型组织的商业模式设计

商业模式设计是高层管理者或创业者对于价值创造逻辑认知过程进行的建构，需要深入了解客户需求以及可能满足这些需求的技术和组织资源。博克和乔治提出适用于预创型组织的 RTVN 框架，包括资源（Resources，R）、交易（Trade，T）、价值（Value，V）和叙事（Narrative，N）4 个基本要素（见图 7-7）。创新性商业思想激发管理者识别关键的资源、交易和价值，考虑能否开发一个连贯、有说服力且可执行的故事。

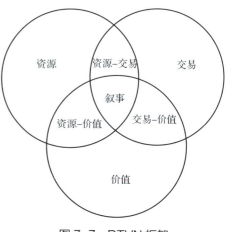

图 7-7　RTVN 框架

☑ 资源：组织用来创造价值的所有事物，包括资产、知识和各种能力，决定组织创造的价值，具有专业化、难复制、稀缺性和珍贵性等特性。

☑ 交易：在价值创造中连接、组合和交换资源的连接器，分为内部交易、外部交易及跨界交易，框定组织可以捕获的价值。

☑ 价值：商业模式如何创造和捕获价值，是组织识别利益相关者，并设计相关流程，匹配资源和交易的结果。

☑ 叙事：清晰解释一个组织如何开展交易以便以关键资源获取价值的逻辑，一个伟大的商业模式是一个连贯的、有说服力且可执行的故事，具有情节性，能够表达商业模式的意义。

☑ 资源 - 价值交叉区：强调企业的机会出现在真正可以为顾客创造新价值的资源处，即哪些资源与顾客需要的价值息息相关，顾客何时、何地需要这些资源产生的价值。

☑ 资源 - 交易交叉区：通常是事实检验，即企业是否使用特定的销售或营销渠道，以及建立这些渠道需要哪些资源。

☑ 交易 - 价值交叉区：检查顾客是否有不寻常或者复杂的交易要求，以及企业又该如何满足顾客的要求。

小贴士

RTVN 框架使用步骤

预创型组织使用 RTVN 框架主要包括 3 个步骤：

➤ 识别关键的资源、交易和价值；

➤ 探索交叉区域（资源 - 价值交叉区、资源 - 交易交叉区、交易 - 价值交叉区）；

➤ 开发和检验叙事。

二、初创型组织的商业模式设计

精益画布是阿什·莫瑞亚（Ash Maurya）根据奥斯托瓦德的"商业模式画布"改良而来的，适用于初创型组织。精益画布将商业模式分割成 9 个相互独立的部分，在一个页面上捕捉商业模式假设，帮助企业系统地测试和完善最初的愿景（见图 7-8）。作为组件的构型，商业模式的有效性在很大程度上取决于这些组件之间的相互作用，组件之间是否互补、是否匹配是衡量一个商业模式能否可持续发展的关键。

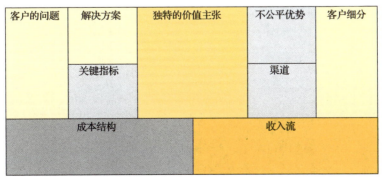

图7-8 精益画布

☑ 独特的价值主张（Unique Value Proposition）：是精益画布的核心，通过用简明扼要但引人注目的话阐述为什么你的产品与众不同，值得购买。

☑ 客户的问题（Customer Problem）：指客户的问题，就是客户需要完成的任务。只有识别出困扰客户的问题后，才能进一步提出"解决方案"。

☑ 解决方案（Solution）：不单单是企业提供的产品或者服务，而是为了解决"问题"的特定方面需要利用的任何东西。

☑ 关键指标（Key Metrics）：指应该考核哪些东西，即确定方案是否可行以及组织是否有效利用机会的数据度量，是关键成功因素的量化。

☑ 不公平优势（Unfair Advantage）：是竞争对手无法轻易复制、获取或以其他方式执行的东西。

☑ 客户细分（Customer Segments）：指将消费群体按照需求或购买偏好进行划分，识别目标客户。

☑ 渠道（Channels）：是吸引目标客户的途径，无法建立起有效的客户渠道是创业公司失败的主要原因。

☑ 成本结构（Cost Structure）：决定了商业模式是否具有财务可执行性，它包括销售成本、人力成本、生产成本等。

☑ 收入流（Revenue Streams）：主要分析商业模式如何产生经济效益，它包括盈利模式、支付方式、客户终身价值等。

商业模式精益画布由独特的价值主张、客户的问题、解决方案、关键指标、不公平优势、客户细分、渠道、成本结构和收入流9个组件构成，这9个组件相互匹配、有机协同。设计一个企业的精益画布，首先注意各个组件是否完备，如是否有引人注目的"价值主张"，吸引顾客的渠道是否畅通等；其次注意组件之间是否匹配，如"解决方案"是否能够解决顾客的"问题"，成本结构和收入流是否平衡等；最后要看整体商业模式是否具有发展性，9个组件能否形成互补，实现盈利的闭环。

以苹果iPod/iTunes为例，设计其商业模式精益画布（见图7-9）。苹果公司有效结合iPod媒体播放器、iTunes软件和iTunes在线商城，满足顾客轻松地搜索、购买和享受数字音乐的需求。苹果iPod/iTunes通过零售商店、苹果网站和iTunes在线商城等渠道为大众市场提供无缝的音乐体验，实现大笔iPod硬件收入和部分音乐收入，精益画布9个组件完备，并且相互匹配。苹果公司与大型唱片公司合作，建立世界上最大的在线音乐库，从而捕获商业价值，具有可发展性。

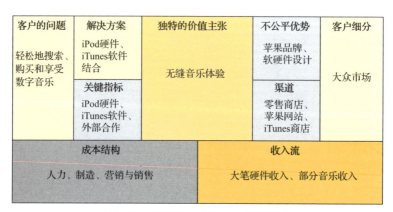

图7-9 苹果 iPod/iTunes 精益画布

商业模式成型：海帆玩转 AI 私有云

南京海帆数据科技有限公司（简称"海帆"），一家南京本土初创公司，于 2018 年 5 月由王涛带领原智慧城市项目"我的南京"App 核心技术团队创立，注册资金为 500 万元。海帆是智慧屏幕解决方案的提供商，当前以"瑞动智慧屏幕管家云"和"瑞瞳人脸识别容器云"为核心产品，通过成熟的 AI 自研算法和大数据分析能力，为企业、政府提供 AI 项目的实际方案落地。

CEO 王涛，程序员出身，计算机专业研究生毕业后，曾在富士通工作 9 年，开发商显产品。王涛参与过多个国内自主开发产品的研发和技术管理，2018 年 1 月，王涛加入南京一家国有性质运营智慧城市的公司，带队完成"我的南京"App。

海帆创立时有一个约定，需走投资方公司的资源渠道，从事智慧城市相关的业务，即在不同城市复制"我的南京"App 模式。不过很快海帆在山西吕梁、山西太原、辽宁葫芦岛、吉林珲春与辽宁沈阳 5 大战役中铩羽而归。王涛面临创业后第一个重要决策：是继续依赖于投资方资源，还是自力更生，独立去寻找市场机会？王涛选择了脱离投资方自主发展，带着海帆转向开拓大数据业务，下沉市场，寻找竞争差异化，将产品定义为轻量级数据交换框架，但尴尬地找不到买家。随后，王涛抓住一个偶然机会——重庆农商行的数字标牌系统项目，转到智慧商显，初见成效。

接二连三的赛道切换，王涛已身心俱疲。屏幕管家云产品，仅具备连接能力，缺乏互动，并不亮眼。增进互动能力就需要 AI。当时 AI 公有云算法已经是一个红海，但是 AI 私有云市场还是一个蓝海。2019 年 5 月，南京市江宁民政局想做一个"银发助餐"AI 私有云项目，并向海帆抛去橄榄枝。参与这个项目，虽然开始接触不到核心技术，但能创造进入 AI 赛道的可能性，对海帆来说是最好的机会。随着一个个助餐点实际推进，海帆积累了大量的 AI 落地经验。但王涛并不满足做边缘性工作，海帆需要切入 AI 核心，掌握算法模型，这样才算真正迈进 AI 的门槛。海帆积极寻找、引进 AI 算法核心技术专家，花了不到半年时间掌握 AI 算法模型，并研发出一套人脸考勤大数据展示平台方案，与格力东莞分公司合作推出了具有 AI 交互能力的智慧屏幕 1.0 版本产品。2020 年新型冠状病毒肺炎大爆发，海帆自研戴口罩人脸识别算法，不断得到市场认可，确立了核心竞争力。

海帆现有的商业模式是基于 AI 赋能阶段的商业模式发展而来的，海帆 AI 商业模式精益画布（见图 7-10）的 9 个组件相互匹配、有机协同；其次，"解决方案"能够解决顾客的"问

167

客户的问题	解决方案	独特的价值主张	不公平优势	客户细分
智慧屏幕管理、戴口罩人脸识别、无感测温	自研算法、软硬件组合		研发团队、AI 落地能力	超市、景区、售楼处、地铁站
	关键指标 自研算法水平、市场推广成效	高性价比的 AI 落地方案	**渠道** 投资方、政府资源、客户端	
成本结构 研发成本、人力成本、销售费用			**收入流** AI 私有云项目收入、产品服务收入	

图 7-10　海帆 AI 商业模式精益画布

题"，有引人注目的"价值主张"，吸引顾客的渠道畅通；最后，海帆实现成本结构和收入流的平衡，具有持续发展性。

三、成长型组织的商业模式设计

商业模式是一种包含了一系列要素及其关系的概念性工具，用以阐明某个特定实体的商业逻辑，它描述了公司所能为客户提供的价值以及实现（创造、传递和交付）这一价值并产生可持续盈利收入的要素（公司的内部结构、合作伙伴网络和关系资本）。奥斯特瓦德（Osterwalder）和皮尼厄（Pigneur）开发的商业模式画布，作为一种语言和工具，用来描述、可视化、评估及改变商业模式，一般适用于成长型组织。商业模式被设计成 9 个要素，通过图上作业的方式帮助企业设计价值主张、价值创造和价值获取的新方式（见图 7-11）。

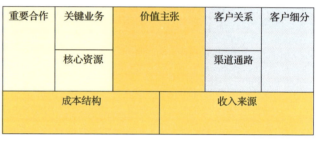

图 7-11　商业模式画布

☑　价值主张（Value Proposition，VP）：企业通过其产品和服务向特定顾客提供的价值，即解决顾客难题和满足顾客需求。

☑　重要合作（Key Partnerships，KP）：企业同其他企业之间为有效地提供价值并实现其商业目标而形成的合作关系网络。

☑　关键业务（Key Activities，KA）：描述为确保商业模式可行，企业必须做的最重要的事情。

☑　核心资源（Key Resources，KR）：企业执行其商业模式并使其有效运转所需的关键因素。

☑　客户关系（Customer Relationships，CR）：企业同特定顾客群体建立的关系类型。

☑　客户细分（Customer Segments，CS）：描述一个企业想要服务和获取的不同人群或组织。

☑　渠道通路（Channels，CH）：企业沟通、接触目标顾客并传递价值的各种途径。

☑　成本结构（Cost Structure，CS）：描述企业运营一个商业模式所引发的所有成本。

☑　收入来源（Revenue Streams，RS）：描述企业从目标顾客群体中获取的经济效益。

商业模式画布作为分析企业商业模式的可视化工具，由价值主张、重要合作、关键业务、核心资源、客户关系、客户细分、渠道通路、成本结构和收入来源 9 个组件组成，9 个组件以一致的或互补的方式相互结合成一个整体，任何一个发生重要的变化将影响到其他组件和整体。因此，设计某企业商业模式画布不是对 9 个组件的简单罗列，而是出于系统性考虑，观测所有组件能否匹配成一个工作整体。

以某化工公司目前在可持续、多客户创造方面使用的商业模式为例，设计其商业模式画布（见图 7-12）。公司为客户提供不同的产品选择和个性化规划解决方案，同时强调产品的环境安全、工业安全，以及避免有害物质的输出。公司通过与其他公司合作为客户提供支持服务、B2B 资源共享、集中废物处理和使用节能设备来实现这一目标。通过分享公司运营信息、提供咨询业务和为大学生提供实习机会，维护与个人利益相关者的关系。

成本结构包括促进减少废物排放和废物回收所带来的成本削减，以及减少捐赠和赞助基金的费用。收入来源主要是提供专业服务。9 个组件完备且相互匹配，形成一个整体。

重要合作	关键业务	价值主张	客户关系	客户细分
提供支持服务的其他公司	B2B资源共享、集中废物处理	提供不同的产品选择、提供个性化解决方案、强调工业安全	分享信息、咨询业务、提供实习	B2B客户、B2C客户、供应商、大学、子公司
	核心资源 节能设备		渠道通路 在线平台	

成本结构	收入来源
废物回收、捐赠与赞助	专业服务、提供完整的产品服务解决方案

图 7-12　某化工公司商业模式画布

创业聚焦

以水为媒：香檀别院的亲社会商业模式

2020 年 9 月 18 日，池州香檀别院硒产品有限公司（简称"香檀别院"）董事长檀有庆，作为退伍军人返乡自主创业的典型代表，被安徽省池州市人民政府授予"2020·最美人物"光荣称号。香檀别院于 2016 年 4 月 20 日成立，主营富硒山泉水开发、生产、加工、销售等，下设檀泉水厂，水源地位于安徽省池州市石台县牯牛降景区。

1992 年，生于石台县牯牛降景区的檀有庆成为家乡第一个出去当兵的年轻人，在部队时学习汽车维修。2001 年年底，他退伍转业到南京市玄武区政府部门。檀有庆说，虽然自己走出了大山，但心中始终装着大山，一直思索如何才能实质性帮到乡亲们，让乡亲们过上好生活。

2003 年，檀有庆辞了铁饭碗，以汽车修理厂为创业起点，先后从事代销家乡有机蔬菜水果、开办有机素食馆，但这些对于家乡经济带动只是杯水车薪，对于从根本上解决家乡老百姓的生存问题更是无济于事。于是，檀有庆将目光转移到牯牛降的山泉水。家乡的水资源非常好，石台县牯牛降附近 100 千米都没有工厂，优秀的生态环境孕育出了天然无污染的优质山泉水。这里的山泉水含有丰富的硒、锌等微量元素。相较于其他大品牌的纯净水，没有污染，是真正的山泉水，这就有了明显的竞争优势。

2016 年 4 月 20 日，香檀别院成立。香檀别院的第一个项目就是建立檀泉水厂（位于牯牛降景区），专注生产、销售、推广牯牛降富硒天然山泉水，打造、传播健康饮水文化。檀有庆虽拿到了牯牛降上游的取水证，也是牯牛降唯一一张取水证，但建厂过程中，可谓困难重重：檀有庆想要做的是牯牛降最好的水，山顶的山泉水，没有污染，多从岩壁渗出，是真正的好水，但做这样的水需要铺设大量管道，从山下一直连通到山上，同时还要在半途进行增压，工程浩大；牯牛降招人很困难，乡亲们的工作能力也是个大问题，教育管理不容易推进；水厂前期技术能力完全是零起步。

随着水厂发展，檀有庆发现，如果想要好好做水，时间、精力、金钱都需要百分百地投入其中。权衡之下，檀有庆决定自断后路。2017 年，当时汽车市场很好，檀有庆将汽车修理厂以不到 300 万元转手，并于 2018 年关闭素食馆。前后四五百万元砸进水厂，他全心全意地做起檀泉。正是这样，2018 年后，檀泉水厂开始有了大的进步和发展。自 2017 年檀泉水厂投入使用，平均每年销售山泉水 3 万余吨，2018 年销售额实现 1 023 万元，2019 年达到 2 506 万元。图 7-13绘制的是香檀别院的商业模式画布。

图 7-13　香檀别院的商业模式画布

第三节
商业模式创新

　　商业模式创新是指一种新的整合逻辑，即公司如何为其客户或用户创造价值并从中获取价值的新方式，通过改变商业模式的一个或多个组件来实现，最终结果取决于所有相关组件之间的交互作用。商业模式创新超出单纯引入新产品或提供新服务的范畴，整合各种利益相关者参与价值创造与获取以开辟全新的机会，因此，商业模式创新被普遍认为是竞争优势的关键来源。

　　当前，商业模式创新研究被纳入我国国家创新体系，成为一项促进经济结构调整和提升国家竞争力的重要战略举措。现实的商业世界中，一个成功的商业模式往往会被多个竞争对手模仿和分享，因而商业模式创新是企业成功的关键驱动力，对企业生存而言，其作用越来越重要。一些超级明星企业失败的根源就在于过度关心财务指标的增长而忽视商业模式的创新与再造。过往每一个行业都以一个单一主导性商业模式为特征，在这种竞争图景下，获取企业竞争优势主要通过更好的执行力、更有效的过程、更敏捷的组织和产品创新，尽管当前企业执行力和产品创新依然重要，但仅仅依靠这些已经远远不够。如今，行业以多元共存的商业模式为特征，企业获得竞争优势必须进行商业模式创新。

　　尽管商业模式创新的重要性得到普遍认可，但其设计和执行都并非易事。相反，商业模式创新经常失败。特别是成熟企业，现有的管理团队思维偏好和资源配置都可能阻碍颠覆型商业模式创新。商业模式创新是为构建一个新的商业模式的过程，不管其创新程度有多大，最终都会改变企业原有"舒适"的轨道。如苹果的 iPod+iTunes 商业模式颠覆了传统音乐产业；Uber 改变了出租车行业；依靠创造性直销模式，戴尔连续 10 年间表现优于对手；亚马逊公司的生态系统为客户提供了更多的选择，并能加快创新。

一、驱动力

商业模式创新由内外部因素导致，企业需要识别商业模式创新的关键驱动因素，进而推动企业获得竞争优势，促进企业发展和变革，以便能够通过适当的因素创新来应对不确定性变化。因此，需要从多个视角分析商业模式创新的驱动因素，具体内容如下。

（1）技术创新驱动。技术创新对商业模式的发展具有推动作用，利用现代技术创新的可能性，商业模式能够识别并区分用户和客户，并指出是用户为使用的商品付费还是由另一组客户实际付费。从传统模式上看，用户几乎总是自己付款。随着报纸、电视以及互联网的快速发展，技术创造了一种可能性，即用户可能不用为自己享受到的服务付费，而是由广告商等其他人支付。

（2）资源和能力驱动。如何有效利用资源是企业进行商业模式创新的关键，企业通过整合拼凑现有的资源，在缓解资源短缺问题的同时能够积累大量的经验和知识技能，并进一步提高企业的竞争优势和创新能力。

（3）管理者能力驱动。管理者能力的高低影响商业模式创新，特别是新创企业，其中有 3 种管理者能力对于商业模式创新具有正向影响作用。第一，创新认知能力，能够对价值主张的转化和价值创造及分配过程产生正向影响；第二，探索和利用两类活动的协同产生的二元性创新能力，对于价值维护和商业模式创新布局具有重要作用；第三，互补性资产管理能力，能够优化企业资产配置，提高研发管理水平，为价值创造提供好平台，同时，有利于推进商业模式的价值增值。

（4）外部环境驱动。外部环境发生变化能够对企业产生冲击，加速顾客价值主张改变，从而影响商业模式创新。如在 2020 年新型冠状病毒肺炎疫情背景下，传统的上课和工作模式，被迫更改为线上模式，越来越多的企业使用互联网，开启企业自救。

二、时机与情境

对于传统企业，不应轻易进行商业模式创新和改变，通常可以在优化自身商业模式的情况下开发新产品，获取竞争优势。例如，宝洁公司开发了一系列所谓的"颠覆性市场创新"，推出了一次性拖把、抹布和新型空气清新剂等产品。这些创新都建立在宝洁现有的商业模式基础上。然而，企业为了实现新的增长，有些时候不仅需要进入未知的商业模式领域，还需要冒险进入未知的市场领域。值得注意的是，这时候企业需要考虑进行商业模式创新的时机。

约翰逊等人认为进行商业模式创新的时机有 5 种情境。一是由于市场上现有的解决方案太过复杂和成本高昂，使市场上的顾客需求无法得到满足，这个时候有机会通过分散的商业模式创新来实现顾客潜在需求。二是当需要将一种全新的技术市场化时或者将刚测试过的技术推向一个新的市场领域时，这个时候需要采用一种全新的商业模式。三是当企业专注于产品或顾客细分，把针对未开发市场的解决办法应用于一个尚未开发的市场中时，企业可以从这种专注解决办法过程中，随着时间的推移，重新定义并建立新的商业模式，从而获取竞争优势。例如，联邦快递进入包裹递送市场时，并没有试图通过更低的价格或更好的营销来竞争。相反，联邦快递专注于满足完全未满足的客户需求，即比其他快递公司更快、更可靠地接收包裹。为了做到这一点，联邦快递从这种"待做的工作"中重新建立起商业模式，以更有效的方式整合其关键流程和资源，使其获得了一个重要的竞争优势。四是抵御其他低端竞争者的市场进攻时。五是应对整体竞争市场环境变化的需要时，例如抖音为获取流量用户改变其商业模式，部分原因是现阶段流量获取成本较高，低端市场进入者（快手）已经开始进攻短视频市场。约翰逊等人认为以上 5 种情境出现时，企业进行商业模式创新的时机已经到来，企业需要把握机会，进行商业模式创新并将其成功转化为企业的竞争优势。

三、周期规律

创立于 1984 年的海尔集团于 2005 年开始探索、构建"人单合一双赢"商业模式，2015 年该模式进入 2.0 阶段，即打造、实践"共创共赢"生态圈模式。海尔在自我颠覆、实验创新商业模式的过程中，创造企业的动力和活力。商业模式实验创新体现在商业模式生命周期全过程中，根据商业模式 4 要素分析框架，克里斯坦森等人认为商业模式在一个成熟的公司中通常体现在一个商业单位中，从一个单向旅程开始，首先创建新的业务部门及其商业模式，然后转向维持和发展业务部门，最终转向从中提高效率（见图 7-14）。

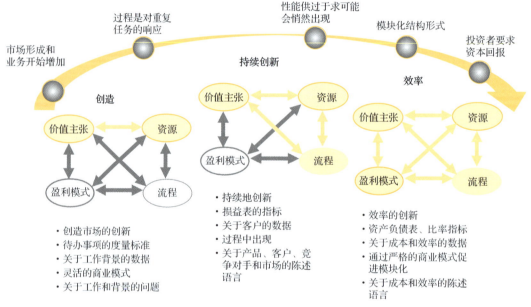

图 7-14　商业模式演化的 3 个阶段

（一）创造阶段

企业寻找有意义的价值主张，设计初始产品和服务产品。在这个阶段，相对较小的资源完全专注于开发一个引人注目的价值主张，收集对潜在客户待办事项的见解。价值主张和资源之间的联系已经形成，但商业模式的其余部分仍然没有形成。

（二）持续创新阶段

在这个阶段，客户需求达到了一定程度，业务面临的最大挑战不再是确定产品，或者是否能够完成工作，而是扩展业务以满足不断增长的需求。这一阶段的创新特征就是持续创新。企业可以研究客户，了解他们的偏好，然后将这些偏好用于改进现有产品。业务部门现在不再从事识别新的未满足需求的业务，而是从建立流程业务到锁定目前的模式。管理者周围的数据现在涉及收入、产品、客户和竞争。数据的涌入促使采用指标来评估商业绩效，并指导未来的活动改进指标。此阶段的绩效指标侧重于损益表，引导管理者直接投资以增加收益并实现最大化。

（三）效率阶段

当对产品性能的投资不再产生足够的额外盈利能力时，企业开始优先考虑效率创新的活动，通过消除劳动力或通过重新设计产品以消除组件或用更便宜的替代品替换它们来降低成本。从广义上讲，效率创新的活动包括外包、增加财务杠杆、优化流程和整合工业以获得规模经济。虽然有许多因素可能导致企业进入效率创新阶段，但经常观察到的是业务"超调"的结果，企业提供的产品性能超过消费者所需，消费者不愿意支付额外的费用进行产品性能改进或将其升级到改进版本。随着时间的推移，企业必须变得更有效率以保持竞争力，而效率创新作为创新活动的主要形式的转变，是该过程的自然结果。在加强这些要素相互依赖性的过程中，企业获得了模块化的效率回报，坚定地巩固了企业商业模式的结构。偏离现有结构会破坏组件的模块化并降低效率，因此在评估此类变更时，企业通常会选择放弃它们以追求更高的效率。现在，当企业通过效率创新产生越来越多的净现金流时，可能会使资本处于边缘，使企业多样化，或将其投资于行业整合。

173

飞贷商业模式的三级跳

飞贷是深圳的一家移动信贷公司。飞贷的商业模式变化经历了三级跳。

第一阶段，信贷工厂：解决贷款人与企业难以向银行贷款的问题，先搜集贷款人与企业的资料，然后通过筛选，再把用户推荐给银行，用户就能获得银行贷款。缺点：需要大量人工，赚钱效率低，规模受限制。

第二阶段，将信贷移动互联网化：研发飞贷 App，通过实名制的信用记录及技术，能判断信用行为，确定能否贷款。

第三阶段，专注金融科技：引入某大型的担保公司，为该公司提供技术支持，规模和资金就不再是飞贷的瓶颈。

所以，在设计商业模式时针对企业瓶颈来做的微设计，尽管动作很小，但是价值很大。飞贷通过技术创新和商业模式创新的结合，实现了商业模式的迭代。

四、基本策略

无论是初创企业还是老牌企业，都需要开发新的商业模式以创造价值。企业在不同情况下很难保证一直稳定发展，如何在适当的时机与情境下采取正确的策略，成为企业成败的关键因素。

奥利弗·加斯曼认为，企业在商业模式中生成商业创意时主要使用3种基本策略（见图7-15）。第一，转移策略，即把现有的商业模式移植到一个新的行业中，比如，将"剃须刀与刀片"模式应用于咖啡行业。其主要优势：其他公司可以作为一个参考模板，减少重蹈覆辙的可能性，推动企业成为行业的创新领导者。这一策略使企业所要面临的挑战：需要给该模式在行业中的试验和适应留出足够的空间。第二，合并策略，即将两种商业模式转移合并起来。尤其是有的创新型公司甚至同时使用 3 种不同的商业模式，比如，雀巢公司将"剃须刀与刀片"模式、锁定模式和直销模式同时应用于奈斯派索胶囊式咖啡机。其主要优势：协同效应可以降低竞争对手模仿企业商业模式的可能性。这一策略使企业所要面临的挑战：规划和执行都会变得非常复杂。第三，杠杆策略，即公司把一个产品系列内应用成功的商业模式应用到其他产品系列中。比如，从雀巢公司的奈斯派索胶囊式咖啡机，到雀巢的胶囊泡茶机 Special.T，再到雀巢公司的婴幼儿智能营养系统雀巢惠氏，应用的都是同一种商业模式。其主要优势：能够利用经验和协同能力管理风险。这一策略使企业所要面临的挑战：需要平衡变化性和稳定性。

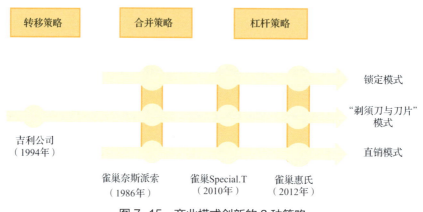

图 7-15　商业模式创新的 3 种策略

　　这 3 种策略可以作为个体独立使用，也可以合并起来使用，企业可以运用这 3 种策略不断驱动商业模式创新。商业模式创新是商业运行中某些事件或者因素触发企业对商业模式中未获取价值的认知，进而构想重新设计商业模式。可见，商业模式创新不仅是一种认知活动，也是一个认知过程。同样，从原商业模式过渡到新商业模式，离不开一系列事件，或者说其是一系列商业实践活动的连接。因此，商业模式创新也是一个实践过程。只有将商业模式创新视为认知活动与实践过程的综合体，才能找到恰当的商业模式创新策略。商业模式创新过程也依赖于技术创新，成功的商业模式创新需要与技术创新协同发展。

> **小贴士**
>
> ### 商业模式创新的关键环节
>
> 　　企业在进行商业模式创新的过程中应将因果逻辑和效果逻辑结合起来，同时，不断地试错学习，通过试验的方式洞察二者之间的联系，根据每一步活动的结果，选择下一步活动的策略。基于时间过程的视角，建构或重构商业模式，建议考虑以下 3 个关键环节：
>
> ➤ 聆听顾客与观察顾客行为，创新待办事项定义；
> ➤ 基于待办事项，构建一个新商业模式的结构；
> ➤ 试错与测评，通过迭代方式使商业模式成型。

五、测评方法

合理地进行商业模式测评，将会提升商业模式创新成功的可能性。商业模式测评的目标就是要澄清商业模式功能实现的真实状况，主要有 4 个方面的任务：第一，评估商业模式创造价值的能力或潜力；第二，评估商业模式的长处与短处；第三，评估风险来源以及获利条件；第四，评估潜力来源和改进方向。SWOT 分析是评价商业模式的一种可选方式。阿米特和左特提出了评价商业模式的 4 个要素：新颖、锁定、互补和效率。玛格丽塔提出对创新过程的控制性测评，主要有两个关键测试：一是数值测试，测量投入要素的变化会带来怎样的结果变化；二是意义测试，评估商业模式是否符合特定的商业逻辑和商业价值。

（一）NICE 测评模型

左特和阿米特聚焦商业模式设计，提出 NICE 模型（见图 7-16）。NICE 模型涉及 4 个方面的测评：①新颖——测评活动系统所体现的商业模式创新的程度；②锁定——测评商业模式参与者在活动系统中停留和交易创造了转换成本或增强了激励的商业模式元素；③测评商业模式元素之间的相互依赖关系所产生的增值效应；④测评活动系统的相互连接而节省的成本。

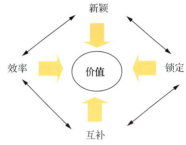

图 7-16　NICE 测评模型

商业模式阐明一个组织怎样与外部利益相关者连接，并怎样进行与外部利益相关者的经济交换以为所有交换的合作伙伴创造价值。商业模式创新有两类重要主题：以效率为中心的主题和以新奇为中心的主题。以效率为中心的商业模式创新是指企业通过商业模式获得交易效率的措施，旨在为所有交易参与者降低交易成本。以新奇为中心的商业模式创新是指在各种各样参与者间处理经济交换的新方式。这种新方式包括：连接以前未连接过的伙伴、以新方式连接交易参与者、采用新的交易机制。以效率为中心的商业模式创新与以新奇为中心的商业模式创新既不相互正交（比如，新奇设计元素或许会引起交易成本降低），也不相互排斥（或许共同出现于一个特定的商业模式中）。而且两种主题也不能概括商业模式创新的全部，因为商业模式以一些其他的主题为特征，比如"锁定"创新和"互补"创新。

（二）"意义 + 数值"测试模型

商业建模是一种管理方面的科学方法，始于一个假设，然后用行动测试，并当需要时进行调整。一旦企业开始运营，商业模式的基本假设，不管是动机方面还是经济方面，都需要经受市场的持续不断的检验。商业模式能否成功取决于企业是否有管理能力去调整、修正正在运行中的模式。盈利是非常重要的，不仅是因为其本身的意义，还在于其表明商业模式是否有效。当结果未能达到期望时，需要重新检查商业模式。当商业模式不好使时，原因在于不能通过意义测试（Narrative Test）或者数值测试（Numbers Test），如图 7-17 所示。意义测试包括精确刻画的人物、合理的动机和价值洞察的情节。一个成功的商业模式，代表一个比现有商业模式更好的方式，为一个独特的顾客群提供更多的价值；或者，它可能会完全取代旧的做事方式，并成为下一代企业竞争的标准方法。创建一个商业模式很像写一个新的故事，在一定程度上，所有新故事都是旧故事的变奏，是基于所有人类经历普遍性主题的重构。数值测试包括利润、销售量、使用量是否在增加，任何商业模式都是基于所有商业基本价值链的变种。更广泛地讲，这种价值链包括两个部分。一个部分包括与制造某物相联系的所有活动，如设计、购买原材料、制造等；而另一个部分包括与销售某物相联系的所有活动，如发现与接触顾客、销售交易、配送产品和传递服务。

图7-17　商业模式测评

作为一个规划工具，商业模式的巨大力量在于其聚焦于系统中的所有元素如何匹配成一个工作整体。毫无疑问，总经理掌握了商业模式思维的根本，因而相较于普通员工，他可以站在一个更好的位置上引领成功。当商业模式不起作用时，要么意义测试失败了，没有讲好一个企业的故事；要么数字测试失败了，即企业的盈利机制不完善，利润、销售量、使用量没有增加。

奇虎360创新商业模式

奇虎360科技有限公司（简称奇虎360）是安全软件免费新标杆，2005年奇虎360成立，2009年10月20日发布免费正式版360杀毒软件，至此奇虎360安全软件商业模式各组件功能健全，相互匹配，形成一个闭合的盈利逻辑。2005年，奇虎360主营业务为社区搜索，这是当时被百度等主流搜索引擎忽视的业务。在此期间，奇虎360创始人周鸿祎发现，互联网安全是广大网民急需解决的重要问题，解决该问题具有很大尚未被关注的市场机会。2006年7月27日，正式版360安全卫士发布，且由于与俄罗斯杀毒厂商卡巴斯基合作，只要用户安装360安全卫士，用户便可获得半年免费正版卡巴斯基使用权限。卡巴斯基获得了营销效果，奇虎360通过帮助卡巴斯基发展新用户收取佣金，得到了一个暂时的收入来源。但此时，奇虎360对外宣称不会进入杀毒软件领域。奇虎360通过在360安全卫士产品主界面上放置一些广告增加收入。从360安全卫士研发到发布，奇虎360并未找到合适的商业模式。

免费360安全卫士得到网民的极大响应，装机量不断激增，奇虎360逐渐认识到即时通信领域成长起来的腾讯模式或许是正迈入安全领域的奇虎360的范本，即蓝图模式。奇虎360隐约感觉到一个成功互联网模式的前提是需要一个巨大用户基数支撑，不管企业后续怎样发展，先把用户基数做大，便成功了一半。腾讯QQ、网易免费邮箱和阿里巴巴胜出的事例启发了奇虎360，使其更加坚定了奇虎360免费提供互联网基本服务的信念。随着360安全卫士的崛起，奇虎360踏入信息安全市场，着手发展杀毒软件业务，并将顾客信息安全问题转化为4大需求：反流氓软件、反木马、主动防御木马病毒和杀毒。

2008年3月，360安全卫士启用新域名，从安全产品转变为安全平台，开始全面进入信息安全领域。2009年9月，奇虎360推出360手机安全卫士，将商业模式复制到移动互联网领域。2011年3月30日，奇虎360在纽交所成功上市，奇虎360商业模式获得市场认可。

要点回顾

- 商业模式被广泛地视为商业成功的关键要素，甚至成为产品、企业、行业、网络之外的一个新的分析单元。

- 商业模式描述的是焦点企业以特定的商业单元或者商业单元组为中心的跨企业边界的活动方式，揭示该商业单元（组）怎样为顾客和合作伙伴创造价值，并从中获取价值的逻辑和方法。

- 价值主张、价值创造和价值获取是被广泛接受的商业模式组件。

- 一个成功的商业模式包括4个相互锁定的要素，即价值主张、盈利模式、资源和流程。

- 商业模式存在于3个空间，即现实空间、过渡空间和思维空间。在现实空间，商业模式被视为一种实体；在过渡空间，商业模式被视为一种表达；在思维空间，商业模式被视为一种猜想。

- 商业模式设计被定义为一个组织的跨边界交易的设计。设计者需要考虑两个活动参数集合：（1）设计元素，包括活动内容、活动结构和活动治理；（2）设计主题，包括新奇、锁定、互补和效率。

- RTVN框架适用于预创型组织，精益画布适用于初创型组织，商业模式画布适用于成长型组织。

- 商业模式创新是指一种新的整合逻辑，即公司如何为其客户或用户创造价值并从中获取价值的新方式，通过改变商业模式的一个或多个组件来实现，最终结果取决于所有相关组件之间的交互作用。

- 任何商业模式都是特定情境下企业做商业的特定逻辑。

- 商业模式在一个成熟的公司中通常体现在一个商业单位中，从一个单向旅程开始，经历创造阶段、持续创新阶段和效率阶段。

- 商业模式创新策略包括重新设计公司的整个活动系统、认知与行动交互作用、不断试错学习、避免创新陷阱和实施商业模式创新测评5个方面。

关键名词

商业模式　顾客价值主张　商业模式设计　商业模式创新　商业模式创新策略

复习思考题

1. 商业模式在创业中具有哪些重要作用？
2. 简述商业模式的运用过程。
3. 你是如何理解商业模式的？
4. 简述企业不同发展阶段的商业模式设计思路。
5. 你是如何理解商业模式创新的？
6. 简述商业模式创新的时机和情境。
7. 商业模式创新策略有哪些？

行动学习

结合本章内容，设计一份访谈提纲，寻找你身边的创业企业进行商业模式分析。要求如下：

（1）分析该企业的商业模式结构；

（2）重点关注该企业商业模式的价值主张；

（3）依据创业企业发展阶段，认真准备和设计商业模式精益画布／商业模式画布，问题可以来自本章的主要知识点，分析该企业商业模式的9大要素及相互关系；

（4）收集该企业商业模式创新的执行情况，在收集资料时，如需调研访谈，则做好记录，如果对方允许，最好录音；

（5）实地调研结束后一定要仔细整理，对照访谈前你预想的答案，看你发现了什么。

1. 回头看一看你分析的商业模式，你觉得该企业的商业模式在哪些地方值得修改？请写下来。

_____

_____

_____

_____

_____

2. 如果你调研过该企业，请把你印象中最深的事件、发现，以关键词的方式写在下面。

_____

_____

_____

_____

_____

_____

扫一扫　　　　　　扫一扫

第七章阅读提高　　　第七章学习资源

第八章

《创业计划书》的撰写

一个商业计划就是一个艺术性作品。它是表达企业和赋予企业人性化的证明。每个计划如同雪花，个个不同。而每个都是一个独立的艺术品，每个都是企业家个性的反映。就像不能复制别人浪漫的方式，你也需要寻求你的计划的与众不同之处。

——约瑟夫·R. 曼库索（Joseph R Mancuso）

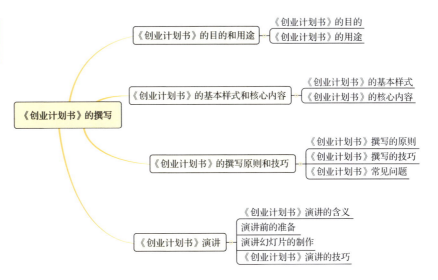

通过本章的学习，你应该能够：

（1）理解什么是《创业计划书》；

（2）了解《创业计划书》的目的与用途；

（3）掌握《创业计划书》的核心内容；

（4）了解《创业计划书》撰写的原则与技巧；

（5）了解如何进行《创业计划书》演讲。

开篇案例

张旭豪："饿了么"的 10 年创业故事

饿了么创始人张旭豪在自己人生 33 岁这一年，决定亲手结束一段长达 10 年的创业故事。他放下枪杆，把前方仍硝烟弥漫的战场交给了一名来自阿里巴巴的成熟经理人。张旭豪决定放下这一切，事先很少有人知道。这件事在他脑海里循环往复了许久。作为国家二级运动员，这是一位脾气急躁、好战好胜的 CEO，但是在把公司出售给阿里这件事上，你从他脸上捕捉不到任何的情绪。

2018 年春节，张旭豪约合伙人吃了一顿晚餐，他把要卖公司的决定告诉他们。饭桌上异常平静。张旭豪不紧不慢地说，这件事他已经权衡了很长时间，并帮大家分析了关乎未来的各种可能性。这样颇为平淡的场景在多数公司并购案中显得反而不同寻常。这是一个理想主义者遭遇现实、恋战者不得不离开战场、兄弟成长后各奔东西的故事。过去 10 年，张旭豪把一家叫"饿了么"的外卖服务平台，从一个大学生创业公司，发展到 95 亿美元估值并出售给阿里巴巴。这是中国互联网迄今为止全现金收购的最大案例。

如今，这位 33 岁的创业者比以往任何时候都富有多了，但他好像遗失了什么，是财富无法弥补的。"他不愿意说，内心肯定是有过短暂失落的，他那么好强那么好胜的人。"一位原饿了么高层人士说。"痛苦的是什么？你用配送作为核心竞争力，但是最终你没形成垄断式的核心竞争力，最后做着做着美团、饿了么也没本质区别。"张旭豪说，他要召集团队做一场全方位的反思。

张旭豪自认为是一个理想主义者，他说："我们做事不是因为我们要做成百亿美元而去做的，这叫'流寇主义'。""竞争最好的理解是忘却竞争，你永远想着要打死对方，那就打不死，你要回归到用户价值。""商业不是去竞争的，商业是有效地运营社会资源创造价值。"不过他现在有些弄不懂这到底对不对了。"这个到底是好是坏？我现在也说不好。这样做你可能变成一家慢公司，你的市场份额被侵袭，没有枪杆你谈不了政治。到底是极端军事主义？还是稍微一点理想主义呢？这两个怎么平衡，可能是竞争当中永恒的主题。"

一位美团点评的高管评价，直觉和本能只能让他把公司从 0 带到 1，甚至带到 10，而从 10 到 100 需要更体系化的方法论。张旭豪把饿了么的命运交付给更成熟的经理人。阿里派原阿里健康 CEO 王磊接替张旭豪，并为饿了么配备了一名 CFO 和一名 HR。王磊高喊重返 50% 市场份额，他发起夏季战役，向市场砸下 30 亿元，推动组织融合。而美团点评的高管们，正在为上市四处奔波。昔日的战场还在，只是这一切都跟张旭豪和他的团队没什么关系了。

创业是一项充满风险的旅程。在不同的创业阶段，需要不同的打法和方法论指导。迈过从 0 到 1 的死亡之谷，将涉及更多资本的注入和利益相关方协调，而《创业计划书》则是获得风险投资的敲门砖，也是新事业可持续发展的护航仪。本章将介绍为了获得融资而进行编制的《创业计划书》的基本内容。通过《创业计划书》的编制，大学生创业者可以对自己的创业项目进行全面摸底，减少盲目性和冲动；通过撰写《创业计划书》，大学生创业者可以明晰自己融资计划的目标和定位。

第一节
《创业计划书》的目的和用途

《创业计划书》通常是创业者为了对外融资而编写的，是一份全方位的项目计划，它从企业内部的人员、制度、管理以及企业的产品、营销、市场等各个方面对即将展开的商业项目进行可行性分析。它描述了与拟创办企业相关的内外部环境条件和要素特点，并为业务的发展提供指示和衡量业务进展情况的标准。

一、《创业计划书》的目的

《创业计划书》是帮助那些有志之士创建新企业的重要工具。尽管有些创业者完全是"即兴表演"，并且创建新企业时根本没有从《创业计划书》中获得帮助，但专家们仍然推荐编制《创业计划书》。《创业计划书》对于企业内部和外部均具有重要作用。

在企业内部，《创业计划书》可以为企业执行战略和计划提供值得借鉴的"地图"。创业计划的内容有两个方面：一是企业追求的目标；二是为了实现这一目标的行动计划。行动与目标越一致，创业计划的可行性越高，创业成功的概率越大。因此，撰写《创业计划书》可促使创业者系统思考新创企业的方方面面。

对企业外部来说，《创业计划书》能够向潜在投资者和其他风险投资者介绍企业正在追寻的商业机会，以及追寻这种商业机会的方式。《创业计划书》是创业者叩响投资者大门的"敲门砖"，一份优秀的《创业计划书》往往会使创业者达到事半功倍的效果。投资人通过《创业计划书》对公司进行初步了解，然后决定是否跟创业者进入下一个环节。投资者应当能够在《创业计划书》中找到他们所关注问题的答案，很容易找到他们特别感兴趣的话题。《创业计划书》编写得好坏，有时候决定了公司融资的成败。

二、《创业计划书》的用途

具体而言，《创业计划书》的主要用途体现在以下 3 方面。

（一）管理功能

撰写《创业计划书》可以迫使创业者系统地思考新创企业的各个因素。这并不是微不足道的工作。在创业融资之前，《创业计划书》首先应该是给创业者自己看的。办企业不是"过家家"，创业者应该以认真的态度对自己所有的资源、已知的市场情况和初步的竞争策略做尽可能详尽的分析，并提出一个初步的行动计划，通过《创业计划书》做到使自己心中有数。另外，《创业计划书》还是创业资金准备和风险分析的必要手段。对初创企业来说，《创业计划书》的作用尤为重要，一个酝酿中的项目，往往很模糊，通过制订《创业计划书》，把正反理由都书写下来，然后再逐条推敲，创业者就能对这一项目有更加清晰的认识。

对大学生创业者来说，利用《创业计划书》厘清自己的思路，能让大学生学会自己逐渐把模糊的融资计划在创业初期调整到最清晰的状态。其次，《创业计划书》把融资阶段的风险通过计划书每个步骤清晰呈现给大学生创业者，是预测风险的关键工具。

（二）融资功能

撰写《创业计划书》的第二个理由是，它是企业的推销性文本。《创业计划书》可以为那些年轻的公司提供一种向有前景的投资者、商业加速器和孵化器、供应商、潜在的合作伙伴及其他人士展现自我的途径。对于正在寻求资金的创业企业，《创业计划书》是一张名片——介绍企业融资能力的名片，一个寻求新的投资机会的名片。一份成熟的《创业计划书》不但能够描述出公司的成长历史，展现出未来的成长方向和愿景，还将量化出潜在盈利能力。这都需要创业者对自己公司有一个通盘的了解，对所有存在的问题都有所思考，对可能存在的隐患做好预案，并能够提出行之有效的工作计划。

（三）承诺功能

最容易被人忽略的是，《创业计划书》也是一个承诺的工具。这点在企业利用《创业计划书》执行融资工作的时候体现最为明显。和其他的法律文档一样，在企业和投资人签署融资合同的同时，《创业计划书》往往将作为一份合同附件存在。与这份附件相对应的，是主合同中的对赌条款。对赌条款和《创业计划书》，将共同构成一个业绩承诺：当管理人完成或没有完成《创业计划书》中所约定的目标，投资人和企业家之间将在利益上如何重新分配。在辅助执行公司内部管理时，《创业计划书》也是一个有效的承诺工具。在上级和下级就某一特定目标达成一致以后，他们合作完成的《创业计划书》就记录下了对目标的约定。这样的约定，将成为各类激励工具得以实施的重要基础。《创业计划书》也体现了上级对下级的承诺。公司战略得以展开，必然意味着必要的资源投入。只有经过慎重思考的战略，才能够让领导者具有必须投入的决心。人们可以原谅因为具体环境的变化、知识的增长而带来行动计划乃至战略的调整，但是，却没有任何人愿意和一个朝三暮四、朝令夕改、不具备战略思考能力的领导者共同工作。

《创业计划书》的前世今生

2012 年年底，美国风险投资公司安德森·霍洛维茨基金合伙人克里斯·迪克松（Chris Dixson）公布了英特尔《创业计划书》的一页。英特尔如今已经成为一家跨国巨头，年收入 500 多亿美元，拥有 10 万名员工。但在 1968 年，它还只是个创意。

1968 年，英特尔的两位联合创始人罗伯特·诺伊斯（Robert Noyce）和戈登·摩尔（Gordon Moore）离开仙童半导体创办英特尔。在创办公司前，他们撰写了《创业计划书》。风险投资家阿瑟·洛克（Arthur Rock）随后利用这份《创业计划书》拿到了 250 万美元的可转债融资，英特尔就此诞生。

虽然这份《创业计划书》如今看来并无太多出彩之处，但其历史价值足以值得铭记。以下为当年这份《创业计划书》其中一页的翻译内容。

"公司将从事研究、开发、生产并销售满足电子系统厂商需求的集成电路结构，包括薄膜、厚膜、半导体设备以及其他用于混合或单片式结构的固态元器件。

我们将在实验和生产层面建立多道流程，包括晶圆清洗、切片、研磨、抛光、固态扩散、光刻掩模和蚀刻、真空蒸镀、薄膜沉积、装配、封装和测试。同时，我们还将开发和生产用于执行这些流程的特殊工艺和测试设备。

我们的产品可以包括二极管、三极管、场效应器件、光敏元件、光敏发光器件、集成电路以及通常被称为"大规模集成电路"的子系统。这些产品的主要目标客户是生产通信、雷达、控制和数字处理等先进电子系统的厂商。预计这些厂商中的大部分将在加利福尼亚周边设厂。"

第二节

// 《创业计划书》的基本样式和核心内容 //

一、《创业计划书》的基本样式

尽管多数《创业计划书》遵循相当标准化的格式，但不同的《创业计划书》各部分的标题存在差异。当然，不同《创业计划书》之间的差别，还体现在写作质量、创业计划的本质，以及计划令读者信服的程度上。这种信服程度可以从商业机会是不是激动人心、是否具有可行性和合乎情理性、启动新企业是不是在创业者能力范围之内等方面来加以分析。所以，要撰写一份好的《创业计划书》，并不是一件十分容易的事情。

（一）《创业计划书》的结构和体例

对创业者来说，为了给投资人留下好印象，《创业计划书》应当遵循基本的结构。尽管一些创业者富有创造性，希望剑走偏锋，独树一帜，但偏离传统《创业计划书》基本结构的做法往往得不偿失。一般来说，投资者可能非常忙碌，他们更希望看到那种能够容易找到关键信息的《创业计划书》。如果这些信息在该出现的地方没有出现甚至缺失，他们很容易将兴趣转向其他的创业计划。

从体例上看，《创业计划书》有相对固定的格式，几乎包括投资者所有感兴趣的内容。一份好的《创业计划书》，投资者首先要获取 3 个信息。①你要做什么？（What）清楚地描述你做的事情。②你要怎么做？（How）也就是你的商业模式。③你是谁？（Who）为什么由你来做？也就是团队背景和创始人的基因。因此，一份《创业计划书》可能涵盖从企业成长经历、产品服务、市场营销、管理团队、股权结构、融资方案到运营过程的全部内容，但不同版本的《创业计划书》在要素的排列顺序上可能略有不同。市面上也有一些软件与模板帮助创业者撰写和生成《创业计划书》，它们采用的是相互式、菜单驱动式的方法。虽然其中有些程序很有用，但创业者需要避免的是直接套用样板文件，使它们看起来就像是"预先录制好"的文本。因此，创业者在撰写《创业计划书》时可以借鉴一些程序与模板，但其中的信息应当根据个体创业的情况来加以调整。

（二）《创业计划书》的类型

《创业计划书》撰写者遇到的常见问题：《创业计划书》的篇幅应该多长？内容应该细到什么程度？这取决于你要撰写的《创业计划书》的类型。一般来说，《创业计划书》有 3 种类型，每种类型对篇幅长短和精细程度有不同的要求，如表 8-1 所示。如果《创业计划书》主要针对创业者及其团队，用于项目初期阶段的操作，则要更加详细和详尽，在细节上要达到精打细磨的程度。它不仅详尽探讨商业机会，而且对创业过程每一步骤具体操作的资源和人员安排都有详尽的阐述。这类《创业计划书》在企业外部人员看来可能略显烦琐，但对企业内部人员的计划执行来说具有很重要的指导价值。如果是创业项目创意的初次展示，一般只对创业项目和具体的财务情况进行介绍，没有太多的企业建立后的运行计划等。这类《创业计划书》比较短，常用于创业项目的初期宣传和吸引投资者。

表 8-1 不同《创业计划书》类型的对比

类型	宣传期的《创业计划书》	融资期的《创业计划书》	运营期的《创业计划书》
篇幅	10 ～ 15 页	25 ～ 35 页	40 ～ 100 页
适用情况	发展早期	筹集资金、企业运行蓝图	内部参阅、运营指导

1. 宣传期的《创业计划书》

宣传期的《创业计划书》一般篇幅比较短小，最多不会超过 15 页。它适用于创业的早期宣传阶段，测试创业项目的吸引力，吸引早期的利益相关者。其内容和执行总结有相似之处，重点是对企业商业模式、核心竞争力、团队优势和核心财务数据的描述，用最简短的方式提高投资者约见的概率。

2. 融资期的《创业计划书》

融资期的《创业计划书》相对宣传期的《创业计划书》要更加详尽，可以充当企业运行蓝图。融资期的《创业计划书》目的在于筹集资金，不单单是信息披露，更是一种业务构思的规划。创业者应该详细地阐述产品或服务的特点、企业核心竞争优势、商业模式和营销规划、核心团队、财务预测和分析、资本退出方案等。成熟、高效的管理团队可以提升投资者的信心。一个高效的创业团队能够创造出新的价值，投资者也许会将其看作投资回报率的一个参考因素。

3. 运营期的《创业计划书》

运营期的《创业计划书》是最为详尽的，其主要针对的读者是企业内部成员，起到对企业经营管理的指导作用。相比前面两种《创业计划书》，它要包含详尽的组织管理计划、企业整体发展规划、营销计划、财务计划等。每一部分都要进行详细的规划和安排，在企业发展之前充分地分析和规划企业将要面临的问题和现状，依据企业自身资源，制订科学合理、实用性强的计划安排，减少企业发展中的弯路和错误。

创业者应该根据撰写《创业计划书》的目的而有所侧重。例如，撰写《创业计划书》的目的是融资，则应当在市场分析、竞争对手以及财务预算等方面详细阐述。这样做可以使投资者更加清晰明了地知道企业如何在既定的时间内取得高额利润。撰写《创业计划书》的目的如果是给内部员工看的，那么应该着重体现出企业未来的发展规划、远景还有使命，甚至还可以强调企业文化，从文化层面上来增强员工对企业的归属感，激励员工各司其职、各尽其责。在创业过程中，融资期的《创业计划书》是比较重要和常用的。因此，在本章下面的内容中主要介绍融资期《创业计划书》的撰写方法。

二、《创业计划书》的核心内容

一般而言，一份详尽的《创业计划书》应包含以下 11 项内容（见表 8-2），创业者也可以针对创业项目的特点对部分内容做适当的调整和增删。

（一）封面和目录

《创业计划书》的封面应该包括企业名称、地址、日期、主要创业者的联络方式以及企业网址等信息。如果企业已有徽标或者商标，就把它置于封面页。目录页紧接着封面，它列出了《创业计划书》的内容要点及对应页码。在设计技巧上，可以结合企业的产品或者服务特点，对封面进行适当的修饰和美化，以便给读者留下较好的第一印象。

（二）执行概要（项目简介）

执行概要是《创业计划书》的第一项内容，是整个《创业计划书》的概述，能让投资者迅速对新创企业有个全面的了解，快速掌握《创业计划书》的重点，然后做出是否愿意花时间继续读下去的决定。这是对创业者描述自己的公司和笔杆子功夫的最高挑战。执行概要部分的主要内容包括公司简介、产品与技术、行业及市场、市场营销、融资说明、财务预测、风险控制等，这些与接下来要详细阐述的《创业计划书》的其他部分内容是一致的，只不过内容更为简要。在展示《创业计划书》之前，应针对不同经历和背景的风险投资商，进行详细的调查研究，找出他们关注的重点，撰写切合不同兴趣点的执行概要。篇幅要尽量简短，控制在 2 ～ 3 页。在完成《创业计划书》的其他部分之后，最后撰写执行概要，使执行概要能够涵盖整个《创业计划书》的精华。

表 8-2　《创业计划书》的框架结构

封面	6. 管理团队和组织结构
目录	管理团队
1. 执行概要	董事会
2. 企业描述	顾问委员会
企业简史	组织结构
使命陈述	7. 运营计划
产品或服务	运营的总方针
当前状况	企业选址
法律状况与所有权	设备与装备
关键合作关系	
3. 市场分析	8. 财务规划
行业发展态势分析	资金的来源与使用
市场定位分析	假设清单
市场需求分析	预计收益表
竞争对手分析	
4. 产品服务	预计资产负债表
产品（服务）描述	预计现金流量表
产品（服务）的消费群体	比率分析
产品（服务）的研发规划	
专利、商标、版权或商业秘密	9. 风险应对
	可能面临的风险与问题
5. 营销计划	合理有效的规避方案
总体营销战略	附录
产品、价格、促销和分销	

（三）企业描述

《创业计划书》的主体部分从企业描述开始。虽然看上去这部分不太关键，但其实并非如此。本部分能体现你是否善于将抽象的创意转换成具体的企业。因此有许多需要深思熟虑、认真计划的问题，如企业使命和企业法律地位等。这部分的目的不是描述整个计划，也不是提供另外一个概要，而是对公司做出介绍，因此重点是公司的理念和如何制订战略目标等。

企业描述应该从简介开始。先介绍企业概况和创业原因，企业历史不需要详加展开，但需要解释企业创意的来源及企业创建的驱动力量。使命陈述阐明了企业专注于什么，可以清楚地说明企业目的。产品或服务部分要比执行摘要中的内容更详细，阐明其在市场竞争中的定位。当前状况部分应该显示创业项目进展到了何种程度。另外，企业描述还应该包括企业是否拥有某些合作伙伴关系。

（四）市场分析

市场分析部分的编制目的就是让投资家相信企业有光明的市场前景。内容包括：①行业发展态势分析，具体包括行业整体与细分领域的发展现状、行业整体的规模和未来发展容量、现有产品的价格及竞争力、市场容量与市场占有量等内容；②市场定位分析，具体说明创业项目可推广应用的行业细分领域、范围、竞争强度、行业壁垒、目标客户群体等；③市场需求分析，说明市场需求产生的动力；④竞争对手分析，说明现有的和潜在的竞争对手、竞争的优势等。

在本部分的写作过程中，要注意清晰划分行业和市场的边界，避免出现行业概念过大、细分市场过小的问题。保证行业数据的准确性及其来源的可靠性。要对自身的优势、劣势、现有竞争者和潜在竞争者进行客观分析，要有保持竞争优势的长期计划。

（五）产品服务

在进行投资项目评估时，投资人最关心的就是创业企业的产品、技术或服务是否能满足顾客的需要，即是否拥有巨大的市场潜力，这也直接反映了风险投资能否收到满意的回报。这部分通常包括以下内容：产品的名称、性能及特征；产品所处的生命周期；产品的市场前景预测；产品的品牌和专利、市场竞争力、产品的研究和开发过程；发展新产品的计划和成本分析等。

本部分的撰写要突出产品的创新性、独特性和价格优势，要着重展示产品的盈利能力、目标市场、同类产品的比较等内容。做到实事求是，不可做出不切实际的承诺。要以通俗、简单、准确的语言描述产品与服务，避免过多的关于技术细节方面的论证，尽量减少复杂的技术术语的出现频率。如已有成型的样本或样品，可进行展示，这对促进投资商对产品的理解是大有裨益的。

（六）营销计划

本部分主要介绍企业如何发现顾客和实现销售额，通过定价、促销、渠道和销售等方面讨论营销计划的具体细节。介绍企业营销计划的最好办法，就是清楚地说明它的营销策略、定位策略、差异化点这些总体营销策略，然后通过定价策略、促销组合、销售过程和渠道策略说明如何支持总体营销策略的开展。

营销计划部分必须具体地展示：你计划如何让目标市场意识到你的产品和服务的存在。许多《创业计划书》清楚地描述了目标市场规模和产品的优点，但在如何出售产品的可行性方面交代得很差。显然，在一份《创业计划书》大概只有 5 页的营销计划部分想展示一个尽善尽美的营销计划也不大可能，但是，你必须向读者传递在合理的预算限制下，你打算如何进行市场营销卖出产品这一信息。同时，强调产品的独特价值，以与市场中的同类竞争商品区分开也十分重要。

（七）管理团队和组织结构

这部分内容是为了让投资者对公司基本情况和人员构成有一个初步的了解。从某种意义上讲，创业者的创业能否成功，最终要取决于该企业是否拥有一个强有力的管理团队，因此这部分可以着重突出团队的介绍。新创企业管理团队通常包括企业创建者和关键管理人员。《创业计划书》应该提供每个管理团队成员的个人简历，并显示他为何能够胜任，为何能对企业成功做出特殊贡献。关键管理团队成员的完整简历，可以作为附录置于《创业计划书》末尾。

当然，组织结构也相当重要。即使是一家初创企业，你也要概述企业当前的组织结构，以及成长过程中组织结构将会如何变化。企业的内部结构具有重要意义，信息沟通和权力链条更要清晰明确，可以加入一张组织结构图，对企业内职权与责任如何分配进行图形化描述。

（八）运营计划

本部分概括了新创企业将如何运营以及产品或服务将如何生产，包括的主题一般有运营模式和程序、商业区位、设施与设备、运营战略和计划。可能包括的其他主题取决于企业的性质。创业是从无到有的过程，创业者把运营计划（或关键里程碑）过程写出来，例如财务预测，公司多久可以有现金流，什么时候可以有利润收入，什么时候盈亏可以打平等，创业者要预测自己的未来，才能给投资人信心。好的商业模式和盈利模式，具有爆发性增长的公司，投资人是一定不会放过的。

本部分值得注意的是，你要在充分地描述主题和避免过多地陷于细节之间寻求谨慎的平衡。你的读者需要关于你的企业将如何运营和你的产品将如何开发的整体感觉，但他们一般不会期待详细的解释。最好保持每一部分简短而干脆利落。如果你提供的信息太多，读者可能相信你过多地关注于企业经营的细节而没有看到企业经营的大局。

（九）财务规划

对缺乏企业财务管理经验的新创企业而言，往往无法做到资金的有效使用，为了更好地预测和体现企业短期和长期的资金需求，必须编制准确的财务预测。财务规划首先要有历史状况数据。创业者应该提供过去 3 年的现金流量表、资产负债表和损益表。在此基础上，论述未来 3 ~ 5 年的生产运营费用和收入状况，将具体的财务状况以财务报表形式展现出来。预计财务报表同样包括现金流量表、资产负债表和损益表，并需说明财务预测数据编制的依据。

大部分学生和企业家对如何完成预计的融资规划并不熟悉。如果你碰到这种情况，不要跳过它，要寻求帮助。财务报表太重要了，如果你的《创业计划书》写得很漂亮，但缺少财务方面的信息，投资者和银行家将无法获得向你提供融资或资金所需要的信息。一个公司预计的财务报表，特别是初创期的资产负债表和现金流量表，说明了公司怎样度过这一时期。有洞察力的读者将寻找这种信息。没有一个投资者或银行家会给一个不能证明自己已经把这个关键问题考虑成熟的公司提供资金。如果财务报表有缺陷，或者说财务报表做得糟糕或者包含的信息不准确，那么整个《创业计划书》将会受到质疑。

（十）风险应对

创业风险就是指由于创业环境的不确定性，创业机会与创业企业的复杂性，创业者、创业团队与创业投资者的能力与实力的有限性等诸多不确定性因素，导致创业活动偏离预期目标的可能性及其后果。因此，本部分应说明项目实施过程中可能遇到的风险，包括政策风险、行业风险、技术开发风险、经营管理风险、市场开拓风险、生产风险、财务风险、对公司关键人员依赖的风险等。每项都要单独叙述控制和防范的对策与方法。风险应对方案不仅能减轻投资者的顾虑，还能体现管理团队对市场的洞察力和解决问题的能力。

（十一）附录

附录主要是针对《创业计划书》中提到的一些关键问题，提供一些必要的说明或者证明材料，主要包括合同资料、产品检测报告、知识产权相关证明、市场调查结果、管理人员简历等。附录不宜过长，仅需要那些不宜放在《创业计划书》正文而又十分重要的材料。

一家老年健身俱乐部的《创业计划书》目录

第三节

// 《创业计划书》的撰写原则和技巧 //

一、《创业计划书》撰写的原则

如果说有 1 000 个创业者的话，也会有 1 000 份不同风格的《创业计划书》。上一节虽然列举了关于《创业计划书》的一般模板，给大家完成《创业计划书》提供了一个参考，但不同的技术项目、不同的创业计划，以及不同的创业者，都会使《创业计划书》各具特色。在完成《创业计划书》时，在内容或格式等的选择问题上，可以依据以下原则。

（一）节制性原则

很多人认为，《创业计划书》写得越详细越好，其实不然。一份好的《创业计划书》，应该写得让人明白，避免使用过多的专业词汇，聚焦于特定的策略、目标、计划和行动。篇幅要适当，太短，容易让人不相信项目能成功；太长，则会被认为太啰嗦，表达不清楚。记住，所有的《创业计划书》都应当坚持一个重要标准，那就是，你传递的是一个清晰易懂以及如何计划去实现的故事。许多创业者并不擅长这一点，从而削弱了他们的创业计划的潜在影响力。

（二）独特性原则

为了更好地吸引投资者关注，别忘了在《创业计划书》中突出属于你项目的独到之处。这种独特性可以表现在管理团队上，也可以表现在产品或服务上，还可以体现在融资上。总之，正是因为独特性的存在才使风险投资家放弃其他投资机会转而投资于你的。因此，在撰写的《创业计划书》中，集中讨论企业成功所必要的，或者使你与竞争者与众不同的这些领域。常规的主题应该被简便迅速地处理。可以在竞品分析中突出企业产品的优势和差异化，也可以专辟一节，或以其他的方式，对企业的独特性做出描述。

（三）真实性原则

充分尊重市场，尊重事实。一切数据要客观、实际，切勿凭创业者的主观估计。如对产品的销售预测要有客观依据，避免预测过高，避免对成本预测过低，避免对不可预见成本估计不足。在对竞争对手的分析中，不能为了抬高自己而诋毁或贬低他人。在风险防范部分不要为了增大获得投资的机会而故意人为缩小隐瞒风险因素。

（四）一致性原则

整个《创业计划书》前后基本假设或预测估算要相互呼应，前后逻辑合理。如财务预测的内容必须与《创业计划书》中的其他部分相结合，口径保持一致。受创业者精力、计划书篇幅、完成时间等因素影响，一份《创业计划书》通常由多人合作完成，难免存在体例不一、风格迥异、结构松散等问题。为了《创业计划书》的完美，最后应由创业团队中的某一人统一定稿。

（五）开放性原则

撰写《创业计划书》的一条重要原则就是，意识到计划书始终处在完善和变动之中。当创业者或者创业团队开始撰写《创业计划书》时，新的见识总会不断出现，这个现象将持续贯穿于整个创业活动，或体现在你根据相关信息反馈对创业计划进行修改的过程中。创业者需要保持对新见识、新创意的警觉和开放态度。因此，很多人认为，《创业

189

计划书》是鲜活的、富有生命力的文献，而不像石刻一样一成不变。《创业计划书》非常必要，它提供了新创企业可以遵循的详细而准确的蓝图，但是，与此同时，人们应当采取"突然出现"式的思维。这种思维范式是指对变革的开放态度，并且，它深受市场现实情形的影响。

朱啸虎：那些跑不出来的项目往往在 6 大问题上错得离谱

大多数投资人在复盘的时候，都会思考这样一个问题：早期受风投追捧的项目为什么反而不容易跑出来呢？金沙江创业投资基金合伙人朱啸虎分析了这样的企业存在的 6 大问题，分别如下。

（1）融资太容易。这通常意味着商业模式非常容易懂，无论是操作难度还是复制难度都比较低。那些真正有潜质的项目，在一开始的时候往往因为另辟蹊径让大多数人看不出门路，所以融资难。比如说去哪儿，创始人庄辰超找遍了市面上的所有投资机构，可是没人相信在百度和携程之间还能再出一个平台。

（2）切口过大或过小。过去 15 年，成功的互联网创业公司的切入点实际上都很小，正是因为切入点小，BAT 这些巨头看不上，你才有机会，否则就是巨头的机会了，比如今天的人工智能，各个巨头都在做。好的小切入点，能够包含潜在的大市场，还能规划出打通大市场的路径。当然，如果切入点真的太小，缺乏延展性，投资人也会非常谨慎的。此外，创业初期最好做存量市场，先别想着去教育市场和用户，任何小的公司，都没有精力、没有资历去教育别人，要把用户圈住后再开始做增量市场。

（3）增长快，但留存大。6 个月过后的用户留存率，一般能有 10% 就不错了，如果达到 20% 就很牛了。可以花钱获取核心用户，但一定要关心长期留存，6 个月过后留存率会比较稳定。当然极个别的 App 有翘尾效应，像滴滴，一开始用户留存率会往下走，等到司机多了，用户体验更好了以后，用户留存率会回来一些。有翘尾效应的 App 基本能达到百亿美元的市场。

（4）光看风口不看规律。真正的风口往往是规律。2005 年、2006 年的时候出现了一批互联网公司，比如 58 同城、去哪儿，当时我国的互联网渗透率是 20%；2011 年、2012 年的时候又出现了一批移动互联网公司，当时我国的移动互联网渗透率也达到了 20%。规律就是：市场渗透率达到 20% 之后才能火起来。对创业者来说，至少要等渗透率达到 5% ～ 10%，创业才有机会。做得太早很容易成为先烈，而且就算你熬到风口来了，你创业的思维、基因也未必适合这个风口了。

（5）没有完成每轮融资该做的事。每一轮融资都有应该做的事。比如 A 轮要做 3 件事：磨合团队，证明商业模式，还有控制好烧钱。B 轮要做的就是验证商业模式的可行性和可复制性。C 轮要做两件事：一是扩张；二是补短板。因为创业早期是要先拼长板的，到了 C 轮就像进入半决赛，这时候才有资格去补短板。

（6）如果你没有形成足够高的进入壁垒，则很容易被巨头打死。那壁垒要如何打造呢？一要看对流量和现金的依赖性，要靠内容、靠社交媒体，这样的流量才是值钱和安全的。二要看控制力，主要是指对客户和服务的控制力。三要看战场纵深。如果你和竞争对手的用户群与商户都是一样的，同样一笔交易，对方让利比你多，你就没有办法防守了。四要看管理难度。

二、《创业计划书》撰写的技巧

（一）亲自撰写《创业计划书》

不少创业者希望借助外部力量来撰写《创业计划书》，市面上也有相当多的咨询机构提供了此类项目服务。尽管从中获得建议并没有错，的确能够使《创业计划书》变得更加专业，但咨询师或者外部顾问毕竟不是《创业计划书》的作者。基于数据和事实，《创业计划书》必须表现出新创企业的可预测性和令人激动人心的感觉，这种任务只能由创始人及其团队来完成。另外，雇用别人写作《创业计划书》等于在否定创业者在写作《创业计划书》中可能获得的积极作用，这一点在《创业计划书》的目的和用途一节已做了充分讨论。

（二）关注产品

在《创业计划书》中，应提供所有与企业的产品或服务有关的细节，包括企业所实施的所有调查。具体包括：产品正处于什么样的发展阶段？它的独特性怎样？企业分销产品的方法是什么？谁会使用企业的产品，为什么使用？产品的生产成本是多少，售价是多少？企业发展新的现代化产品的计划是什么？把出资者拉到企业的产品或服务中来，这样出资者就会和风险企业家一样对产品有兴趣。在《创业计划书》中，创业者应尽量用简单的词语来描述每件事。商品及其属性的定义对创业者来说是非常明确的，但其他人却不一定清楚它们的含义。编制《创业计划书》的目的不仅是要让出资者相信企业的产品会在世界上产生革命性的影响，同时也要使他们相信企业有证明它的论据。《创业计划书》对产品的阐述，要让出资者感到："这种产品是多么美妙、多么令人鼓舞啊！"

（三）敢于竞争

在《创业计划书》中，创业者应细致分析竞争对手的情况。竞争对手都有谁？他们的产品是如何工作的？竞争对手的产品与本企业的产品相比，有哪些相同点和不同点？竞争对手所采用的营销策略是什么？要明确每个竞争者的销售额、毛利润、收入以及市场份额，然后再讨论本企业相对于每个竞争者所具有的竞争优势，要向投资者展示，顾客偏爱本企业的原因是：本企业的产品质量好、送货迅速、定位适中、价格合适等。《创业计划书》要使它的读者相信：本企业不仅是行业中的有力竞争者，将来还会是确定行业标准的领先者。在《创业计划书》中，创业者还应阐明竞争者给本企业带来的风险以及本企业所采取的对策。

（四）了解市场

《创业计划书》要给投资者提供企业对目标市场的深入分析和理解。要细致分析经济、地理、职业以及心理等因素对消费者选择购买本企业产品这一行为的影响，以及各个因素所起的作用。《创业计划书》中还应包括一个主要的营销计划，计划中应列出本企业打算开展广告、促销以及公共关系活动的地区，明确每一项活动的预算和收益。《创业计划书》中还应简述一下企业的销售战略：企业是使用外面的销售代表还是使用内部职员？企业是使用代理商、分销商还是特许商？企业将提供何种类型的销售培训？此外，《创业计划书》还应特别关注一下销售中的细节问题。

（五）表明行动方针

企业的行动计划应该是无懈可击的。《创业计划书》中应该明确下列问题：企业如何把产品推向市场？如何设计生产线，如何组装产品？企业生产需要哪些原料？企业拥有哪些生产资源，还需要什么生产资源？生产和设备的成本是多少？企业是买设备还是租设备？解释与产品组装、储存以及发送有关的固定成本和变动成本的情况。

（六）展示管理队伍

把一个思想转化为一个成功的企业，其关键因素就是要有一支强有力的管理队伍。这支队伍的成员必须有较高的专业技术知识、管理才能和多年工作经验，要给投资者这样一种感觉："看，这支队伍里都有谁！如果这个公司是一支足球队的话，他们就会一直杀入世界杯决赛！"管理者的职能就是计划、组织、控制和领导公司实现目标的行动。在《创业计划书》中，应首先描述一下整个管理队伍及其职责，然后再分别介绍每位管理人员的特殊才能、特点和造诣，细致描述每个管理者将对公司所做的贡献。

（七）出色的计划摘要

《创业计划书》中的计划摘要也十分重要。它必须能让读者有兴趣并渴望得到更多的信息，给读者留下长久的印象。计划摘要将是创业者所写的最后一部分内容，但却是出资者首先要看的内容，它将从计划书中摘录出与筹集资金最相关的细节，对公司内部的基本情况、公司的能力以及局限性、公司的竞争对手、营销和财务战略、公司的管理队伍等情况进行简明而生动的概括。如果公司是一本书，它就像是这本书的封面，做得好就可以把投资者吸引住。它需要给风险投资家这样的印象："这个公司将会成为行业中的巨人，我已等不及要去读计划书的其余部分了。"

（八）周详的退身之路

周详的退身之路，无论投资最后结局如何，风险投资者都会十分关心这一问题。很明显，如果投资效果不好，他们也想收回投资；即使投资效果很好，他们也不愿意在公司长时间拥有产权，迟早他们要撤出投资。每一个风险投资者的既定目标都是要把其投资变为可周转的现金。因此，在你的《创业计划书》中，必须明确指出他们的退身之路。比如公司股票上市、股权转让、回购等退身措施。

（九）注重细节

《创业计划书》编制过程中的一些细节问题值得关注。如《创业计划书》的外表、装帧、字体字号的选择等。毫不在乎或过分使用都会使《创业计划书》显得业余而不够专业。在《创业计划书》中，一些与体例相关的地方能够表现出你的细心，而且不应显得浮华或者昂贵。例如，如果公司有设计精美的徽标，它应当放在《创业计划书》的封面页和每一页的页眉上。一种简单的设计要素，如图表的颜色和徽标相互配合，会让人感觉你注重细节，也容易吸引人们的眼球，会使多数读者产生深刻印象。此外，确认你的联系方式准确无误，善用数字、百分比及可量化的信息来加深读者的印象等，这些都是使你的《创业计划书》锦上添花的有效建议。

先做幻灯片再写《创业计划书》

著名投资人和企业家盖伊·卡瓦萨齐在《创业计划书》和幻灯片演示方面有一套有趣的理论。卡瓦萨齐认为应该先做幻灯片，然后再写《创业计划书》。他的看法是：许多人先写好《创业计划书》，再把《创业计划书》缩减成幻灯片。而卡瓦萨齐却认为顺序应该反过来。他说最好先做好幻灯片，然后以此为大纲来撰写《创业计划书》。原因在于，卡瓦萨齐坚信诸事都应先试行。他告诉创业者要先写商业创意的提纲，用演示文稿或其他形式都可以，并把提纲展示给尽可能多的人看，最后再写《创业计划书》。为什么？因为修改 15 张幻灯片比修改 25 ~ 35 页的《创业计划书》要容易得多。而且幻灯片演示完可以立即得到反馈，而《创业计划书》要等别人读完以后才可能得到反馈。

卡瓦萨齐的方法很好。虽然《创业计划书》不一定要完全遵循提纲来写，但在写《创业计划书》之前能得到尽可能多的反馈的确是件好事。写《创业计划书》之前先做幻灯片演示，是收集反馈信息、试行推介商业计划的理想做法，也可为《创业计划书》写好后做更完善的幻灯片做好先期准备。

三、《创业计划书》常见问题

（1）企业概况。本部分的常见问题是企业名称不符合要求，或者属于特许经营范畴的项目未经过授权等。

（2）产品和服务。本部分的典型问题表现为技术不过关（未过中试）、未能提供专利证明或未提供技术授权、缺乏售后服务的考虑等。

（3）商业构想与市场分析。本部分的典型问题有目标人群混乱、需求不确定、市场调研不深入、缺乏对竞争对手的了解等。

（4）企业选址。本部分的典型问题：企业地址的选择不方便目标人群，或者成本过高等。

（5）营销方式。本部分的典型问题：定价过低，市场推广策略简单化、平面化，销售策略急于求成等。

（6）法律形式。本部分的典型问题：对各种形式的特点不甚了解，选择时比较盲目、想当然。

（7）股份构成。本部分的典型问题表现为两个极端：股份一人独大，或者股份过于分散。

（8）组织架构和创业团队。本部分的典型问题：团队成员背景单一、团队构成不合理等。

（9）成本预测。本部分的典型问题也表现为两个极端：成本估测过高，或者成本估测过低。

（10）现金流管理。本部分的典型问题有现金支出估计不足、未留有一定的风险资金。

（11）盈利情况。本部分的典型问题表现为过于乐观。

（12）资产负债表。本部分的典型问题：资产和负债及所有者权益的平衡关系错乱、利润表及现金流量表的钩稽关系不正确等。

第四节
《创业计划书》演讲

一、《创业计划书》演讲的含义

如果你的《创业计划书》引起了一位投资人或银行家的兴趣，或者需要与其他竞争者竞争商业机会，通常需要你对《创业计划书》进行口头介绍。对大学生创业者来说，无论是参加各类创业大赛，还是项目具备潜在融资的可能性，都需要公开对《创业计划书》进行展示和演讲。这类活动又称为路演（Road Show）。

路演原指一切在马路上进行的演示活动。它是向他人推介创意、想法、观点的一种主要表达形式。公司或创业者为获取融资经常使用演示这种表达方式向投资者进行推介和沟通。路演是一种推介方式，也是一种宣传手段。它的作用在于传播信息，激发投资人兴趣，进而说服投资人进行投资。由于商业计划演示能在较短时间内传递大量信息，目前其已成为创业者用来与风险投资者交流的主要工具。

二、演讲前的准备

进行演讲之前，需要尽可能搜集详细的信息，做好充足的准备。一般来说，演讲的对象主要为投资人与客户，有时也包括参加各类创业大赛的评委。主动搜集考官的信息，有的放矢地根据听众调整演讲台词，更容易赢得考官的共鸣。

其次，要弄清楚自己拥有多少时间并提前做好规划。一般来说，路演既有时间较短的电梯路演，也有时间较长的深度路演。演讲的第一条注意事项就是严格控制时间。如果投资人告诉你拥有 1 小时发言时间，但最后半小时是用来接受提问的，你就必须在 30 分钟内结束演讲，不能延时。同时着装也要得体，正常情况下，身着正装而不应随意穿戴。

演讲开始前，要尽可能多地了解场地的情况。如果你要在一个小会议厅里演讲，通常不需要做过多的调整，但如果你要置身于一个较大的舞台，面对更多的观众，类似于一些《创业计划书》竞赛的最后角逐关头，你就需要扩大幻灯片字体，或设计更新颖的方法，向更多的观众演示。

反复练习演讲也同样重要。许多有经验的创业者在同事和其他观众面前反复练习，以期准确控制演讲时间和获得大家有用的反馈。观摩别人的演讲也是个好办法，从中能总结出一些成功和失败的经验。互联网上有许多演讲的资源，目前，大型创业计划大赛决赛一般提供视频资源或在线直播，大学生创业者可以多观摩优秀演讲，增加自己演讲成功的胜算。

当然，演讲还有关键一步，就是决定由谁来完成。如果是单独创业，很显然演讲将由创业者独自完成。如果是团队创业，就必须决定到底由多少成员参与演讲，这个问题需要一定的决断力。如有充分的理由应该让更多的团队成员参与进来。如果你们整个队伍都参与了演讲并且进展十分顺利，说明你们这个团队成员之间合作良好，没有任何一个人因作用过于重要而成为焦点。这样可以激起听众的兴趣与注意力，使演讲节奏变化有致，也使听众对每一个参与演讲的人都有所了解。

三、演讲幻灯片的制作

之前我们谈了很多《创业计划书》的写作技巧，多数是基于"阅读型"的《创业计划书》，但如果参加创业大赛或者其他形式的路演，这种"阅读型"的《创业计划书》并不合适。一般而言，需要制作专门的"演讲型"《创业计划书》，即演讲幻灯片。虽然不同的演讲者之间可能有所差异，但一场 20 ~ 30 分钟的《创业计划书》演讲应包含的内容大体上并无二致。除了封面和结尾，演讲幻灯片应该围绕以下几个问题设计："What，Why now，How，Why，How much"。

首先是封面。演讲一般由一张标题幻灯片开始，它包括公司名称/标志、创始人姓名、创始人联系方式等内容，目的在于让投资者知道你是谁、做什么项目以及如何联系你。

第一部分：What——做什么。用 2 ~ 3 张幻灯片讲清楚你要做什么。这可能是路演幻灯片中最重要的部分。注意围绕"问题痛点 - 解决方案 - 数据验证"的思路，简明扼要阐述项目精华之所在。这几张幻灯片的目的就是让投资人对项目感兴趣，争取更多展示的机会。

第二部分：Why now——行业背景和市场现状。用 3 ～ 5 张幻灯片讲清楚行业背景、市场发展趋势、市场空间。要说明是在正确的时间做正确的事，而且市场空间大。但值得注意的是，市场大不代表做的事情有需求，要描述在目前的市场背景下项目抓住了一个用户的痛点，或者项目可以为用户带来更高性价比的产品或服务。要尽量列出与竞争对手的对比分析，表明当前的商业机会。

第三部分：How——如何做。用 5 ～ 8 张幻灯片讲清楚实现商业模式的具体方案，包括产品的研发、生产、市场、销售策略等。主要描述这个项目是如何实施的，以及最终达成的效果。重点表明产品规划和创业步伐是在小步快走，不断进行阶段性验证，及时调整产品思路和商业模式。

第四部分：Who——谁在做。用 2 ～ 3 张幻灯片讲清楚团队的股份和分工。需要介绍团队主要成员的背景和特长。强调每个人的能力适合其职能岗位。另用 1 ～ 2 张幻灯片讲清楚项目和团队的优势。让投资人相信团队的组合适合该创业项目，回答好"为什么你们能做成功？"这个问题。

第五部分：How much——需要多少资金。做好财务预测与融资计划。用 2 ～ 3 张幻灯片讲清楚财务情况，以及之后 3 年的财务预测。列清楚项目各阶段的目标，为达成这些目标需要多少钱以及需要钱的依据。为了融资，出让的股份比例如何，项目的估值及依据，这些也要说清楚。

最后一部分是结尾，即幻灯片的结束页。向听众表示感谢。可以用一两句话做出总结：为什么这是一个好项目？我们得到什么还将使其更好？

以上是针对深度演讲的一般体例。有时，创业者仅用很短的时间来陈述自己的创业想法，这种简短而又经过精心设计的陈述被称为电梯式演讲（Elevator Speech）。对于电梯式演讲，创业者通常只有一两分钟的时间来阐述创业项目的价值，因此，创业者事先要准备好鲜明而又简洁的企业描述。下面推荐使用精益画布来帮助演讲者梳理《创业计划书》最核心的内容。

小贴士

用精益画布辅助演讲

精益画布的创意来源于阿什·莫瑞亚，它是一种改版的商业模式画布，帮助使用者通过列出问题、寻求解决的方法来研究产品的商业前景。这种改进后的画布可谓初创公司的完美之选。它与精益方法论密切吻合，让你能了解客户需求，从而专注于完成可操作的指标，快速实现"化想法为产品"。

如今，企业家对精益画布模型有很大的需求。Learnmetrics（空调系统公司）一位创始人称其为"绝妙的工具"，Brunch & Budgets（金融管理咨询公司）的首席执行官 Pamela Capalad 指出精益画布模型与篇幅超长的《创业计划书》相比可用性更高。

比如，让我们来看看 20 多年前布林和佩奇可能会编制的谷歌精益画布模型，如图 8-1 所示。

图 8-1 谷歌精益画布模型

四、《创业计划书》演讲的技巧

需要注意的是，"演讲型"《创业计划书》的重点在人，幻灯片作为一个辅导工具，起到"提纲挈领"的作用。人们常常为了听众方便把幻灯片制作得尽可能详细，这是个误区。幻灯片内容应该简明扼要，只包含主要标题和一些解释性语句。除此之外，我们还需要掌握一些演讲技巧，使整体演讲更加精彩。

总体来说，演讲是一次对外沟通与宣传。需要有明确的主题，自然的仪态，充沛的情感，张弛有度的节奏。当然，进行精彩演讲最重要的一点，就是使演讲生动有趣，充满激情（因场合做到恰到好处）。为了达到这一点，下面提供一些小技巧。比如：介绍个人的经历或趣闻轶事；保持幽默；通过手势和激昂的语调显示你的热情；在关键点介绍时邀请几名观众辅助参与；展示产品的样品等。

以上只是粗略的几条，你也可以使用其他的一些技巧。麻省理工学院的一项调查显示：沟通涉及3个层面，视觉（身体语言）占55%，声音（语音语调）占35%，口头表达（用语用词）占10%。还有一些其他的技巧可以很好地帮助演讲者与观众沟通。如在演讲中通过观众提问而有意停顿，或提高你的声调，使用丰富的表情来吸引观众的注意等。

进行演讲时有一个重要的指导思想需要明确，就是不仅仅要向你的观众传达信息，关键是要感染鼓舞他们。既可以以明显的方式或者不知不觉中感染他们，比如通过讲故事的方法，设置情境，将观众带入情节中，产生共鸣。注意，这里故事也是沟通的载体，故事的本质在于诉说价值。

创业聚焦

阿里 IPO 路演视频之"故事 3 要素"

写小说也好，写电影剧本也好，下笔前，都得先确定"3要素"——人物、环境、情节，然后在这"3要素"的基础上演绎各种"故事"，这是"套路"。路演的"故事套路"也一样，也基于"3要素"，可称为"客户价值套路"，它的"3要素"如下：客户/用户（演化自人物）、产品使用场景（演化自环境）、价值主张/解决什么问题或满足什么需求（演化自情节）。

以阿里 IPO 路演视频来看，马云在这个视频中讲了7个小故事，下面用"故事3要素"对此进行解读。

1. 客户/用户

这个视频中的人物，有买家、有卖家、有物流方，都是阿里的用户和客户，着重突出的是阿里对那些中小商户、弱势群体的关注。

2. 产品使用场景

产品的使用场景体现的是空间和时间的维度交集，电商的跨地域性和交易24小时全年无休的特点是场景设计和设定的关键。

3. 价值主张

据说男性和女性，由于大脑生理结构不同，导致思维方式大相径庭，男性看待事物的方式永远是解决什么问题，而女性永远是满足什么需求。所以，一个产品的价值主张阐述如果要打满分，必须二者兼顾。在表现手法上，比较通用的还是"比较法"（即使用前/使用后或者使用后/使用前）和"因果法"（发现问题/解决问题，发现需求/满足需求），在故事中也都有反映。

IPO 宣传片允许长度是 8 ～ 15 分钟。如果是 5 ～ 10 分钟的路演时间的话，视频的长度最好控制在 90 秒以内，讲 1 ～ 2 个故事就够了。

要点回顾

- 《创业计划书》通常是创业者为了对外融资而编写的，是一个全方位的项目计划，它从企业内部的人员、制度、管理以及企业的产品、营销、市场等各个方面对即将展开的商业项目进行可行性分析。
- 《创业计划书》既可以为企业执行战略和计划提供值得借鉴的"地图"，也是创业者叩响投资者大门的"敲门砖"。
- 撰写《创业计划书》的目的在于，可以迫使创业者系统地思考新创企业的各个因素，它是企业的推销性文本，也是创业者做出承诺的工具。
- 一份详尽的《创业计划书》应包含 11 项内容，分别是封面和目录、执行概要（项目简介）、企业描述、市场分析、产品服务、营销计划、管理团队和组织结构、运营计划、财务规划、风险控制、附录。
- 《创业计划书》在内容或格式等的选择问题上，可以依据以下原则：节制性原则、独特性原则、真实性原则、一致性原则、开放性原则。
- 《创业计划书》的编制技巧：亲自撰写《创业计划书》、关注产品、敢于竞争、了解市场、表明行动方针、展示管理队伍、出色的计划摘要、周详的退身之路、注重细节。
- 路演原指一切在马路上进行的演示活动。它是向他人推介创意、想法、观点的一种主要表达形式。公司或创业者为获取融资经常使用演示这种表达方式向投资者进行推介和沟通。

关键名词

《创业计划书》 执行概要 市场分析 运营计划 风险控制 路演

复习思考题

1. 《创业计划书》的用途有哪些？
2. 《创业计划书》的类型有哪些？
3. 《创业计划书》的一般模板分为哪几大块？
4. 《创业计划书》撰写的原则有哪些？
5. 为什么创业者要亲自编写《创业计划书》？
6. 什么是路演？《创业计划书》演讲前要做哪些准备工作？
7. 如何制作《创业计划书》演讲幻灯片？

// 行动学习 //

　　以小组为单位，设计一个新产品／新服务。按照本书中介绍的精益画布等方法论，围绕从创意到商业模式设计的一系列要点展开梳理，并结合本章介绍的《创业计划书》的一般体例，尝试编写一份《创业计划书》。

扫一扫

第八章阅读提高

扫一扫

第八章学习资源

第九章

创业风险和创业失败应对

本章导图

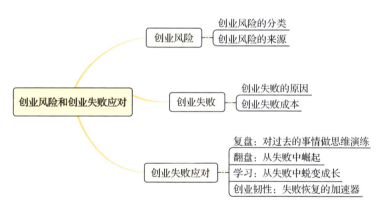

学习目标

通过本章的学习，你应该能够：
（1）了解创业风险的分类；
（2）领会创业压力和失败焦虑对创业者的影响；
（3）理解创业失败的原因和创业失败成本；
（4）掌握复盘和翻盘的步骤；
（5）理解失败学习和创业韧性。

历经 3 次波折的创业故事

"我的性格就是宁为鸡头，不为凤尾。你让我去上班，不适合我。我觉得这样过日子很颓废，斗志、激情都没有了。我无论如何还是要去创业。"李君说。

第一次创业——被迫创业

李君于 1985 年出生在四川省苍溪县白驿镇岫云村一农村家庭。家里几乎没有什么经济来源，仅靠微薄的种植收入。李君上中学时住校。每周上学，他都自带米和菜。在这样的环境下，李君一直坚持到高考，考上了电子科大计算机专业。

城里的生活并不像农村，一针一线都需要开销，李君的生活压力非常大。"不认识一个朋友，也没有亲戚。孤立无援，我就试着去外面找份工作。"李君回忆当初自己找工作的情景时，自己都笑起来。当时身上穿了一件老款西服，下面配牛仔裤，一双运动鞋。到了公司，保安把他拦下，门都不让进。"有一个公司，去了 18 次都没进到门。"李君说，当时自己根本就不晓得什么叫形象。

李君最后咬了咬牙，拿了大半个月生活费去买了套西服。没想到，这次保安准许他进门，还帮他联系专管营销策划的人。通过交谈，他发现其实很多工作都有发传单，招大学生兼职的机会。"为什么我不去给这些学生服务，提供线索呢？"一时的突发念头让李君的思想有了转变。

"纯粹是挣辛苦费，吃点差价。"李君说，"当初自己做中介公司，基本都是靠信息，挣劳务差价，获取纯利润。"记得最清晰的一次，为了挣 200 元钱，他凌晨两点冒着大雨骑车去拉业务。当时衣服里全是水，近视眼镜上全是水和雾，只能看到一米远的东西。"为了这些事情，我掉了无数次眼泪。"李君说。

就这样，李君在大二阶段首次创业。团队七八个人，来自四川各个高校，一年挣了 10 万元。

第二次创业——懵懂创业

大学生兼职中介在一年多的时间里红火起来。李君心也大了，想要拓展学生市场。李君对其他领域不熟悉，只能针对学生市场，增加其市场厚度。于是，李君和当初兼职中介的创业者在学校周围开店，做起了学生市场的电子商务。而这时，李君做了人生中一个重要的决定——退学。

"第三年学费我就没交了。精力有限没有办法兼顾，必须要放弃某样东西。"瞒着父母，李君全身心投入自己的创业中。

进入互联网领域，当初兼职中介赚的 10 多万元全部投了进去，还找来了风险投资。李君和投资者只见了 3 次面。第一次见面，李君拿着《创业计划书》直接给投资者描述了项目情况，他对投资者说："如果您有需要，请联系我们。"隔了一周，他就签了合同，一共 100 万元，对方分 3 个阶段投入。

拿到风险投资，起步还是很艰难，主要靠几个兄弟去外面跑业务。项目非常烧钱，钱用得相当快。搭建技术平台，花了 3 个月时间，下了 25 万元的血本，还不包括买服务器、设备。而开销最大的还是宣传费用。

"说实话，我们这条路都还没走顺，就夭折了。"李君总结说，项目进行到六七个月时，风投突然撤资。给风投做工作，但也只得到遗憾的回答："资金遇到一些问题，鞭长莫及。"

之后李君去了一朋友的餐饮公司搞策划，随后又跳槽到一广告公司，负责客户资源管理。"收入近万元。但是我觉得这样过日子很颓废，斗志激情都没得。我还是要去创业。"李君说。

第三次创业——转战农村再次创业

李君回了一次老家。尽管老家生活有所改善，但仍旧贫困和落后。家乡的情景触动他回家乡创业的念头。但是父母和女朋友都有些不解。"不要认为农村很穷，也不要认为城市很安逸，你要看到未来。"经过开导，李君说通了父母和女友。

根据初步想法，他想办一家蔬菜深加工厂。这需要投入 100 万元，自己掏空也只有30 万元，李君又开始为难起来。有一天在家里看电视，无意中，李君看到了宝山村乡村旅游振兴的典型案例，深受触动的他在笔记本上记下宝山村几个字。第二日，便只身前往，为的是"取经"。目前，李君的蔬菜深加工厂已快筹备完，李君表示，此次创业成功概率比前几次都大得多。

有学者说："创业的理由可以说上千万条，但最终还是逃不出一个钱字。"对许多创业者而言，创业过程中不仅可以获得较大的经济收益，更重要的是拥有自己做老板的体验。然而，任何事物都存在两面性，创业活动也不例外。一旦创业失败，不但在经济上受到损失，在社会上还可能遭到人们的质疑。由此可见，创业获得收益与满足的同时还存在一定的风险。比如，大部分从事以科学技术上的新发明、新创造为基础的技术商品化活动的创业公司，不可避免地存在开发失败的风险。据统计，发达国家中小高新技术企业创业的失败率高达 70%。因此，创新创业活动具有高度不确定性，其探索和试验本身就蕴含着风险性，失败极有可能发生，创业失败率高也是创业活动的典型特征。

了解新创企业常见的风险，并采取相应的应对措施，是新创企业创建和发展的必备步骤。在创业过程中，可能遇到的风险有哪些？如何对创业失败进行有效应对？希望大家通过本章的学习，对上述问题有较清晰的理解和判断。

第 一 节

// 创业风险 //

被称为"创业教育之父"的杰弗里·蒂蒙斯教授认为，在创业过程中，由于机会模糊性、市场不确定性、资本市场风险以及外在环境变迁等因素，创业过程充满了风险。创业风险是指由于创业环境的不确定性，创业机会与创业企业的复杂性，创业者、创业团队与创业投资者能力的有限性，而导致创业活动偏离预期目标的可能性及其后果。

一、创业风险的分类

（一）按照风险内容划分

创业过程中面临很多风险，按风险内容划分，可分为项目风险、市场风险、管理风险、资金风险、环境风险和技术风险等。

项目风险，是指因在项目选择、市场定位、消费需求、项目进度安排等问题上把握不准而导致项目目标实现的不确定性。创业实质上是以创业项目为载体，将创业团队、信息、资源等集合在一起，实现价值创造和收获的过程。创业项目选择的重要性在于，它关系到企业的发展，关系到企业能否在激烈的市场竞争中存活下来。

市场风险，是指由于市场情况的不确定性导致创业者或新创企业损失的可能性。市场风险在于市场的不确定性和残酷性。企业要想盈利，只能依赖市场将产品或服务销售出去。如果企业在市场开拓、产品定位、营销策略等方面把握不准确，就可能造成企业产品或服务没有市场，导致创业失败。

管理风险，是指因创业者素质不高、组织架构不完善、企业文化不浓厚、管理过程不科学而给企业造成损失的可能性。尤其随着企业业务的不断拓展、员工的不断增多，管理幅度和难度都迅速增大，管理风险凸显。

资金风险，是指因资金不能适时地筹集和供应而导致创业失败的可能性。资金是企业生存和发展的基础，是企业正常运营的前提条件。资金短缺可能是大学生创业期间遇到的最大瓶颈。如果资金筹备不足，资金流动性差，企业资金管理制度不完善，不能依据外部环境的改变而做出相应的调整，就会导致资金短缺甚至赤字，创业就可能失败。

环境风险，指创业过程中由于经济环境、资源环境、法律环境等外部宏观环境的变化而给企业的利益带来损失的可能性。国家政策的变化、意外灾难的发生以及法律法规的修订等，都会给新创企业带来一定的影响，如果处理不好有可能导致企业面临困境。

技术风险，指由于技术方面的因素及其变化的不确定性而导致创业失败的可能性。新创企业在发展历程中要面对各种与产品技术相关的不确定因素，其中技术是否可行、在预期与实践之间是否出现偏差，这其中存在巨大的风险。

（二）按照创业过程划分

按创业过程划分，创业风险可分为机会的识别与评估风险、准备与撰写《创业计划书》风险、确定并获取创业资源风险和新创企业管理风险。创业活动须经历一定的过程，一般而言，可将大学生创业过程分为4个阶段：识别与评估机会；准备与撰写《创业计划书》；确定并获取创业资源；新创企业管理。

机会的识别与评估风险，指在机会的识别与评估过程中，由于各种主客观因素，如信息获取量不足、把握不准确或推理偏误等，使创业一开始就面临方向错误的风险。另外，机会风险的存在，即由于创业而放弃了原有的职业所面临的机会成本风险，也是该阶段存在的风险之一。

准备与撰写《创业计划书》风险，指《创业计划书》的准备与撰写过程带来的风险。《创业计划书》往往是投资者决定是否投资的依据，因此，《创业计划书》是否合适将对具体的创业产生影响。《创业计划书》编制过程中各种不确定性因素与编制者自身能力的限制，也会给创业活动带来风险。

确定并获取资源风险，指由于存在资源缺口，无法获得所需的关键资源。有时候即使获得了资源，但资源获取成本较高，从而给后续创业活动带来一定风险。

新创企业管理风险，主要是指随着新创企业的发展壮大，面临一定的管理瓶颈，进而影响企业成长。它包括管理风格、企业文化创建、战略制订、组织、技术、营销等各方面的管理中存在的不足和风险。

（三）按照风险的来源划分

按风险来源的主客观性划分，创业风险可分为主观创业风险和客观创业风险。主观创业风险，是指在创业阶段，由于创业者的身体与心理素质等主观方面的因素导致创业失败的可能性。客观创业风险，是指在创业阶段，由于客观因素导致创业失败的可能性，如市场的变动、法律政策的变化、竞争对手的出现、创业资金缺乏等。

（四）按照风险的时间维度划分

按照风险的时间维度划分，创业风险可分为短期创业风险和长期创业风险。短期创业风险主要是指创业活动中的确定性风险，因为它们扩张得相当快，在本质上是短期的。长期创业风险主要是指那些只能在长期范围内测量的风险，包括创业者个人关系和心理收获的风险等。

二、创业风险的来源

研究表明，创业的过程往往是将某一构想或技术转化为具体的产品或服务的过程，在这一过程中，存在几个基本的、相互联系的缺口，它们是前文所述的不确定性、复杂性和有限性的主要来源。也就是说风险永远与机遇同在。在创业过程中必然会面临多方面的缺口，特别是对初次涉入商海的创业者来说，许多人白手起家，或者从一个店铺、一间办公室、单枪匹马开始了"小打小闹"的创业之旅，一开始都面临资金少、抗风险能力弱、创业经验不足等现状，可能一点小的事故就会使婴儿期的事业遭受灭顶之灾，导致多年积攒的创业资金血本无归。在这种情况下，要想吃到馅饼，创业者有必要了解一些创业风险的来源，从而有效规避与防范，使创业之路走得更顺当一些。

（一）融资缺口

融资缺口存在于学术支持和商业支持之间，是研究基金和投资基金之间存在的断层。其中，研究基金通常来自个人、政府机构或公司研究机构，它既支持概念的创建，也支持概念可行性的最初证实；投资基金则将概念转化为有市场的产品原型（这种产品原型有令人满意的性能，投资者对其生产成本有足够的了解并且能够识别其是否有足够的市场）。创业者可以证明其构想的可行性，但往往没有足够的资金将其实现商品化，从而给创业带来一定的风险。通常，只有极少数基金愿意鼓励创业者跨越这个缺口。

（二）研究缺口

研究缺口主要存在于仅凭个人兴趣所做的研究判断和基于市场潜力所做的商业判断之间。当一个创业者最初证明一个特定的科学突破或技术突破可能成为商业产品基础时，他仅仅停留在自己满意的论证程度上。然而，这种程度的论证后来不可行了，在将预想的产品真正转化为商业化产品（大量生产的产品）的过程中，需要大量复杂而且可能耗资巨大的研究工作（有时需要几年时间），从而形成创业风险。

（三）信息和信任缺口

信息和信任缺口存在于技术专家和管理者（投资者）之间。也就是说，在创业中，存在两种不同类型的人：一是技术专家；二是管理者（投资者）。这两种人接受不同的教育，对创业有不同的预期、信息来源和表达方式。技术专家知道哪些内容在科学上是有趣的，哪些内容在技术层上是可行的，哪些内容根本就是无法实现的。在创业失败类案例中，技术专家要承担的风险一般表现在学术上、声誉上受到影响，以及没有金钱上的回报。管理者（投资者）通常比较了解将新产品引进市场的程序，但当涉及具体项目的技术部分时，他们不得不相信技术专家，可以说管理者（投资者）是在拿别人的钱冒险。如果技术专家和管理者（投资者）不能充分信任对方，或者不能够进行有效的交流，那么这一缺口将会变得更深，带来更大的风险。

（四）资源缺口

资源与创业者之间的关系就如颜料和画笔与艺术家之间的关系。没有了颜料和画笔，艺术家即使有了构思也无从实现。创业也是如此。没有所需的资源，创业者将一筹莫展，创业也就无从谈起。在大多数情况下，创业者不一定也不可能拥有所需的全部资源，这就形成了资源缺口。如果创业者没有能力弥补相应的资源缺口，则要么创业无法起步，要么在创业中受制于人。

（五）管理缺口

管理缺口是指创业者并不一定是出色的企业家，不一定具备出色的管理才能。管理缺口的形成原因主要有两种：一是创业者利用某一新技术进行创业，他可能是技术方面的专业人才，但却不一定具备专业的管理才能，从而形成管理缺口；二是创业者往往有某种"奇思妙想"，可能是新的商业点子，但在战略规划上不具备出色的才能，或不擅长管理具体的事务，从而形成管理缺口。

第二节
创业失败

为什么说"创业 80% 会失败，但创业者的人生 80% 却会成功"？

"创业 80% 要失败，创业是九死一生。"投资人可以这么说，创业者自己可以这么说，但你不能这样说，旁观者千万别这么说。

总会遇到一些朋友，被当下创业热潮撩动了心，跑来问我："那么多创业项目融到资，创业者说要改变世界，他们能成功吗？"我说："80% 会倒闭吧。"

然后，这些询问者似乎寻找到了答案，满意地走了。

这就走了呀，还有然后呢。

这一回答是陷阱，是极大的烟雾弹。

这些旁观者只知道创业者 80% 会失败，但他们不知道下一句话：创业者的人生 80% 会成功。

创业是一种修行，创业是创下一份事业，创业是一次次大冒险。

许多人之所以打听到创业绝大部分会失败，就心满意足地退回到自己的舒适区，就因为他们想隔离风险。但，远离冒险是不可能的。我们的职业可能在 10 年后就消失了，我们现有的优势并不牢固。

美好的创业历程绝不会发生。

创业者在搭班子、出产品、找客户的过程中，就是与人斗、被事缠的过程。而且是逃无可逃，避无处避。

投资条款、收购细则、股权激励，被包裹着的，都是精妙的算计。

越往上升，越是赤裸裸的利益。用此利益换彼利益。什么兄弟相争、朋友倒戈、客户欺诈，在创业历程中都可能发生。美好的情怀，被赤裸裸的成败所裹挟。

创业让你更细微地体味人前人后，风光与落寞；创业让你感受到了坚毅，也有猥琐；创业让你知道报恩，也知道怎么报仇雪恨。

如果你能勇敢地在创业路上走 3 年，你就是人生赢家。不谈虚的五味杂陈的感受，即便从金钱回报来看，我认为，敢于坚持在创业路上走的人，与之前的封闭圈比较，都会有更好的回报。

那个老对你点头哈腰的创业者、前同事，老跟你诉苦着，但他没告诉你的是，他的年收入早已是之前的几倍。

我经常讲述这样的一个场景，来阐述商业残酷、无情，却又最人文。

"一批人在风和日丽、风景宜人的郊外，闲适地骑着车、赏着花，有说有笑，这是极美的。另一批人，在风雨交加、暗无天日之时攀岩。攀上了又摔下来，攀得高了点，又摔下来了，即便爬到一稍平坦处，身体也左右摇晃，随时被吹倒，乃至吹下悬崖……"

如此两个景象，哪个更美？答案自在每个人心中。

别被 80% 的失败率吓跑，在创业中你能体味得更多、更深。

国家出台了一系列鼓励扶持大学生创新创业的优惠政策，教育部积极推动将创新创业教育列入高校的必修课中。在"大众创业、万众创新"的社会氛围下，大学生积极投身创业大潮中的人数呈逐年递增趋势。《2020 年大学生就业报告》显示，2019 届本科毕业生自主创业比例为 1.6%，高职毕业生自主创业比例为 3.4%。随着毕业时间的延长，毕业生自主创业比例持续上升，毕业 3 年内上升至 8.1%。然而，在这庞大的创业队伍中，即便在创业环境较好的省份，如浙江，大学生创业的失败率也高达 95%。

"天下惟庸人无咎无誉。举天下人而恶之，斯可谓非常之奸雄矣乎。举天下人而誉之，斯可谓非常之豪杰矣乎。故誉满天下，未必不为乡愿；谤满天下，未必不为伟人。"这是梁启超在他的《李鸿章传》一书中开篇的第一段文字。创业从来都是九死一生的事情，我们认为认清失败比认清成功更有价值。知道自己是怎么死的，然后才能好好地活下去。或者先看看来来往往的生死，然后在厚积薄发中，真正去开始。

一、创业失败的原因

近些年来，随着互联网的发展、创业热潮的兴起和国家政策对创业的大力支持，大学生创业项目越来越受重视和青睐。但即便如此，大学生创业项目死亡率依然居高不下。需要明确一点，创业失败率高主要由创业活动本身的特点所决定。创业活动具有创新性、风险性和不确定性，同时考虑到创业者需要在时间压力和资源约束情况下把握住稍纵即逝的机会，在这个过程中需要进行大量复杂的决策，失败是很正常一件事情。从这个意义上来说，创业维艰，失败才是常态。

精确地获得失败率数据需要花费很大成本。因为不容易定义失败并加以识别，而且很难得到可靠的统计数据。虽然不同行业的失败率具有很大差异，但是通过对过去 50 多年大量企业失败率研究成果进行提炼，结果表明：新创企业的失败率很高；大多数企业倒闭发生在创建后的 2 ~ 5 年。新创企业存在很高的失败风险已成为人们的共识。

新企业死亡率的数据

2013 年，国家工商行政管理总局发布的《全国内资企业生存时间分析报告》显示，截至 2012 年年底，我国实有企业 1 322.54 万户，存续时间 5 年以下的企业 652.77 万户，占企业总量的 49.4%。其中新企业成立后第 3 年死亡数量最多，接近 40%。在互联网领域，数据显示创业成功率不足 5%，最具有典型性的团购行业，2014 年上半年国内团购网站数量已锐减至 176 家，相比 2011 年 8 月最高峰时段的 5 058 家，存活率仅为 3.5%。

位于纽约的 CB Insights 是一家风险投资数据公司，该公司会定期发布经济发展趋势及独角兽公司名单。CB Insights 通过分析 101 家创业公司的失败案例，总结出了创业公司失败的前 20 个原因（见图 9-1）。通过给那些创业失败公司进行数据分析，CB Insights 发现：一个新创企业因单个原因而失败的情况很少；新创企业失败的原因多种多样。下面我们主要介绍创业失败的前 3 个原因。

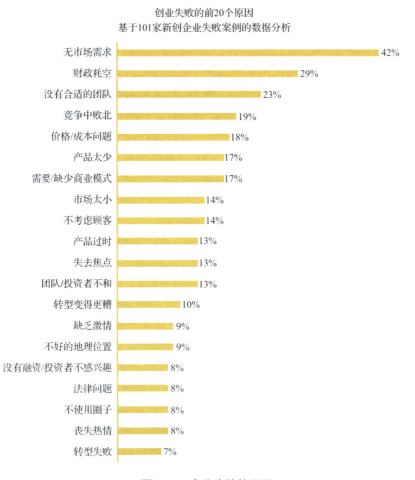

图 9-1 企业失败的原因

（一）无市场需求

解决有趣的问题而不是市场存在的问题，被认为是新创企业失败的首要原因。创始人过于执着于执行自己的创意，却没有真正地弄清楚自己的创意是否符合市场需求，是否有市场空间，没有分析出市场需求就贸然做决定开发产品而导致失败。只有先期做好市场调查，然后根据市场需求制订产品战略，才能做到有的放矢，做出产品后才会有市场空间。如 Treehouse Logic 公司在分析失败原因时，分析如下："当初创公司没有解决市场问题时，他们就失败了。我们没有解决一个足够大的可以普遍服务于一个可扩展的解决方案的问题。我们有很好的技术，有关于购物行为的很棒的数据，有作为领导者的声望，有专业知识，有好的顾问，等等，但我们没有的是能以一种可延伸的方式解决一个痛点的技术或商业模型。"

（二）财政耗空

有限的金钱和时间需要被合理分配。如何使用你手头的钱是一个被经常问起的难题，也是初创公司失败的一个重要原因。贾跃亭是我国知名的创业者，其 2004 年创建的乐视网于 6 年后在深交所创业板上市，随后他致力于打造基于视频产业、内容产业和智能终端的"平台＋内容＋终端＋应用"完整生态系统的"乐视模式"，但在乐视体育、乐视汽车等一系列冒进决策之后，乐视因债务问题迅速崩塌。究其原因，其中一条就是有限的资金没有被合理规划使用。

（三）没有合适的团队

23% 的失败的创业公司缺少能够指挥大局的人物。这个原因很有趣，多数风投表示，投资之前首先考虑的是团队，其次才是创意。没有一个执行力强理解力强的团队，再好的创意也不过是空中楼阁。拥有一个具有不同技能的多样化团队常被认为对创业公司的成功至关重要。创业团队如何分工和协调也很重要，尤其合伙人之间的相互制约和平衡。正如 Nouncers 的创始人在分析失败原因时写道的："这把我带回到一个根本问题面前，就是我没有一个伙伴来制衡我，并为业务和技术决策提供健全的检查。"

创业
聚焦

创业：失败是常态

创业是"九死一生"。有人说创业者有 9 条命，也有人说创业者有 99 条命。创业的成功率非常低，可以用"惨不忍睹"来形容。2017 年，大学生创业率是历年来最高的，创业人数超过了 20 万人，但他们的创业成功率仅有 3% 左右。即使是创业环境好的省份，成功率也仅有 5%。其中，小微企业 7% 活不过 1 个月，42% 活不过 3 年，存活 5 年以上的小微企业不到 7%，存活 10 年以上的不到 2%。

北京中关村"电子一条街"5 000 家民营小微企业，生存时间超过 5 年的只有 430 家，91.4% 的企业已经烟消云散。

在发达国家中，中小企业、高新技术企业的失败率也高达 70% 以上。例如，美国纳斯达克市场中，2000 年一季度有 176 家公司上市，同时有 173 家公司退市。纳斯达克市场自从创立以来，已有数千家上市公司摘牌、退市。即使是非常成功、足以在纳斯达克上市的公司，也面临着 70% ～ 80% 失败的可能性。在服务业能活过 5 年的企业，也只能达到 5%。因此，创业失败率之高、风险之大，是超出人们的想象的。

每一个企业都有一个生命周期，在传统行业中，一个企业从注册开始，到其达到利润平衡，一般需要 3 年时间，我们可以把这 3 年视为一个创业期，也可以称之为生存期。之后企业快速发展，进入成长期。在这些期间内，企业都可能遇到风险而面临失败。无险就无利，我们要尽量规避风险远离失败，而在规避中，我们应该把企业按照生命周期进行划分：创业期、成长期、成熟期和衰退期（或再次创业期）。学者爱迪思根据企业在不同生命周期遇到的不同风险，把企业划分为两个主要阶段：成长阶段和老化阶段（见图9-2）。

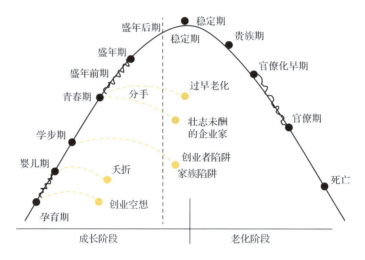

图9-2　企业生命周期示意

在这两个阶段中，孕育期、婴儿期、学步期均属于创业期，也称为生存期；从青春期往盛年期、稳定期发展，是成长阶段；接下来，贵族期、官僚化早期、官僚期、死亡是指企业逐渐进入老化阶段。在不同的阶段，企业会遇到各种可能引起企业失败的因素。比如孕育期会出现创业空想，婴儿期企业会夭折，学步期会存在创业者陷阱和家族陷阱，即创业团队的分裂。到青春期，会出现壮志未酬的企业家，会出现团队分手、未老先衰……一般要度过青春期后，企业才会比较稳定。可见，在生存期造成失败的风险防不胜防，进入青春期后的风险相对来说可控可测。

初创企业面临的风险多种多样，不同的风险具有不同的特点，形成过程不一样，造成的损失和危害也不尽相同。

团队分手

每位创业者在决定创业后首先会遇到一个问题：是自己 "单骑走天下"，还是与人合伙集体上阵打天下？现实的情况是，有人单打独斗闯出了一片天地，有人合伙创业却因 "一山难容二虎"使本已形势大好的事业半途而废。

仓促之间3人合伙

自从江南春以楼宇电视开创了一个全新广告模式之后，一下子打开了许多人想依托传媒创业的视野，其中就包括像周海鹏这样的在校大学生。

周海鹏将视线瞄准了高校的餐厅，他原本看中的是学校餐厅墙壁，并制作了商业分析以及可行性架构，和后勤去谈合作。因为成本过高，转而投向餐厅餐桌广告。"当时和学校谈下来的合作方案是，交给校方6万元，我们获得两年学校所有餐厅桌椅的广告发布权。但是对我们这些还在大学校园的在校生而言，6万元并不是一个小数目。于是，我决定和寝室同学合伙，彼此都比较熟悉，也算可信任。"

两位室友得知周海鹏的创业计划之后，都认为可行，没有多加考虑便欣然加入，决定共赴商海。一切都仓促展开，口头约定以入股资金为准，利益风险每人各承担 1/3。

利益面前分崩离析

在创业之前，周海鹏就信心满满，他说："传媒最主要是做好自己的平台建设。我已经有了学校餐厅这一平台，广告效果好，留存时间长，广告易被接受。再加上伙伴的加入，生意定不难做。"很快，周海鹏和伙伴便收回了前期投资，并开始着手进入其他高校的广告市场。

"有了成功的模式之后，其他高校很快与我们谈妥了合作，并同意我们以分期的形式缴纳合作款项。"手里有了平台，有了客户，一切顺风顺水。就在这时，周海鹏接到一个让他有些意外的电话。"一个小风投看上了我们的项目，决定给我们投资 100 万元，帮助我们加速扩张。"

谁知就是这 100 万元，让这个本来大有做头的项目最后只是昙花一现。"关于这 100 万元的用法，我们有很多分歧。我的想法是先将原本看中的餐厅墙壁落实下来，而合作伙伴的意见是先在各高校圈地，谈更多的高校，甚至是外地高校。合作伙伴想拿出一些钱来增加人手，而我想添置一辆中高档的车子作为工具，因为在我看来社会很现实，有好的包装谈客户会事半功倍。"

一旦心生嫌隙，纷争在所难免，周海鹏冲动之下做了一个让他至今后悔不已的决定。"我净身出户，并和他们签订竞业限制协议，10 年不涉足传媒行业。"然而周海鹏的退出并没有将项目重新带上正轨，反而像是在搭高的积木中抽出了一块，风雨飘摇，最后草草收场。

创业是件非常美妙且痛苦不断的事情，选择合作伙伴一定要非常谨慎。首先，人品要过硬；其次，创业伙伴之间有互补性；再次，能沟通，相互信任；最后，要能共同承担责任。在创业之初，合伙人之间最好建立起契约精神，把未来可能预想到的情况设计出来，体现在公司章程中，使未来的变化有据可依。另外，可以拿出部分股权给后来加入的业绩出色的合伙人进行再分配，预留出一个活口，在制度上保持一定的弹性。

二、创业失败成本

几乎每一个创业者都承认，创业非常艰难，开创一番属于自己的事业，并非易事。创业者需要投入时间，投入精力，付诸行动，付出代价。创业本身具有的资源稀缺、不确定性高、时间压力大以及失败率高等特征，导致创业者需要付出很多，并且要承担风险。概括起来，创业者面临的风险及需要承担的成本有以下 3 方面。

（一）经济成本

在大多数新创企业中，创业者或投入大部分的个人存款或其他资产，或向家庭其他成员、亲戚和朋友借钱。在某种程度上，创业者将个人财富与企业价值绑定在一起，一旦企业失败了，这些钱或资产就极有可能全部损失掉。不仅如此，创业者还有可能被要求承担远远超过个人净资产的连带责任，甚至有些时候由于创业所欠下的债务多年才能偿还清。此外，还存在机会成本，因为选择了创业，创业者失去了其他职业选择的机会。

开始创业之前，创业者们常常会问自己：如果失败，还能找到新的工作或回到原来的工作中去吗？若他们已有一份稳定的工作并有很高的收入和福利，职业风险将是他们主要考虑的问题。

（二）心理成本

创业者对新创企业不仅投入大量时间、精力和资金，往往还有情绪投资。很多创业者将新创企业作为事业经营，甚至当成自己的孩子一样看待，将新创企业看作实现梦想，满足自由、自主和证明自身能力等的一种途径或工具。创业者经营新创企业的时间越长，投入的感情越多，新创企业对创业者越重要。一旦创业失败，会带给创业者悲痛、伤心、自责、内疚、愤怒、焦虑等许多负面情绪，使其产生无助感，质疑自己的价值和能力。有人说创业最大的风险在于创业者的健康状况。钱可以再赚，房子可以再修，妻子、孩子和朋友可以逐渐给予他们理解。但一些创业者在遭受财务上的重创后从此一蹶不振，心理上的打击对他们来说才是致命的。

如何应对创业失败后的悲痛情绪

印第安纳大学凯利商学院的迪安·谢泼德（Dean A.Shepherd）教授，先后采访了几百位有过失败经历的创业者和项目负责人，其研究对创业者的启发主要有以下3点。

第一，善待自己，关注成长。 创业者面对失败时，以宽容、乐观、中庸的态度关注、爱护、善待自己，可以抑制自我保护机制（如向下比较和推卸责任）的启动。善待自己的态度不会对失败引发的消极情绪产生直接作用，但可以减少消极情绪对学习知识和经验的影响，有利于我们在失败中锻炼自己。有些人在评价失败时对自己采取宽容的态度（宽容），想到的是别人也会遇到同样的困境（乐观），然后设法让自己的情绪处于平衡状态（中庸）。以平和、淡定、从容的态度面对自己的痛苦，不夸大自己的痛苦，不走极端，以好奇心审视自己的痛苦，不隐藏自己的情绪。如把情绪当作信息的一个来源，用好奇心分析这些信息。

第二，管理情绪，汲取教训。 调整情绪是需要学习的一个过程，它是一种具有强大力量的技能，迪安·谢泼德教授提出了3种控制情绪的策略，可以帮助我们达到最佳的学习成果。首先是反思策略，主要目的是还原失败经过，弄清失败发生的原因。回想失败的经过，可以切断我们与自己创建企业之间的情感纽带，这有利于我们客观分析失败原因，但就像把伤疤一遍遍揭开，可能会使我们更加难过，也会给学习过程造成障碍。第二种策略是恢复策略，分散注意力，避免消极情绪，就是不去想失败这件事，消除并发压力（如找一份新工作以缓解经济压力），解决了失败导致的其他次要问题，失败的负面影响就会随之降低。但是逃避现实无法从失败中得到锻炼，且抑制情绪不太容易做到，情感的长期压抑还有损身心健康。最后是交替策略，即反思策略和心理恢复策略交替运用，这可以发挥两种策略各自的优势，最大限度地避免各自的弊端，使人将情绪调整到有利于学习的最佳状态。

第三，提高情商，相互支持。 情商高的创业者可以自由驾驭两种情绪控制策略——反思策略和恢复策略，交替使用，游刃有余。创业者应该训练和提升自己的情商，强化自我意识，提高自控能力，能够感知并合理利用自己的情绪，灵活运用情绪管理策略来搜寻信息、解读信息，从信息中学习知识和经验。要提高信息搜寻能力，可以将注意力尽量集中到失败的经过上，查找所有与失败有关的线索，要提高信息解读能力，可以将新获得的信息与自己已经掌握的信息和知识联系起来，融会贯通，综合考虑。要提高学习能力，可以在提高信息搜寻和解读能力的基础上，拓宽思路，转换角度，在已有结论的基础上寻找并分析更多的可能性。维持一个社交网络，使自己可以跟这个圈子里的人谈论失败的经过、探讨失败的原因，获取社会支持。不仅要提高自己的情商，还要确保自己的社交圈里有情商高的伙伴。

（三）社会成本

创建一个企业需要创业者投入大量的精力和时间。这就会使他们周围的人受到影响。如果创业者结了婚，甚至有了孩子，家人所面临的情况就是难以享受一个完整的家庭并可能一直为创业者担惊受怕。另外，因为不能经常参加聚会，老朋友会渐渐地变得生疏。创业意味着需要对投资者、雇员、债权人、顾客等利益相关者承担责任，一旦创业失败，将损害创业者的网络关系，给创业者带来污名，影响创业者再创业的资源获取，甚至导致同行和专家质疑其专业能力。

211

创业聚焦

创业失败后利益相关者的 5 类负面反应

创业失败是一个社会化的过程。社会成员对失败的意义建构是在各方互动的过程中形成的。创业者、职业经理人、员工、外部合作者等相关方对失败可能有着完全不同的理解，并不存在一个天然的"共识"。在这一过程中，多方利益相关者互动交织，共同塑造了对创业失败的集体性共识。所谓"众口铄金，积毁销骨"，真相有时并不能第一时间为外界所了解。

面对失败的危机，利益相关者的反应对于创业者、新创企业至关重要。此时，利益相关者的反应多以负面为主，这些负面反应不仅会伤害创业者的形象、声誉，还会磨损他们的自尊、信念，给创业者带来诸如内疚、焦虑、愤怒等各种情绪的煎熬，将其拖入"黑暗时刻"。从某种程度来说，利益相关者的负面反应，常常给创业者带来远比失败本身更大的伤害。创业失败后利益相关者的 5 类负面反应如下。

脱离关系：创业失败后，利益相关者断绝与新创企业或创业者联系的情形，是利益相关者最常展现的负面反应。

关系质量下降：这是一种含蓄地从既定关系中部分抽离出来的方式。由于事先约定或碍于过往情分，一些利益相关者不能或不愿与新创企业、创业者立刻脱离关系，但他们也不再按照以往的方式对待创业者和新创企业。

要求更有利的交换关系：某些与新创企业有关系的个人或组织可能伺机威胁和谈判，以获得比以往更有利的交换条件。

> **抹黑（谣言）**：这种负面反应是指利益相关者对失败的创业者或新创企业进行夸大式的毁谤。通常，外部利益相关者对失败的情形了解不多，加上创业者对关键信息讳莫如深，他们普遍难以获得充足准确的信息，从而容易导致谣言迅速蔓延。
> **抹黑（对峙）**：这种负面反应指直接或当面的侮辱，这对失败的创业者来说是一场巨大的灾难。

创业学之父蒂蒙斯曾说过，商业上的失败并不意味着创业者失败。尽管我们努力了，但是企业绩效还是低于预期，最好的行动就是关闭它！虽然关闭企业很痛苦，但是如果我们不关闭它，我们只会损失更多。当创业失败时，创业者除了要及时关闭企业，还要正视并理性面对创业失败带来的各种成本。

第 三 节

// 创业失败应对 //

我们正处在一个空前的全球创业兴盛时代，但无数创业公司都黯然收场，以失败告终。创业是高度不确定性状态下的试错性行动，失败不可避免。创业就是通向终极梦想的不断试错、学习和改进的过程，失败是一个排除错误的过程，创业活动的本质赋予了失败价值，创业者要克服人性本能以及对失败的潜意识逃避，要具有"婴儿般"的勇气，不怕失败，更好地挖掘失败的价值，通过对失败的思维演练走向创业成功。

一、复盘：对过去的事情做思维演练

复盘原本是一个围棋术语，指下完棋，棋手重新摆一遍棋，以探讨得失，总结当时有无更好的应对招数。再联想一种称为复盘的学习方式：做一件事情，失败或成功，重新演练一遍。大到战略，小到具体问题，原来目标是什么，当时怎么做，边界条件是什么，做完了回过头看，做得正确不正确，边界条件是否有变化，要重新演练一遍。2011年9月27日，在北京联想之星创业大讲堂暨创业联盟成立大会上，柳传志说："复盘至关重要，通过复盘总结经验教训，尤其是失败的事情，要认真，不给自己留任何情面地把这个事想清楚，把事情想明白，然后就可以谋定而后动了"。

《创业36条军规》的作者孙陶然，他创办了包括拉卡拉、蓝色光标、考拉基金等在内的多家知名企业，他承认自己是复盘理念的践行者和受益者，并将自己的成就一半归因于自己的天资，另一半归因于复盘。成功的人最重要的学习方式就是向自己的过去的经验和教训学习。向自己学习最好的办法就是复盘，复盘可以通过4个步骤来进行：目标－结果比较、情景再现、得失分析和规律总结。首先，对照最初的目标看结果有没有达到，差距在哪里。其次，不管有没有达到，把要复盘的项目进行回顾和阶段划分。再次，针对每个阶段总结得失，对事也对人，找出问题找出原因。最后，从中总结出规律性的东西，作为知识和技能掌握下来，以期再次遇到同类问题时知道如何处理并不再犯同类错误。复盘有小复盘有大复盘，小到每天睡觉前对自己当天经历的事情做个快速复盘，总结一下得失，大到一个公司战略执行的复盘。

我们借鉴联想的复盘"4步法"，来分析创业者经历失败后如何通过复盘从中进行学习。

第一步：回顾。 回顾目标其实就是要你回想一下当初做这件事情的目的或期望的结果是什么。有两种不同的方法：情境重现法和关键点法。当我们刚开始复盘的时候，最好用情境重现法。当我们越来越熟悉复盘之后，关键点法就会成为最常用的方法，而情境重现法则成为补充。

第二步：反思。 反思既是内隐的思维活动，也是外显的探究行为。反思不仅要求个体回顾过去来"发现问题"，还要求个体重视当下的"问题探究"，更要求个体重视指向未来的"问题解决"。创业者经历失败后需要通过反思来获得对失败原因的深刻理解和对未来行动的构想，尤其是通过反思程度的不同获得心智模式的转换。美国哥伦比亚大学的麦基罗教授根据反思的程度将反思分为3种类型：内容反思、过程反思和前提反思。内容反思（Content Reflection）是对某一问题的内容或叙述进行仔细审查和检验；过程反思（Process Reflection）是对所采用的问题解决策略的检核与验证；前提反思（Premise Reflection）是对问题本身产生的质疑，是对解决问题习惯性思维的审视，促使个体产生观点的转化。

第三步：探究。 复盘的关键是推演，通过推演这个动作，复盘就不仅仅是对过去的复制呈现，而是可以对各种可能性进行探讨。分析原因时要仔细分析事情成功或失败的关键原因。复盘的时候，需要谈论的内容，可以通过3点来明确：①现在情况如何；②当初是怎么决定的；③再审视下思考的前提。这3点，可以帮助你清楚地认识事情的方方面面。为了保证复盘的顺利进行，需要注意以下3点：①设问，通过不停地追问来引发思考，进而得出结论；②叙述，对事情的发展过程进行情境重现；③回答，对别人提出的问题进行回答，在解答疑问的过程中去除迷思，接近规律。

第四步：提升。 提升的内容包括3个方面：得失的体会、是否有规律性的东西值得思考、下一步的行动计划。复盘得出的结论是否可靠，必须在复盘的当时做出判断，一般来说可以通过4点进行评判：①复盘结论的落脚点是否在偶发性的因素上；②复盘结论是指向人还是指向事；③复盘结论的得出，是否有过3次以上的连续的"为什么"或者"为什么不"的追问；④是否是经过交叉验证得出的结论。

二、翻盘：从失败中崛起

每个人都会经历失败，但并非人人都能"向阳而生、逆风翻盘"，走出失败阴影并实现自我成长是一种出色的个人技能。《翻盘》是一本适用于鼓舞、激励、指导创业者正视失败，并从失败中恢复，逐渐走向成功的书籍。作者马修（Matthew）娓娓道来全世界163位创业者如何从失败走向成功的案例，并告诉我们所有人都会经历失败，但并非所有人都能走向成功，重要的差异在于，这些转败为胜的人往往可以迅速地从失败中恢复、改变并且变得更加强大。

马修根据采访总结了从失败中恢复并做出改变一般需要经历的7个阶段：打击、痛苦、纠结、沮丧、引爆点、重建和接受。但是，由于每个错误、失败和情境都是不同的，因此各个阶段并不是那么泾渭分明。翻盘并不是必须依次经历这7个阶段，每个失败都不一样，翻盘可能开始于任一阶段。下面详细介绍翻盘的7个主要阶段。

（一）打击

决策贯穿整个打击阶段，打击不仅会导致许多最初的错误，而且会使你在恐慌中做出更糟糕的决定，而非去寻找正确的选择。首先，在打击阶段要识别错误或失败的特征，请你思考创业项目中的招聘、发展、决策、激情与目的、恐惧、沟通和外部环境 7 个方面，看它们是否存在潜在的错误。其次，你要善于识别错误来临前的威胁信号，包括枯燥、单打独斗、忽视你的愿景等。

（二）痛苦

不论你是谁，不论你在创业道路上走了多久，你所遭受的错误和失败都伴随着痛苦。可能是财务上的痛苦、情感上的痛苦，也可能是身体的痛苦。一旦你在一件事情上投入大量金钱，你将面临何时终止、何时继续、何时需要投入更多资金的困境。不论你愿意与否，先退后一步，思考一下金钱在你生活之中扮演何种角色。其次是情感上的失意。大多数情况下，商人也是正常人，他们也会做普通人都会做的事情——感情用事，被一些情绪控制，包括害怕、愤怒、后悔、遗憾和悲伤等，但是它们都可以归结为失望。最后是身心上的疲惫。身体上的痛苦才是最能让你彻底垮掉的那一个，管理好自己的身体至关重要。生意上的错误经常会导致你个人的困境，也许这会影响到你的家庭、你与其他人的关系等。比起将你的生活分解开来，或许更应该将它视为一个整体。他人的陪伴是帮助你把错误转换为成功的关键因素。

（三）纠结

如果你从你犯下的错误中感受到的只有愧疚，那么你就看不到大局和错误蕴含的潜力。首先，面对现实需要做艰难的决定，承认错误并真正地采取行动去解决它。其次，拒绝无意义的"指责游戏"。不要责怪别人，不管是错误还是奖赏，你要对事情负责、对自己负责。对自己负责，为自己的错误负责，但是不要沉溺于错误中无法自拔。行动、前进的同时，也需要保持清醒的头脑。要掌握好行动和思考之间的平衡点。要有意识地前进，不要沉迷于所犯的错误，当然，也不能鲁莽行事。

（四）沮丧

沮丧可以使人正确全面地看待生活。当压力靠近并使人濒临放弃的时候，只要叩问内心并真诚地回答，那么这些压力就不会打败你的事业、你的梦想。仅凭一己之力是很危险的。朋友、家人和整个关系网至关重要。不管你的错误或失败是什么，无论感到何等沮丧，只要你当初待人友善并证明你作为朋友的价值，他们会帮助你站起来。你今天的行为很大程度上定义了你的明天。逃离并不是最理想的解决办法，但有时候确是必要的，这是一次充电的机会，有时候你需要退一步来缓口气，做重新评估。

（五）引爆点

引爆点是指顿悟的那一刻。比如，你开始把你的错误和失败变为成功的时刻；把一个好的想法变成一个伟大主意的时刻；等等。谁也不知道你的灵光一现会揭示什么，但是它总是美好事物的开始，会使你重新振作，给你一个新的前进方向。你的引爆点不是直接提供答案，而是给你一个睁开双眼、观察周围一切的机会。观察往往是你真正所需。观察周边的世界，联系自身的优势，思考机会能够带来的价值，一直寻找的答案就会横空出世。

（六）重建

不必执着于过去所犯的错误，而是要从中学习、排除困难，并最终战胜困难。专注、扩张、多元化或者重新开始都是扭转局势的方法。通常情况下，实现重建的最好方法就是专注于你已经做的，并深入研究，这样的专注可以为你的产业带来更深远的利基市场。专注并不是唯一答案，有时候需要扩宽视野，使自己多元化。扩张通常归结于在更大规模上重复你之前做的，它有很多形式。事业的终结并不代表自己或人生的完结。重新开始并不是一个理想情况，但它通常也是一个诞生更好想法和创意的地方。

（七）接受

今天的折磨是明天的幸福。接受阶段就是接受已经发生的事情，接受现实并且秉承让事情变得更好的目的而勇往直前。当你回顾过去的错误并接受它们时，你会毫无疑问地改变自己的看法和方式。在接受阶段，创业者得到的最大收益是在此过程中的个人成长。

学会管理创业失败

为了不被利益相关者的负面反应拖入"黑暗时刻"，创业者一般会采取印象管理策略来避免、应对这些负面反应。印象管理是指任何能够改变、保持个体在另一个人眼中形象的行为，这些行为以达成某些有价值的目标作为目的。创业者应该主动运用印象管理策略管理失败，影响受众对创业失败的意义建构，以尽快走出失败的阴影，以下 5 条原则可供参考。

我心向阳。 创业者需要明确的是，自己对自己的看法很大程度上决定了外界对自己的看法，因此不能因失败看轻自己，否则往往会吸引他人"落井下石"，以"受害者"心态验证自己的观点。创业者需要对创业失败有一个正确的认识，失败是多数创业活动的必然结局，本身具有重要的学习价值。创业者在面对失败时可采用"净罪"（Catharsis）的修辞说服自己，区分创业失败前后的自身，相信只有通过失败的洗礼才能获得提升和一个全新的自我，将失败解释为试错、"垫脚石"，是证明未来会有更大成就的"将军的伤疤"，向更加积极的方向引导相关方的态度。

积累资本。 创业者拥有的社会资本（如声望、社会地位）越多，创业失败越难以导致污名，即便造成污名，污名对创业者声誉的负面影响也非常有限。首先，地位、声望等社会资本会改变大众对创业失败的看法，拥有更多社会资本的创业者更易获得大众的善意和同情，令大众展现出更为积极的反应；其次，作为信任储蓄，社会资本可以换来受众对创业失败的谅解；最后，社会资本有网络效应，创业者与网络中的其他精英相互支持，更易获得声援。因此，创业者平时应注意积累"人品"，少树敌、多交友，积累社会资本，并防止在"黑暗时刻"透支自己的社会资本。

保持距离。 创业者应与造成失败的"负面事件"保持适当距离以减少失败的污名，尽可能说明造成失败的因素是不受创业者意志控制的外部因素，且该情形不会再次发生。当失败是由利益相关者不合规或不合法的行为导致时，创业者应当迅速明确责任方并与之划清界限，拒绝当"替罪羊"。

充分沟通。 创业者在创业失败后对创业过程进行详细陈述、曝光细节有利于减少失败的污名。一方面，谣言的产生很大程度上是因为创业者和受众之间信息不对称，受众获取的信息不够充足和准确，多数情况下会形成对失败的夸大式毁谤，创业者对信息的主动曝光能够在早期杜绝这种隐患。另一方面，创业者可以在详细陈述、曝光细节的过程中向受众展示其关键决策是通过科学的方式做出的，即便回到原点，失败仍不可避免，使受众有"代入感"，引发共鸣，获得谅解。

巧用组合。每种印象管理策略的有效性都存在相机因素，使用组合策略可能比单独使用某一种策略更为有效。例如隐瞒真相可能是不道德的，但它是一种有效的临时措施，能够为其他长期有效的策略赢得实施的时间。一项研究发现，如果创业者将失败框架设定为"环境太复杂、敌人太狡猾、我竭尽全力、之后不会再次发生"时，更有可能获得受众对失败的理解和接受。

三、学习：从失败中蜕变成长

（一）树立一种基于学习导向的失败观

学习导向的失败观认为失败是健康试验和学习过程的副产品，失败管理焦点并不是控制成本，而是视其为对未来的投资。在某种程度上，创业者可以将从失败中学习当成另外一个创业过程，将创业视为对阻碍、挫折和失败的管理过程。

要想做一个成功的创业者，就需要将对失败的态度从传统视角转为学习导向视角，将失败视为试错、试验、学习的机会，这样不仅创业者能够从失败中学习，还可营造一个包容失败、鼓励试错、积极分享的学习氛围。

小贴士

世界上第一台笔记本电脑的发明者、奥斯本公司的创始人亚当·奥斯本，他曾经在计算机技术发展过程中创造辉煌，为整个产业带来了深远的影响和变革，他曾经说过一句话："你能创造的最有价值的东西就是失败，你不可能从'完美'中学习到任何东西。"

（二）培养从失败中获益的思维方式和学习技巧

逃避失败和错误是人类趋利避害的心理本能，我们的价值体系中也排斥"失败"，更缺少从失败中学习的技巧和能力。总结失败经验并不会在失败之后立刻发生，而是需要一段时间；总结失败教训也不是自动发生的，而是需要一个学习过程，总结失败的经验教训并不是每个人天生的本领，而是后天习得的一种技能。创业失败带给创业者一系列成本，甚至有些失败改变创业者的人生发展，而随着时间流逝以及创业者阅历的增加，创业者往往会对创业失败经历不断反思、质疑和追问，会不断地设想各种"如果……那么"的场景和可能性，通过这种反事实思维对失败进行新的解读。创业者可通过反事实思维训练来应对创业失败可能造成的负面影响，通过总结和吸取失败的教训来提升"反失败"思维能力，提高在遭遇失败后更好地管理失败并从中有效学习的能力。

（三）巧妙设计失败发现问题，提升组织适应性

创业者可以在正确的时间、地点通过系统的试验来设计失败，通过设计失败促进对模糊结果的再认知，及时发现潜在的问题，刺激信息搜索宽度和深度。面对高度不确定性的环境，创业者应该策略性地设计一些有学习价值的失败，这不仅提供了宝贵的学习机会，而且有助于创业者克服认知局限、突破自我，提升危机下求生的能力，帮助企业

领先竞争对手并在未来飞速发展。因此，创业者应尝试具有价值的失败，学会策略性设计失败，以最小成本去试错和失败，以获得最大化的反馈和学习成果。

媒体宣传和创业教育中大多教授创业者如何创业成功，却鲜有关注如何避免失败、如何从失败中更好地吸取教训、如何从失败中更快恢复并从中学习受益。创业者在创业之前就要为失败做好心理和物质准备，明确自身可承担的损失和风险，在创业中时刻保持危机和风险防患意识。创业失败后及时理性关闭企业，避免损失升级，尽快调整自身悲痛等负面情绪，快速从失败中崛起，开始新的人生旅途。这种为创业失败所做的准备不仅能够帮助创业者更好地应对失败，坦然接受失败，从失败中获益，还有助于创业者从失败中学习并蜕变成长。

四、创业韧性：失败恢复的加速器

2018 年，万科名誉董事会主席王石在北京水立方发表演讲，他指出："人在最困难的时候不是看他的高峰，而是看他由高峰跌到低谷的反弹力。"史玉柱，这位自己坦言"我是中国著名的失败者"的人，从"巨人汉卡"的第一桶金，到"巨人大厦"的沦陷，再到"脑白金"的崛起，他在经历沉重的失败打击后仍能有效调整自我、总结经验教训，并由此蜕变成长，很快便东山再起，开创了新事业，这便是充满创业韧性的表现。再者如人人熟知的马云，创业道路也非一帆风顺，充满了艰难曲折，创业初期多次被人拒绝，接连 4 次失败，但他具有创业者精神，不惧怕任何困难，一旦确定目标便坚持不懈、坚韧不拔地做下去，其韧性让他最终实现了自我超越。创业是一个充满挑战的旅程。之所以充满挑战，是由创业本身的复杂性和不确定性决定的，怎样规避风险并合理应对潜在的失败可能是一个难题。从无到有、从小至大，创业者不断"摸爬滚打"，以其自我的创业韧性（Entrepreneurial Resilience）不断积极应对重重阻碍，最终实现"惟坚韧者始能遂其志"。

创业韧性代表创业者预测潜在威胁、有效应对突发事件以及适应变化，并变得比以前更强大的能力。韧性作为在不确定情境下个体发展出的应对能力，主要包括恢复、应对和成长 3 个能力层次，具体体现为：

（1）在消极的应激状态下恢复情绪、修复自我，以达到稳定情绪的能力；

（2）在自我适应的基础上积极转变、克服逆境、有效化解危机的能力；

（3）获得成长与发展，在今后的生活与工作中更加积极乐观、有效适应的能力。

韧性的恢复和应对等特性使个体在遭遇挫折情境后能够运用积极情感，降低消极情绪对自身行为的影响，并找出应对策略以便从不利情境中尽快恢复。韧性作为个体所具有的一种能力，是人们缓解压力或危机的关键点，不仅可以帮助创业者在失败后有效恢复，还能促进其逆流而上，战胜并超越自己。韧性中努力化解危机并促进自我发展与成长的能力，更能促进创业者在恢复的基础上，激发其进行深入的反思，提升行动效果。具有反思自我并寻求发展能力的创业者在失败后，不再仅仅局限于简单的行为匹配和问题解决式学习，而是十分重视利于未来发展与成长的知识积累和能力提升。

217

小贴士

以创业韧性应对创业压力

德福瑞斯（Herb De Vries）和希尔兹（Mishelle Shields）于 2006 年提出创业韧性的概念，将其定义为在面对创业逆境、压力和不确定性时，个人有效应对的能力。应对是指因感知逆境事件而引发的短期、临时的调整过程。心理学家理查德·拉扎勒斯（Richard S.Lazarus）和苏珊·福克曼（Susan Folkman）提出两种类型的应对：以问题为中心的应对和以情绪为中心的应对。就应对创业压力而言，以问题为中心的应对指管理或改变导致创业压力的环境，以情绪为中心的应对指调整对压力环境的情绪反应。创业者若能够有效管理或改变创业环境固然很理想，但是在现实中改变客观条件的难度往往较大，即管理或改变压力源（以问题为中心的应对）的难度较大，这时调整对创业环境的情绪反应（以情绪为中心的应对）就显得很重要，而创业韧性为此提供了基础。创业韧性水平高的创业者具备顽强的毅力和乐观的特质，能够较好地控制情绪与认知，容忍创业的不确定性，变压力为动力，从艰难环境中恢复并提升自我。这种心理和情绪运行机制，使创业者在经历创业挫折或重大损失时也能维持相对稳定、健康的心态。

创业韧性有利于创业者以积极情绪应对失败。科纳尔（Patricia Doyle Corner）等人研究发现，在失败初期，创业者可能在行为上出现中等程度的混乱，高创业韧性能够提升他们的责任感和承诺，从而在情绪、心理和日常的行为上抑制这种混乱，降低沮丧，维持创业者的情绪和心理运行的稳定性；在失败中期，创业韧性有助于创业者进行认知的重构或动机的改变，以减轻对失败的情绪反应；在失败后期，创业韧性体现了其改善功能，显示出韧性对情绪的内在控制轨迹。从整体上看，高创业韧性使创业者能够在失败后做到情绪超然，促进创业的可持续性。

创业韧性能够激发积极情绪，促进其他创业特质发展以及创业成功。创业成功包括客观成功和主观成功，前者指的是组织机构的成功，例如组织规模大、经济效益好、社会声誉好以及上市；后者指创业者主观感知的成功，例如从个人创业短期目标达成中获得成就感。从概念角度看，创业韧性是客观创业成功的必要条件，创业者需要具备创业的综合素质，不过仅具备创业韧性，并不意味着创业一定能够取得客观成功。此外，创业韧性对于其他创业特质具有很好的促进作用。如布洛（Amanda Bullough）在2014年的实证研究中发现，创业韧性与创业意向正相关；创业韧性能够调节风险感知同个人创业意向间的负相关关系，即创业韧性越高，二者的负相关性越弱；创业韧性能够调节创业自我效能同创业意向间的正相关关系，即韧性越高，二者的正相关关系越强。创业韧性通过激发积极情绪促进其他创业特质，这些创业特质与创业韧性的整合作用，对创业者自我效能和创业成就导向提升具有重要作用，从而有助于创业的客观成功，即创业韧性以其他创业特质为中介变量促进创业的客观成功。同时，无论创业环境本身存在积极性因素与否或多少，创业韧性都会促进创业者个人以乐观、积极的态度感知创业情境中的积极因素，或者化消极为积极，激发积极情绪反应，增强和延长积极体验，从而提升创业过程中的获得感、幸福感和安全感，取得主观成功。

凭借坚韧的毅力，不畏惧任何困难险阻，创业者自能逆流而上、拨云见日；若缺乏韧性，凡事知难而退，那么创业者只能是无可奈何、望洋兴叹。大学生创业群体是创业人群中具有特殊性的样本，创业愿望和激情较高，一般自信心较高，"初生牛犊不怕虎"，对新鲜事物的兴趣更高并更容易接受，不拘泥于条条框框，能够迅速抓住商机、采取行动。但同时，他们承受挫折能力较差，遇到挫折困难容易放弃，有可能在前期听到创业艰难，便没有继续走下去。所以，当代大学生创业者应该努力提升自己的创业韧性，面对困难不轻言放弃，在创业旅途中不断成长，最终才能收获满满。

粉笔科技：峰回路转，凤凰涅槃

创业失败

2012年12月20日，北京粉笔未来科技有限公司（以下简称粉笔科技）的例行晨会上，以往谈笑风生的会议气氛今天有些异常。公司高管和骨干全部列席，共商如何解决当前活跃用户过少的困境。几番争论之后，问题的焦点却转向是否应该放弃公司的主要产品粉笔网。粉笔网创立于2012年8月，旨在通过整合线下的名师资源，打造实现师生互动交流的点评类学习社区，最终解决"学生找不到教师，教师找不到学生"的市场痛点。4个月过去了，粉笔网的发展不尽如人意。从用户数量看，学生用户累积虽已达10万，但活跃用户不足1万。另外，学生的点评习惯尚未形成，而教师无力守在计算机或手机旁及时回复学生的提问，这些问题使师生之间的互动几近于零。如果不能解决这些问题，粉笔网肯定是"走不下去了"。创始人李勇回想创业以来的点点滴滴，他不停地问自己：粉笔网的问题到底在哪？坚持还是放弃？

坚持？如果坚持下去，虽然可以通过持续的推广增加学生用户的数量，但学生用户活跃度不足的问题可能会长期存在。没有用户的活跃度，粉笔网就没有存在的价值。放弃？"怀胎十月"，粉笔网承载了李勇和团队全部的心血和梦想，放弃谈何容易？李勇独自坐在安静的会议室里，踌躇不决。突然，他想起后台活跃度数据分析的一个发现，联想自己在中学读书时的"题海战术"，顿时心里一亮，难道存在第三种可能？

转型

回想粉笔网上线以来的用户活跃度数据，李勇猛地想起粉笔网产品中"老师组题，学生做题"有强烈需求和活跃反映。"为何不开发一个专门的题库（做内容）呢？"这个想法一下子点醒了大家，与平台模式相比，做题库虽然市场想象力有限，但开发起来简单快速。为了验证建题库这个点子，公司成立了两个独立的调研小组来了解学生的需求，听取学生的建议。他们发现，学生学习过程中的最大需求是习题，尤以职业类和K12的学生最为明显。李勇当机立断，决定放弃平台，转向开发题库产品。此外，创业团队还多次与圈内好友李学凌、方三文、唐岩等人交流这个新点子，得到了圈内好友的支持。李勇只为粉笔网留下了不到5人的运营团队，将全部的技术资源投入题库产品中去，将其定位为"智能化的学习工具"：根据学生答题情况智能调整出题范围和难度。

2013年2月18日猿题库公务员行测、公务员申论题库上线，起名为"猿题库"；2013年9月猿题库推出"高考题库"；2014年11月，公司悄然启动了"小猿搜题"项目；2014年12月，公司选择与出版社合作，为教辅书籍提供线上服务。2015年5月，公司又发布了猿题库教师版，将其定位为服务老师的作业布置平台。

从工具回到平台

猿题库和小猿搜题这两款免费产品为粉笔科技带来大量用户的同时建立了深厚的内容和数据积累。但李勇心里很清楚，题库产品只是优化了教育过程中的一个很小的环节，距离教育的本质还很远。将师生精准、紧密地联系在一起才是最根本的东西。一直萦绕在李勇内心的那个平台梦，又回来了。2014年年底，李勇团队对在线直播教学进行立项。和最初的粉笔网一样，这次做的还是平台，不一样的是李勇从猿题库、小猿搜题等一系列探索中发现的一个可靠的商业模式：一个纯在线的辅导平台。2015年3月获得D轮融资后，公司于同年6月推出了在线直播辅导平台"猿辅导"。这款被李勇定义为"猿题库+"的产品主打初高中学生一对一在线辅导，"给学生和家长一个完整的解决方案"。

粉笔科技连续3年获得了来自经纬、IDG、CMC、新天域资本的投资，公司估值3.6亿美元。回顾创业历程，李勇及其团队经历了3次转变，一是放弃粉笔网，转向猿题库；二是孤注一掷进入K12市场；三是从工具回归平台。每一次转变都是险象环生、峰回路转。3年的创业历程看似是围绕"平台–工具–平台"画了一个圈。

经历粉笔网创业失败、猿题库和小猿搜题创生等一系列洗礼的李勇已经不再是多年前的那个"新兵"。"老兵"李勇现在可以非常坦然地面对意外和失败。多年的创业经验让他知道创业永远都是进行时，是一个对未知结果不断试验的过程。意外在所难免，失败在所难免。与失败理性相处，善于从意外、失败中学习，才能峰回路转、逢凶化吉、转危为机。

要点回顾

- 创业维艰，创业者需要承担主客观的创业风险，主观风险包括创业压力和失败恐惧，客观风险包括财务风险、市场风险和法律风险等。
- 创业活动的特点决定了高失败率，并不是所有的失败都值得去学习；创业失败的原因多种多样，主要包括无市场需求、资金短缺和没有合适的团队等。
- 创业失败可能会给创业者带来经济成本、社会成本和心理成本等。
- 通过复盘可以对过去发生的失败事件进行思维演练，以求更好地挖掘失败价值。
- 从失败中恢复并做出改变一般需要经历7个阶段：打击、痛苦、纠结、沮丧、引爆点、重建和接受。
- 从失败中学习首先要树立一种基于学习导向的失败观，培养从失败中获益的思维方式和学习技巧，也要设计失败发现问题，提升组织适应性。
- 创业韧性作为在不确定情境下个体发展出的应对能力，主要包括恢复、应对和成长3个能力层次。

关键名词

创业风险　创业压力　经济成本　社会成本　心理成本　翻盘　复盘　创业韧性

// 复习思考题 //

1. 创业压力的来源有哪些？
2. 创业失败的原因有哪些？
3. 创业失败可能会给创业者带来哪些影响？
4. 对比复盘和翻盘，你认为二者存在怎样的相同点和不同点？
5. 对于从失败中获益，你有哪些技巧和方法？
6. 如何锻炼和发展在校大学生的创业韧性？

// 行动学习 //

风险掷球

一、活动形式

分成若干组，每组 5～6 人。

二、活动类型

提高风险承担技能的游戏。

三、活动时间

30 分钟。

四、活动道具

篮子、3 个弹力球。

五、活动目的

通过掷球游戏让团队队员体验和承担风险，并了解如何去评估和预防风险。

六、游戏步骤

1. 游戏第一部分：个人赛

第一步，在教室里放个篮子并准备 3 个弹力球（或用网球代替）作为投掷物。

第二步，确定篮子（柱子）所对应的投掷位。最远投掷位和篮子之间的距离约为 3 米，在最远投掷位和篮子（柱子）之间分 10 个等距。每个等距为一个投掷位（共 10 个投掷位），用粉笔在地面上画横线以表示出每个投掷位，并标出分数（从篮子或柱子最近的投掷位开始依次从 1 到 10 标出）。

第三步，在正式比赛开始前教师让学生报数，学生的"报号"就是他正式投掷时的比赛顺序。每个学生可以投掷 3 次，可以自行选择不同距离的投掷位。请两个学生作为助手（捡球和记分），记下投掷者成功投掷（球进篮中）对应的投掷分数，失败投掷计"0"分。

第四步，记录员把每个学生成功投掷的分数相加，即为该学生的积分（见表 9-1）。记录员记分时，应当结合"站位"进行。例如，张三在比赛投掷时，3 次站位分别为 5、6、7，结果只有第一次投中，记录成绩组合为（5，5）、（6，0）、（7，0），积分为 5 分。

表 9-1 风险投掷游戏得分汇总

报号	站位	得分	积分	报号	站位	得分	积分	报号	站位	得分	积分	报号	站位	得分	积分
1				5				9				13			
2				6				10				14			
3				7				11				15			
4				8				12				16			

思考与讨论

（1）那些积分高的学生是怎样确定他们的投掷位的？在 3 次投掷中，他们的投掷距离有几次改变？

（2）那些积分较低的学生，问题出在什么地方？他们在玩游戏的时候做过什么调整或改变？

（3）那些分数居中的学生采用了什么方法来应对游戏中的风险？

（4）如果再次进行这个游戏，学生会做出怎样的调整和改变来提高得分呢？

2. 游戏的第二部分：团体赛

第一步，首先把全班学生分组，每组五六人。如果可能，尽可能让个人赛取得优异成绩的学生分配到不同组里。

第二步，每个组的每个学生都要出场投掷，每组所有组员的成绩相加即为小组成绩。第一轮中第一组先出场投掷，第二轮由第二组先出场投掷，各组轮完之后，最后一轮按分数从高到低依次出场投掷。

第三步，给每组 3 分钟的准备时间，仔细观察学生在 3 分钟的准备时间里所做的事情（不要告诉他们该做什么）。有些组可能会练习投掷，有些组可能是坐在那里讨论出场次序，游戏结束后让学生解释一下他们这样做的原因。

第四步，团体比赛正式开始，各组学生依次出场投掷，然后计算小组成绩。可在比赛进行过半以及最后一轮开始之前，再给各组 2 分钟的讨论时间，制订相应的风险对策。

思考与讨论

（1）在团体赛中学生使用了哪些其他资源？（例如，之前得分的大致范围、每个人之前的成绩、群体的意见等。）

（2）团体赛和个人赛有哪些不同？（例如，参与者有了更多的资源，同时可能要服从群众压力，这可能会导致个人目标和群体目标发生冲突。）

（3）团体赛的成绩总和是否高于个人赛中所有学生的成绩总和？如何解释这种

差异？（例如，团队合作、对技巧的改进、团队成员间讨论、得分范围、群众压力等因素导致这一差异。）

七、总结与启示

风险掷球游戏可以帮助学生理解风险的概念和特点，从而具备风险意识，了解"创业有风险，三思而后行"的重要性，同时结合理论讲授掌握风险识别和风险评估的基本原理与方法，学会识别和评估创业风险。

在完成掷球游戏后，教师可以引导学生在创业过程中遇到风险时，要在承担风险之前思考以下问题。

（1）这个目标值得去冒风险吗？

（2）怎样使风险最小化？

（3）在决定承担风险前需要什么信息？

（4）人力资源或其他资源如何有助于最小化风险？

（5）在承担这个风险时自己担心的是什么？

（6）自己愿意尽最大努力去实现这个目标吗？

（7）承担风险能使自己获得什么？

（8）在承担风险之前，自己需要做哪些准备？

（9）有哪些衡量指标（数字量化）可说明自己的目标已经实现？

（10）在实现目标的过程中，最大的障碍是什么？

第九章阅读提高

第九章学习资源

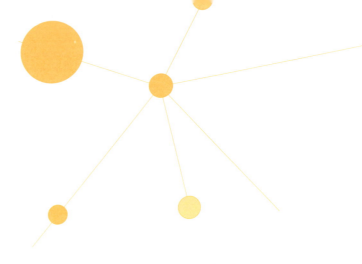

第十章
新创企业的设立和管理

本章导图

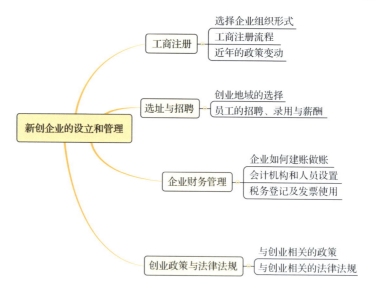

新创企业的设立和管理

- 工商注册
  - 选择企业组织形式
  - 工商注册流程
  - 近年的政策变动
- 选址与招聘
  - 创业地域的选择
  - 员工的招聘、录用与薪酬
- 企业财务管理
  - 企业如何建账做账
  - 会计机构和人员设置
  - 税务登记及发票使用
- 创业政策与法律法规
  - 与创业相关的政策
  - 与创业相关的法律法规

学习目标

通过本章的学习，你应该能够：

（1）了解企业组织形式；

（2）熟悉企业工商注册的流程；

（3）知晓创业企业选址以及员工的招聘、录用和薪酬设计；

（4）理解企业建账做账的过程、会计机构和人员设置以及税务登记和发票使用；

（5）熟悉和创业相关的政策及主要法律法规。

税惠"金钥匙"重拾大学生创业信心

"喂，您好，请问您是需要订餐吗？""好的，我们一定按时送到。""欢迎光临，请问有几位？""好咧！请楼上坐。"

一切恢复往常，饭店"小老板"周海涛开始忙碌起来，生意逐渐有了起色，压在周海涛心里的石头总算落地了。

2019年，22岁的大学毕业生周海涛顶住周围的压力，决定自己开饭店。递交创业贷款申请后，周海涛顺利拿到15万元的大学生创业贷款，饭店如期开张了，因菜品美味实惠，备受消费者青睐。然而天有不测风云，一场疫情却险些让周海涛的饭店关门倒闭。

"当我快要坚持不下去时，收到了税务局发来的政策宣传短信，短信上说饭店一季度已经享受优惠政策减免税款3 280元，原来从始至终，国家一直在支持我们。"周海涛指着手机短信说："看，第二季度、第三季度我也收到了税务部门的短信，享受哪些优惠政策，减免金额多少，都写得明明白白。"

新型冠状病毒肺炎疫情发生以来，文山州税务部门积极与人力资源和社会保障、市场监督管理等部门对接沟通，结合税收征管系统数据进行筛选，获取重点群体创业就业名单，通过短信、电话、微信等方式开展"非接触式"政策宣传，送达税惠"红利账单"。

"税收好政策和税务部门的贴心服务让我重燃信心，最困难的时候已经过去了，一定会越来越好！"看着宾朋满座的小店，周海涛对未来充满期待。

第一节 工商注册

一、选择企业组织形式

（一）企业有哪些组织形式

许多人一说到创业，就想到开公司。事实上，公司只是企业众多组织形式当中的一种。根据我国法律的规定，自主创业所采取的组织形式可以是个体工商户、个人独资企业、合伙企业、公司（包括有限责任公司和股份有限公司）等。

1. 个体工商户

个体工商户是指有经营能力并依照《个体工商户条例》的规定，经工商行政管理部门登记，从事工商业经营的公民。按国家规定，凡是以自然人或以个人为单位，或以家庭为单位，从事工商业经营的，均为个体工商户。个体工商户经县级以上工商行政管理机关核准登记，取得营业执照后才可以开始经营。在依法核准登记的范围内个体工商户的正当经营活动受法律保护，对其经营的资产和合法收益，个体工商户享有所有权。个体工商户可以在银行开设账户，向银行申请贷款，有权申请商标专用权，有权签订劳动合同及请帮工、带学徒，还享有起字号、刻印章的权利。

2. 个人独资企业

个人独资企业是指依照《中华人民共和国个人独资企业法》的规定，由一个自然人投资，财产为投资人个人所有，投资人以其个人财产对企业债务承担无限责任的经营实体。个人独资企业与个体工商户从本质上来说，都是一种个体经济，都是以个人（或家庭）财产投资，个人承担无限责任，但其所依据的法律不同，其企业特征方面也存在细微的差别。

3. 合伙企业

合伙企业是指两个以上的投资人（包括自然人、法人、其他组织）通过订立合伙协议，共同投资设立，合伙人按照企业的性质及合伙协议的约定处理合伙事务、承担企业债务的经营实体。2007 年 6 月 1 日起施行的新的《中华人民共和国合伙企业法》将合伙企业分为普通合伙企业和有限合伙企业。二者的区别主要体现在两个方面。第一，合伙人人数有不同要求。设立普通合伙企业必须有 2 个及 2 个以上合伙人，没有上限限制。但有限合伙企业合伙人人数法律上有限制，要求 2 人及 2 人以上、50 人以下，且至少要有 1 名普通合伙人，有限合伙人最少 1 名，最多 49 名。这里提到的普通合伙人、有限合伙人是什么意思呢？所谓普通合伙人，即指在合伙企业中对合伙企业的债务依法承担无限连带责任的自然人、法人和其他组织。有限合伙人指的是参与投资的企业或金融保险机构等机构投资人和个人投资人。第二，责任承担方式有区别。普通合伙企业中，合伙人全部为普通合伙人，对合伙企业债务承担无限连带责任。有限合伙企业中有两类人：一类是普通合伙人，对合伙企业债务承担无限连带责任；另一类是有限合伙人，以出资额为限，对合伙企业债务承担有限责任。有限合伙人的责任形式相当于有限责任公司和股份有限公司的股东。

需要注意的是，合伙企业和前两种企业组织形式的一个明显区别是，前两种企业的投资者都是自然人，而合伙企业的投资者可以是自然人，也可以是法人或其他组织。这意味着，如果我们要设立一个合伙企业，不仅可以找其他的个人（同学、朋友、家人、亲戚等）合伙，也可以找一家公司或别的组织合伙。

4. 公司

公司是指依据《中华人民共和国公司法》（以下简称《公司法》）设立的企业法人。它有独立的法人财产，以其全部财产对公司债务承担责任，公司的投资人（股东）对公司承担有限责任。我国《公司法》规定的公司分为有限责任公司和股份有限公司两种。有限责任公司的股东以其认缴的出资额为限对公司承担责任；股份有限公司的股东以其认购的股份为限对公司承担责任。

所谓有限责任，是指创业者（投资者）除其认缴的对企业的出资外，不再对企业及企业的债权人承担任何财产责任。如果企业经营失败，创业者的最大财产损失就是无法收回其对企业的全部出资。也就是说，如果一个创业者出资 10 万元开办企业，那么对他来说，最坏的情形就是，他的全部投资最终打了水漂，10 万元血本无归。虽然很惨，但和无限责任相比，这种损失总是可以预期的、有限度的。公司是典型的有限责任企业。

所谓无限责任，是指创业者（投资者）除其认缴的对企业的出资外，还需以自己的其他财产对企业债务承担连带清偿责任。也就是说，如果企业经营失败，创业者不但无法收回最初的投资，还可能要倒贴。同样出资 10 万元，最坏的情形是，不但 10 万元有去无回，甚至还要把自己另外的财产拿来帮企业还债。个体工商户、个人独资企业的投资者需承担无限责任。

1元钱也可办公司

拿出 1 元钱，便可轻松办个属于自己的公司。这样的"妄想"从 2014 年 3 月 1 日起，就可成真。

根据原《公司法》规定，有限责任公司的最低注册资本为 3 万元，股份有限公司的最低注册资本为 500 万元。而根据 2014 年修订的《公司法》，1 元钱也可以办公司。其次，首期出资额取消 20% 限制，改由股东自主约定，也就是说，零首付也可以办公司。《公司法》还取消了货币出资 30% 的限制，改由股东自主约定，从理论上说，没有现金也可以办公司。同时，公司注册时可以自主约定出资方式和货币出资比例，对于高科技、文化创意、现代服务业等创新型企业，可以灵活出资，可以提高知识产权、实物、土地使用权等财产形式的出资比例，克服货币资金不足的困难。

河南省工商管理部门注册处副处长韩毅打比方说，一个公司设立时，如果登记注册资本为 1 亿元，按照原《公司法》规定，一期资本需要先到位 20%，也即 2 000 万元，其余的资金要在两年内全部到位，这样企业登记注册时的门槛就比较高，而目前依据修订的《公司法》，企业注册资本何时到位将不再受限制。另外，实收资本不再作为工商登记事项，登记时无须提交验资报告。

有人担心，过松的规定可能导致资本金欺骗现象频发。对此，工商总局相关负责人表示，此次改革的核心是"宽进严管"，宽进就是指取消注册资本最低限额，严管则是采取一系列措施进行管控，比如启动企业信用公示系统，公众可登录查询企业信用情况。目前各执法部门正在加强联合执法，使违法企业"一处违法、处处受限"。

（二）创业阶段选择企业组织形式时应考虑的因素

既然有多种企业组织形式，那么我们创业时到底应该如何选择呢？人们常说，适合自己的是最好的，创业也一样，在选择组织形式时，应当按照自身的实际情况，做出最明智的决策。我们认为，选择企业组织形式时应当考虑以下因素。

1. 是合作还是单干

合作有合作的好处，比如更容易筹措到资金，合作伙伴可以优势互补、风险共担等。但是如果合作不好，会给创业带来很多麻烦。所以在创业之初，必须认真考虑这个问题，如果有意向合作伙伴的，要对你们合作创业的可行性、默契程度等进行客观、充分的评估。单干的，选择余地并不小，个体工商户、个人独资企业、一人有限责任公司都可以。合作的，可以选择合伙企业、公司。

2. 项目风险的大小

有的创业项目风险低，回报率低。有的创业项目回报率虽高，但风险大。创业之初能够合理评价自身创业项目的风险是很重要的。如果是风险较大的项目，建议选择仅仅承担有限责任的企业组织形式，如公司。如果是风险较小的项目，可以选择承担无限责任的企业组织形式。

3. 筹资金额

资金是企业的生命线，企业成立之初都必须注入一定的资本。我国法律对于企业创办的资金条件一般有明确规定，例如，有限责任公司注册资本的最低限额为 3 万元，股份有限公司注册资本的最低限额为 500 万元。当然与修订之前的《公司法》相比，现在对于公司注册资本最低限额的规定已大大降低了，而且由于出资的形式不限于货币，因此，从理论上说，现在的创业者只需要很少的现金就可以设立公司了。一般来说，资金实力雄厚、规模大的项目适合采取公司形式，而资金较少、规模较小的项目适合采取个体工商户、个人独资企业以及合伙企业等形式。

4. 税负的轻重

不同形式的企业所承担的税负是不一样的。如公司要缴纳企业所得税，而个体工商户、个人独资企业、合伙企业不用缴纳企业所得税。企业规模的大小也影响税负水平，如《中华人民共和国增值税暂行条例》按照生产经营规模将增值税的纳税人分为一般纳税人和小规模纳税人，对小规模纳税人按照 3% 的征收率征收增值税，而一般纳税人的税率则是 17%。不过要准确评判具体企业承担的税负是一个相当复杂的问题，在选择企业组织形式时需要结合各方面的因素进行权衡。

5. 是否有利于长远的创业规划

为了促进企业做大做强，我们一开始选择的企业组织形式应当具有充分的发展空间，以有利于吸收新的股东，有利于吸引资金、人才、技术等。相比较而言，有限合伙企业、公司在上述几方面显然比个体工商户、个人独资企业等更具有优势。另外，还要考虑到法律法规的一些特别规定。例如，《商业特许经营管理条例》（2007 年 5 月 1 日起施行）第三条规定"企业以外的其他单位和个人不得作为特许人从事特许经营活动"，所以如果创业企业未来想实施连锁经营战略的，那么创业者必须放弃个体工商户这种形式，因为按照我国目前的法律规定，个体工商户并不属于"企业"。

作为创业者，除了具有创业的勇气，还要找到有共同梦想的伙伴、高成长的项目，并且要充分考虑企业的权益架构、责任承担和税负成本等，要综合考虑选择一个最为恰当的法定组织形式。

二、工商注册流程

公司工商注册可以参考图 10-1 所示的流程。各地办理流程因当地工商部门的政策不同而有差异，具体可以咨询当地工商部门。

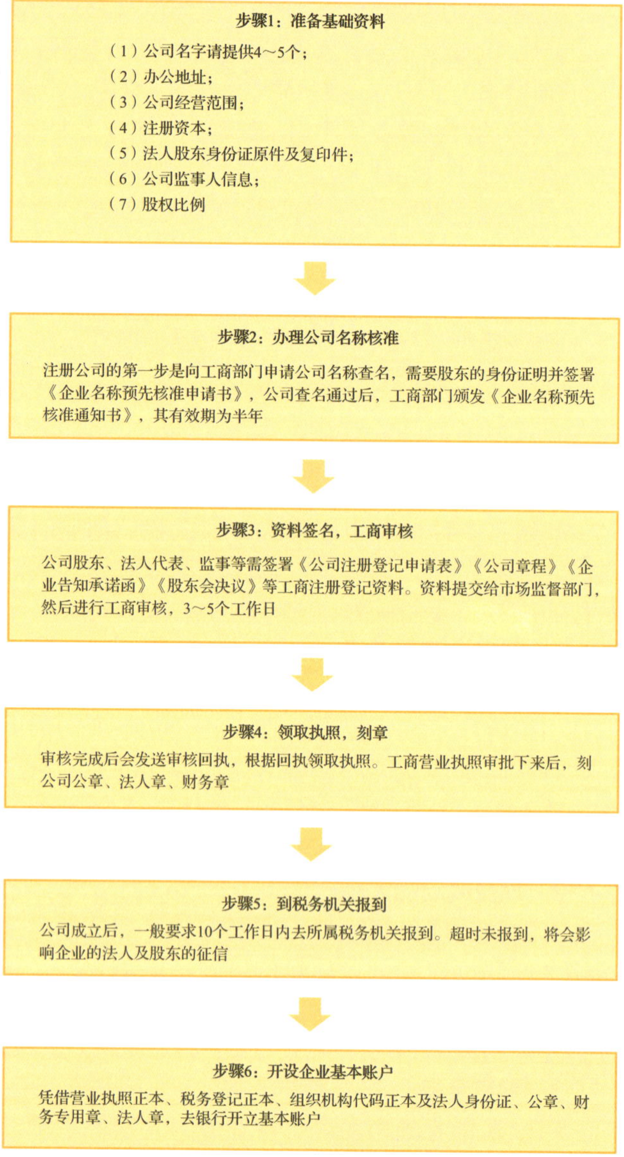

步骤1：准备基础资料

（1）公司名字请提供4～5个；
（2）办公地址；
（3）公司经营范围；
（4）注册资本；
（5）法人股东身份证原件及复印件；
（6）公司监事人信息；
（7）股权比例

步骤2：办理公司名称核准

注册公司的第一步是向工商部门申请公司名称查名，需要股东的身份证明并签署《企业名称预先核准申请书》，公司查名通过后，工商部门颁发《企业名称预先核准通知书》，其有效期为半年

步骤3：资料签名，工商审核

公司股东、法人代表、监事等需签署《公司注册登记申请表》《公司章程》《企业告知承诺函》《股东会决议》等工商注册登记资料。资料提交给市场监督部门，然后进行工商审核，3～5个工作日

步骤4：领取执照，刻章

审核完成后会发送审核回执，根据回执领取执照。工商营业执照审批下来后，刻公司公章、法人章、财务章

步骤5：到税务机关报到

公司成立后，一般要求10个工作日内去所属税务机关报到。超时未报到，将会影响企业的法人及股东的征信

步骤6：开设企业基本账户

凭借营业执照正本、税务登记正本、组织机构代码正本及法人身份证、公章、财务专用章、法人章，去银行开立基本账户

图 10-1　公司工商注册流程

企业及产品名称如何命名

俗话说："人靠衣装，佛靠金装。"创建一个新企业，其名称也需有好的设计，好的名称有利于企业树立良好的形象。随着商业文化的不断发展，企业名称日益受到创业者的重视。因为名称一旦确定，改换起来并非那么简单。企业名称起得好，本身就是一个"活广告"，会产生一种无形的魅力。对一个新企业来说，印象和现实一样重要。比如在做生意的时候人们总穿白衬衫和深色西装。如果你以良好的形象示人，人们就会对你做出良好的假设。如果你有一个好的（公司）名称，一身好的套装，再加上说话也很得体，等等，人们就会觉得你很在行。因此，在注册登记之前为新创企业选取一个响当当的、好兆头的名称，有助于为企业品牌成长带来推动作用。一般而言，企业名称是由"行政区划 + 字号 + 行业 + 法律组织形式"构成的，应使用符合国家规范的汉字，不得使用汉语拼音字母、阿拉伯数字。例如，深圳市腾讯计算机系统有限公司，"深圳"为行政区划；"腾讯"为字号（主要解决创建的新企业区别于其他企业的标识问题）；"计算机系统"主要表明企业经济活动性质（即从事什么行业或经营什么行当）；"有限公司"为法律组织形式（主要传递企业投资人法律责任的信息）。需要注意的是，关于企业名称，现有法律规定在登记主管辖区内不得与已登记注册的同行业企业名称相同或相近。企业对依法取得的名称，享有独占排他的专用权。这是保护工业产权、知识产权，防止不正当竞争的重要手段。

三、近年的政策变动

2016 年国务院办公厅发布了《关于加快推进"五证合一、一照一码"登记制度改革的通知》，从 2016 年 10 月 1 日起，全国范围内实施"五证合一、一照一码"登记。各地将在原有的工商营业执照、组织机构代码证、税务登记证"三证合一"改革基础上，整合社会保险登记证和统计登记证，推进"五证合一"改革。这个政策简化了公司注册流程，大幅度缩短了企业办证时限。

2020 年《市场监管总局等六部门关于进一步优化企业开办服务的通知》（以下简称《通知》）提出，2020 年年底前，全国要实现企业开办全程网上办理，包括推动企业登记、公章刻制、申领发票和税控设备、员工参保登记、住房公积金企业缴存登记在线上"一表填报"申请办理。另外，全国要实现压缩企业开办时间至 4 个工作日以内，鼓励具备条件的地方，在确保工作质量前提下，压缩企业开办时间至更少。《通知》提出，在加强监管、保障安全前提下，依托全国一体化政务服务平台，推广电子营业执照应用，作为企业在网上办理业务的合法有效身份证明和电子签名手段。继续推行增值税电子普通发票，积极推进增值税专用发票电子化。这些措施有利于降低企业进入市场的制度性交易成本，营造更加宽松便捷的市场准入环境，坚定投资创业的信心和决心。

安徽省开展"证照分离"改革全覆盖试点工作

2021 年 1 月 22 日，安徽省人民政府印发《安徽省开展"证照分离"改革全覆盖试点工作实施方案》，文件中明确指出，自 2021 年 3 月 1 日起，在全省开展"证照分离"改革全覆盖试点工作，将在全省范围内对 523 项涉企经营许可事项按照直接取消审批、审批改为备案、实行告知承诺、优化审批服务等方式，分类推进审批制度改革。读者可扫描右侧二维码，获取《安徽省开展"证照分离"改革全覆盖试点工作实施方案》的全文内容。

扫一扫

扫码看全文

第二节
// 选址与招聘 //

一、创业地域的选择

对有创业打算的首次创业者来说，选择将创业地点放在什么城市、什么区域是一件非常重要的事情，需要予以重点考虑。例如，一家店地址好坏关系到今后的客流与营业额。尤其是以市场为主的零售、餐饮等服务业，店面的选择更是成败的关键，店铺未开张，就先决定了成功与否。对进行店面经营的公司来说，成功的秘诀更是只有一个：选址。经营地点的选择是创业者在创业初期面临的一大难题。

开始创业前，需要了解各个城市的基本法律环境。设立企业从事经营活动，必须到工商行政管理部门办理登记手续，领取营业执照，如果从事特定行业的经营活动，还必须先取得相关主管部门的批准文件。设立特定的行业的企业，还有必要了解有关开发区、高技术园区、软件园区等方面的法规、规章及地方规定，这些都有助于首次创业者选择创业点，以享受税收等优惠政策。

大多数首次创业者都会选择在比较熟悉的城市开始自己的第一次创业活动，例如家乡、工作或学习的城市。在选定目标城市后，需要对城市中的各个区、园、所等进行细致了解，以方便今后进行一系列的经营活动。

一般来说，无论是选择商业、服务业、制造业还是 IT 业，在选择经营地点时，都应该注意以下因素：市场因素、商圈因素、物业因素、政策因素、个人因素、价格因素。

对于市场因素，可以从顾客和竞争者两个角度考虑。从顾客角度看，要考虑经营地是否存在客户，周边客户是否有足够的购买力，对于零售业和服务业，店铺的客流量和客流的购买力决定着企业的业务量。从竞争对手角度看，经营地的选取有两种思路：一是选择同行业聚集林立的地方，同行业成群有利于人气聚合与上升，比如当下的服饰一条街、建材市场、家电市场等；另一种思路是"别人淘金我卖水"。

商圈因素，就是指要对特定的商圈进行特定的分析。如车站附近是往来旅客集中的地区，适合发展餐饮食品、生活用品；商业是居民购物、聊天、休闲的理想场所，除适宜开设大型综合商场外，特色鲜明的专卖店也很有市场；电影院、公园名胜附近，适合餐饮经营等；在居民区，凡是能够为家庭生活提供服务的生意，都能获得较好发展；在市郊，不妨考虑向驾驶者提供生活、休息、娱乐和维修车辆等服务。

物业因素同样不可或缺，在置地建房和租用商铺前，创业者首先要了解地段或房屋的规划用途与自己的经营项目是否符合，物业是否有合法权证；还应考虑物业的历史、空置率、坐落地段的声誉和形象等。

政策因素指的是经营业务最好能得到当地所在区和政府的支持，至少不能与当地政策背道而驰。

个人因素，有时会被一些创业者过多关注，一些人常常选择在自己住所经营，然而这种做法可能会使创业者丧失更好的机会，或因经营受到局限，购买力无法突破。

创业者在购买或租赁商铺时，要充分考虑价格因素，以免做出错误的决定，对企业的业务经营造成不良影响。

青梦家：雕刻青春，梦想起航

南京青梦家教育投资有限公司成立于 2013 年 9 月，拥有超过 3 000 平方米的场地，内有留学工作室、国际语言工作室、就业工作室、咖啡吧、图书吧、艺术长廊、报告厅、教室、体育场、创业孵化基地等。青梦家致力于打造青年人的服务平台，提供国际语言培训和留学服务的一站式解决方案，组织各种活动，如讲座、开放日、分享会等，以此向以大中学生为主的青年人传递正能量，鼓励并引导他们自主思考人生的道路，早日确立人生的目标，对自己的生活进行更好的规划，切实地为实现自己的梦想而努力。

创业者说

黄飞渡，南京青梦家教育投资有限公司创始人、总经理。

"我自己在大学期间其实是比较迷茫的，对于未来其实也是不知如何选择的。所以希望通过这个平台能帮助大学生找到自己的目标，做出一些指导。"

"创业中时常出现困难，尤其在创业初期，几乎困难天天有，天天都需要解决，对于一个年轻的企业，如何协调资源、如何选择发展方向是最重要的学问。"

马路，南京青梦家教育投资有限公司创始人、副总经理。

"我创业的初衷就是，帮助学生们尽早建立自己的目标，找到前进的方向。"

"整个创业过程就是设定目标，不断遇到问题、解决问题的过程，是创业者的想法与现实不断摩擦、碰撞的过程。"

机会缘起

2007 年，一次机缘巧合，黄飞渡接触到了留学服务领域。经过多次创业，黄飞渡积累了丰富的市场营销经验。他在大学阶段也曾做过出国的打算，对留学的相关知识比较了解，而教育又是一个有长远发展空间的领域，因此他决定投身留学服务行业。最初，他选择和大学合作，帮助大学的海外留学项目进行宣传和招生。凭借他强大的市场营销能力，项目招收的学生人数每年都能增加一倍，几年的时间，项目就达到了饱和人数。凭借个人优秀的社交能力，本着诚实守信的为人处事态度，黄飞渡积累了越来越多有关留学服务的人脉和资源。有情怀、不忘初心，让他在企业经营的道路上披荆斩棘，并得到了各方支持。黄飞渡的项目越做越好，市场口碑也很棒，但是因为是和大学合作，黄飞渡很遗憾没能建立起自己的品牌。同时多年来在和学生打交道的过程中，他通过自己的切身体会和观察发现，大部分大学生对自己的未来都没有明确的目标和规划，他们抱着一种观望和随大流的心态，浪费了许多宝贵的时间。黄飞渡的想法与马路不谋而合，在马路看来正是因为自己没有明确的目标，所以在大学校园里，甚至是刚工作的几年，都处于一种盲目的状态中。直到后来发现了真正喜欢的领域，才发现自己浪费了许多时间。为了让大学生能少走弯路，打破校园与社会之间的壁垒，尽早树立目标并开始为之奋斗，黄飞渡和马路下定决心要成立一个服务平台，通过开展就业辅助、创业支持、留学服务等活动来帮助大学生尽早进行人生规划，实现自己的梦想，成为青年梦想家，于是"青梦家"就这样应运而生。

创立青梦家

黄飞渡和马路结合自身经历，创立了专门为青年人服务的青梦家，其终极目标就是"抢救青年人浪费的时间，倡导青年人过更有价值的生活"。为了更好地实现这个目标，他们招募了最优秀的一线教师队伍和大师级的留学规划团队。此外，青梦家的地址也是精心挑选的。大多数留学培训机构都采取"学生定期上课，上完课就离开"的教学模式，而学生们回家后往往不能长时间专注地自习，导致课堂的学习内容无法得到有效巩固。因此，青梦家希望提供舒适的自习环境和专业的答疑服务，让学生把青梦家当作学校的图书馆，充分利用有限的备考时间。青梦家最终将地址选择在金蝶科技产业园，超过 3 000 平方米的场地让师生们拥有轻松愉悦的教学环境，并且其采用颇有情调的美式建筑风格，将图书吧、艺术长廊、体育场、报告厅、创业孵化基地等传统留学培训机构都没有的功能通通涵盖在内。青梦家还会定期举办各类讲座，让青年人在国际化氛围中聆听大师教诲、与各领域成功人士畅快交流，通过心灵和思想的碰撞，找到人生的导师，觅得志同道合的朋友。黄飞渡和马路希望通过青梦家的平台，让每一个学生得到最优质的教育，充分挖掘个体潜力。

二、员工的招聘、录用与薪酬

创业者在进行创业准备时，要同时开展人员招聘工作。不管是面向社会还是面向亲朋好友选才，都必须先了解当地的劳动法规，其中包括劳动部门的各项规章制度、受雇人员档案的管理规定、受雇人员薪资的管理规定等。另外，还需要确定同行业受雇人员的薪资状况、需要雇佣的人员数量和职位、受雇人员的社保情况、个人缴税情况等。

（一）人员招聘形式与途径

创业者通过前期的了解和综合考虑，对人力组成与人力成本有了大致估算，可以通过多种途径招聘公司所需人才。

（1）在专业招聘网站上发布人才需求。企业需要在国内几个较大的招聘网站进行企业注册，费用一般按年或月收费，可以发布公司职位的描述和人才需求，也可以进行人才搜索。选择什么样的招聘网站可以视该网站的主流客户类型和自己的经济能力而定。网上招聘虽然应聘人数多，但往往良莠不齐，需要对应聘的资料进行筛选，一般成功率低。

（2）参加招聘会。一般当地人才市场、人才中心都会不定期地组织各种招聘会，公司缴纳场地费用后，就可以在其中占据一席之地。事先准备好公司介绍、招聘岗位描述，带好纸笔。招聘会现场由于应聘人多，无法详细了解对方情况，以收集书面材料为主，可先请应聘者留下简历和联系方式，等招聘会结束后，参考简历和见面的第一印象，对应聘者进行筛选。

（3）校园招聘。对于工作经验要求不高的岗位，可以考虑在校园里进行招聘，刚刚毕业的大学生对薪资要求起点低，正处于积累工作经验阶段，又由于年轻无负担，可以承担工作量大、工作时间较长的工作。缺点是应届毕业生刚接触社会，较容易好高骛远，稳定性不够。

（4）熟人推荐。对亲朋好友推荐的人员，也应该按照要求进行考核，同时，事先沟通好关于薪资、福利待遇、公司制度等问题，以免今后出现不必要的矛盾。

（二）员工录用和劳动管理

人员上岗前，应仔细检查核对其提供的身份资料，如身份证、学历证书、毕业证书、失业证明或与前一家公司解除劳动合约的证明等。对于应届大中专毕业生，须检查其是否能够提供加盖毕业生就业专用章的报到证。对于外来工作人员，公司需要督促和协助其办理暂住证。员工上岗后，应与其签订劳动合同或用工合同，并为其办理相关的人事手续和社会保险。

劳动合同范本可到当地人力资源和社会保障局领取，合同一式三份，约定从事岗位，填写雇佣起始和截止日期，如有其他约定事项，也需要填写在上面，双方签字，公司加盖章，雇佣时间不能低于当地政府规定的最低雇佣年限。

各地的人才市场和园区管委会都有人事代理的项目，凭营业执照副本复印件、单位组织机构代码证复印件等材料签订《人事代理协议》，就可将公司员工的人事关系挂靠在其下面。

应届生户口挂靠和人才引进的相关政策，视各地政策而定，可咨询人事代理处，并通过他们完成手续。

此外，需要为员工办理社会保险，社会保险费征缴情况可以在政府主管部门服务窗口和网站上查询。

（三）薪酬规划

制定合理的员工薪酬制度是在企业创建之初就面临的重要问题之一。这个问题的复杂性在于：首先，员工有不同的层次，对不同层次的员工应该采取不同的激励制度；其次，有各种薪酬制度可供选择，如岗位工资制、绩效工资制、混合工资制和年薪制等，要准确判断哪一种制度最适合自己的企业。另外，随着企业的发展，企业的薪酬制度需要做相应的调整。这些问题都需要首次创业者思考并给出答案。一般来说，初创企业的薪酬设计应采取以下几个原则：高工资低福利、简明实用、增加激励力度、建立绩效工资制度。

企业内部的部门与岗位大致可以分为技术高度密集型和一般经营服务型两类。二者在薪酬制度上会有所区别：技术高度密集型岗位，企业对所招募的员工有比较强的依赖性，所以为了招募到技术人才，在薪酬设计上必须考虑企业的长远发展目标和相对的稳定性。基于此，薪酬制度应采取灵活的组合方式，如直接给股份、高薪加高福利等。

对于一般经营服务型部门和岗位，应采用岗位、级别的等级薪资制度。这项制度最好在企业创建初期建立，越早越好。根据企业的岗位需求和实际能力，以及员工的实际能力和水平，有目的地定岗、定员、定级和定薪。员工进入企业有明确的个人定位及发展目标，岗位的变化与薪水具有必然的联系。企业的薪资制度和激励制度是两个不同的制度，尤其是初创企业更要加以区分，否则会导致基本薪资制度与激励制度的混乱，使员工的工作热情受到打击。企业管理者要对做出杰出贡献的员工给予激励，就不能采用在原岗位直接加薪的简单方法，而应采用一次性奖励或升职加薪的方法。

// 企业财务管理 //

一、企业如何建账做账

企业财务管理是企业管理的重要内容，如何管好财务，达到收支平衡，让企业始终具有充足的资金流，并且不断带来效益，是企业生存发展的头等大事。对创业者而言，通过有效的企业财务管理，能够清楚地了解企业的经营状况，客观评价企业的经营成果和存在的问题，及时调整企业发展战略和决策，从而保障企业发展走上正确的轨道。

另外，我国《税收征收管理法》明确规定，企业应当依法设置账簿，根据合法、有效凭证记账，进行核算。因此，依法实施企业财务管理，客观真实地反映企业资金运行状况，并以此为依据缴纳税款，是每一个企业的基本义务。其基本要求就是依法会计、依法纳税。

我国《会计法》（自 2000 年 7 月 1 日起施行）第二条规定，国家机关、社会团体、公司、企业、事业单位和其他组织（以下统称单位）必须依照本法办理会计事务。会计是以货币计量作为统一尺度，根据凭证，按照规定的程序，对各企业、各单位的经济活动和财务开支，全面地、系统地、真实地、准确地进行记录、计算、分析、检查和监督的一种活动。简言之，就是企业建账做账活动。那么企业应该如何依法建账做账呢？

企业建账做账的过程主要包括 3 个环节：填制会计凭证→登记会计账簿→编制财务会计报告。

（一）填制会计凭证

会计凭证包括原始凭证和记账凭证。企业在建账做账过程中，要特别重视原始凭证的填制和取得，原始凭证必须真实、合法，填制必须完整、准确，记载的各项内容均不得涂改。记账凭证应当根据经过审核的原始凭证及有关资料编制。

根据《会计法》的规定，办理下列经济业务事项，必须填制或者取得原始凭证：

① 款项和有价证券的收付；
② 财物的收发、增减和使用；
③ 债权、债务的发生和结算；
④ 资本、基金的增减；
⑤ 收入、支出、费用、成本的计算；
⑥ 财务成果的计算和处理；
⑦ 需要办理会计手续、进行会计核算的其他事项。

（二）登记会计账簿

会计账簿包括总账、明细账、日记账和其他辅助性账簿。会计账簿登记，必须以经过审核的会计凭证为依据，按照连续编号的页码顺序登记，如果记账时发生错误或者隔页、缺号、跳行的，应当按照国家会计制度规定的方法更正，并由会计人员和会计机构负责人（会计主管人员）在更正处盖章；使用计算机进行会计核算的，其会计账簿的登记、更正，应当符合国家会计制度的规定。同时，企业应当建立财产清查制度，定期对账，保证会计账簿记录与实物、款项相符。

特别要注意的是，企业发生的各项经济业务事项只能在依法设置的会计账簿上统一登记、核算，不得另外私设会计账簿。现实中，有的企业搞两本账，一本应付检查，一本自己用，这是极端错误的违法行为。

（三）编制财务会计报告

财务会计报告是企业对外提供的反映企业某一特定时期财务状况和某一会计期间经营成果、现金流量等会计信息的文件。财务会计报告应当由单位负责人和主管会计工作的负责人、会计机构负责人（会计主管人员）签名并盖章。

财务会计报告包括会计报表及其附注和其他应当在财务会计报告中披露的相关信息与资料。会计报表包括资产负债表、利润表、现金流量表等报表，小企业编制的会计报表可以不包括现金流量表。

资产负债表是反映企业在某一特定时期的财务状况的会计报表。

利润表（也称损益表）是反映企业在一定会计期间的经营成果的会计报表。

现金流量表是反映企业在一定会计期间现金和现金等价物流入与流出的会计报表。

根据编制期间不同，财务会计报告分为年度、半年度、季度、月度报告。一般企业均应在每一会计年度（会计年度自公历 1 月 1 日起至 12 月 31 日止）终了时编制年度财务会计报告。

另外，企业建账做账还应对会计凭证、会计账簿、财务会计报告和其他会计资料建立档案，妥善保管。

二、会计机构和人员设置

企业根据自身实际情况，可以设置会计机构或者在有关机构中设置会计人员并指定会计主管人员；如果不具备设置条件，可以不设置会计机构，但是应当委托经批准设立从事会计代理记账业务的中介机构代理记账。

设置会计机构时要注意配备具备相应资质的会计人员，根据规定，从事会计工作的人员，必须具备从事会计工作所需要的专业能力。担任会计机构负责人（会计主管人员）的，还应当具备会计师以上专业技术职务资格或者从事会计工作 3 年以上经历。

三、税务登记及发票使用

（一）税收登记

根据《税收征收管理法》的规定，企业以及企业在外地设立的分支机构和从事生产、经营的场所，个体工商户和从事生产、经营的事业单位（以下统称从事生产、经营的纳税人）自领取营业执照之日起 30 日内，持有关证件，向税务机关申报办理税务登记。税务机关应当于收到申报的当日办理登记并发给税务登记证件。从事生产、经营的纳税人的财务、会计制度或者财务、会计处理办法和会计核算软件，应当报送税务机关备案。

（二）企业如何使用发票

发票，是指在购销商品、提供或者接受服务以及从事其他经营活动中，开具、收取的收付款凭证。企业应当按照规定开具、使用、取得发票。

1. 依法领购发票

发票是重要的财务会计凭证，国家明令禁止私自印制、伪造、变造发票。对企业来说，依法领购发票是远离假发票、保证依法使用发票的前提。领购发票必须向主管税务机关提出申请，具体办理步骤：先凭《税务登记证》申请取得《发票领购证》，再持《发票领购证》提出购票申请。

2. 依法开具、取得发票

企业对外发生经营业务收取款项时，应当向付款方开具发票；在购买商品、接受服务以及从事其他经营活动支付款项时，应当向收款方取得发票。

开具发票时，必须做到按号码顺序填写，填写项目齐全，内容真实，字迹清楚，全部联次依次复写、打印，内容完全一致，并在发票联和抵扣联加盖单位财务印章或者发票专用章。取得发票时，不得要求变更品名和金额。应经而未经税务机关监制，或填写项目不齐全，内容不真实，字迹不清楚，没有加盖财务印章或发票专用章，伪造、作废以及其他不符合税务机关规定的发票，都是不符合规定的发票，不得作为财务报销凭证，任何单位和个人有权拒收。使用税控装置开具发票的企业，应当按照规定安装、使用税控装置，不得损毁或者擅自改动税控装置。

3. 依法保管发票、接受发票检查

开具发票的单位和个人应当按照税务机关的规定存放和保管发票，不得擅自损毁。已经开具的发票存根联和发票登记簿，应当保存 5 年。保存期满，报经税务机关查验后方可销毁。此外，还需配合税务机关的发票检查工作，如实反映情况，提供有关资料，不得拒绝、隐瞒。

第四节
// 创业政策与法律法规 //

一、与创业相关的政策

2017 年，《教育部关于做好 2018 届全国普通高等学校毕业生就业创业工作的通知》规定，各地各高校要把创新创业教育改革作为高等教育综合改革的重要突破口，通过提供创业服务，落实创业扶持政策，提升创业能力，帮助高校毕业生自主创业。省级教育行政部门要配合有关部门进一步完善落实工商登记、税费减免、创业贷款等优惠政策，为毕业生创新创业开辟"绿色通道"。高校要细化完善教学和学籍管理制度，进一步落实创新创业学分积累与转换、弹性学制管理、保留学籍休学创业、支持创新创业学生复学后转入相关专业学习等政策。

2018 年，《国务院关于推动创新创业高质量发展打造"双创"升级版的意见》指出，要强化大学生创新创业教育培训。在全国高校推广创业导师制，把创新创业教育和实践课程纳入高校必修课体系，允许大学生用创业成果申请学位论文答辩。支持高校、职业院校（含技工院校）深化产教融合，引入企业开展生产性实习实训。打造创新创业重点展示品牌。继续扎实开展各类创新创业赛事活动，办好全国大众创业万众创新活动周，拓展"创响中国"系列活动范围，充分发挥"互联网+"大学生创新创业大赛、中国创新创业大赛、"创客中国"创新创业大赛、"中国创翼"创业创新大赛、全国农村创业创新项目创意大赛、中央企业熠星创新创意大赛、"创青春"中国青年创新创业大赛、中国妇女创新创业大赛等品牌赛事活动作用。对各类赛事活动中涌现的优秀创新创业项目加强后续跟踪支持。

国务院办公厅印发的《关于提升大众创业万众创新示范基地带动作用 进一步促改革稳就业强动能的实施意见》指出，要增强创业带动就业能力。加大创业带动就业支持力度，出台支持灵活就业的具体举措。盘活闲置厂房、低效利用土地等，加强对创业带动

就业重点项目的支持。加强创业培训与创业担保贷款等支持政策的协同联动，提升创业担保贷款贴息等扶持政策的针对性和及时性。支持有条件的区域示范基地建设产教融合实训基地、人力资源服务产业园，加快发展面向重点群体的专业化创业服务载体。提升高校学生创新创业能力。支持高校示范基地打造并在线开放一批创新创业教育优质课程，加强创业实践和动手能力培养，依托高校示范基地开展双创园建设，促进科技成果转化与创新创业实践紧密结合。推动高校示范基地和企业示范基地深度合作，建立创业导师共享机制。支持区域示范基地与高校、企业共建面向特色产业的实训场景，加快培养满足社会需求的实用型技能人才。促进大学生加强数理化和生物等基础理论研究，夯实国家创新能力基础。实施双创示范基地"校企行"专项行动，充分释放岗位需求，支持将具备持续创新能力和发展潜力的高校毕业生创业团队纳入企业示范基地人才储备和合作计划，通过职业微展示、创业合伙人招募等新方式，拓宽创业带动就业的渠道。

人力资源和社会保障部在《关于做好2021年全国高校毕业生就业创业工作的通知》中指出，要引导扶持创业创新。各地要结合创新驱动、新兴产业发展，积极支持有意愿、有潜能的毕业生投身创业创新。将创业培训向校园延伸，针对毕业生特点提供创业意识教育、创业项目指导、网络创业等培训。加大资金保障力度，落实创业担保贷款提高额度、降低利率政策和免除反担保要求，允许毕业生在创业地申请创业担保贷款。倾斜创业服务资源，为毕业生推荐适合的创业项目，提供咨询辅导、成果转化、跟踪扶持等一站式服务，政府投资开发的各类创业载体安排一定比例场地，免费向毕业生提供。积极挖掘数字经济、平台经济从业机会，瞄准线上教育、文化创意、新媒体运营等领域，加大税收优惠、社保补贴等政策落实力度，完善保障举措，支持毕业生从事个体经营、非全日制就业和平台就业。

（一）税收优惠

财政部、国家税务总局、人力资源和社会保障部和国务院扶贫办联合印发的《关于进一步支持和促进重点群体创业就业有关税收政策的通知》规定，税收政策执行期限为2019年1月1日至2021年12月31日。纳税人在2021年12月31日享受本通知规定税收优惠政策未满3年的，可继续享受至3年期满为止。持《就业创业证》或《就业失业登记证》的毕业生在毕业所在自然年度从事个体经营的，自办理个体工商户登记当月起，在3年内按每户每年12 000元为限额依次扣减其当年实际应缴纳的增值税、城市维护建设税、教育费附加、地方教育附加和个人所得税。

（二）小额担保贷款和贴息支持

高校毕业生自主创业，可申请最高20万元创业担保贷款，对符合条件的借款人合伙创业或组织起来共同创业的，贷款额度可适当提高。由财政部门按相关规定贴息。对个人申请10万元以下创业担保贷款的免除反担保要求。

（三）享受培训补贴

2020年，国家启动百万青年技能培训行动。行动以高校毕业生和其他青年群体为培训对象，大规模组织开展青年职业技能培训，提升毕业生职业发展能力。行动明确提出：对参加就业技能培训和创业培训的毕业年度高校毕业生，培训后取得职业资格证书的（或职业技能等级证书、专项职业能力证书、培训合格证书），给予一定标准的职业培训补贴。

（四）高校毕业生就业创业补贴

有条件的地区，对首次创办小微企业或从事个体经营，且所创办企业或个体工商户自工商登记注册之日起正常运营1年以上的离校2年内高校毕业生，给予一次性创业补贴。补贴标准和申领流程由各省级人力资源和社会保障、财政部门确定。符合条件的高校毕业生可到当地人力资源和社会保障部门申请。

税收优惠政策助力大学生创业

　　小王是某学校即将毕业的一名大学生，大学 4 年里，他做过快餐店销售员、移动促销员，也兼职卖过报纸、衣服。有过市场经验的他，在大学二年级时，前往 A 市最大的广告公司实习，也是从那时起，小王有了创业的想法。深思熟虑后，他向朋友借了 5 万元在学校旁边开了家服装店，小王每月需支付 2 000 元租金和 100 元水电费。"其实，起初我是没有信心的，周围很多同学都创业失败了，而且创业起步时，并不理想的经营让我有点儿想放弃。后来，学校老师告诉我，省内有很多针对毕业生创业的税收优惠政策，对我肯定会有帮助。比如只要有《就业创业证》，像我这种从事个体经营的毕业生，最高可以享受 12 000 元的税收减扣，这可真是大大缓解了我的资金压力。"小王说。原来，根据现行税法规定，毕业年度内高校毕业生在校期间可凭学生证向公共就业服务机构按规定申领《就业创业证》，或委托所在高校就业指导中心向公共就业服务机构按规定代其申领《就业创业证》；如果离校，但仍在毕业年度，仍然可直接向公共就业服务机构按规定申领《就业创业证》。持《就业创业证》从事个体经营的大学生，在 3 年内可按每户每年 12 000 元为限额，依次扣减其当年实际应缴纳的增值税、城市维护建设税、教育费附加、地方教育附加和个人所得税。

马兰花创业培训项目介绍

　　马兰花创业培训项目（以下简称项目）是人力资源和社会保障部门面向有创业意愿和培训需求的城乡各类劳动者开展的示范性创业培训，通过激发创业意识、提高创业能力、稳定企业经营，为劳动者提供创业培训和指导。

　　一、项目背景

　　21 世纪初，为应对经济体制改革带来的就业压力，原劳动保障部与国际劳工组织合作实施"创办和改善你的企业（Start & Improve Your Business，SIYB）中国项目"，引进 SIYB 课程体系和管理技术，对下岗失业人员等就业重点群体开展创业培训。同时，国家出台积极就业政策，探索补贴培训与小额担保贷款相结合，并逐步建立政策扶持、创业培训和创业服务"三位一体"的工作模式，为我国推动创业促就业工作奠定坚实基础。

　　二、项目特点

　　（一）管理体系基础实。项目依托人力资源和社会保障系统建立了四级管理体制。

　　（二）补贴政策有渠道。项目主要依托人力资源和社会保障系统，面向就业困难人员等就业重点群体开展补贴性创业培训。补贴资金渠道主要有就业补助资金和职业技能提升行动专账资金。

　　（三）课程体系较完善。项目以国际劳工组织 SIYB 课程为基础，覆盖创业全过程，包括初创阶段的创业意识（Generate Your Business，GYB）课程和创办企业（Start Your Business，SYB）课程，已创业阶段的改善企业（Improve Your Business，IYB）课程和扩大企业（Expand Your Business，EYB）课程。项目自主开发网络创业培训课程，帮助创业者在网上开店创业。项目通过课程库逐步开发和吸收适用于不同群体和业态的课程体系。

（四）师资队伍建设强。项目累计培养师资 6 万余人，覆盖所有省、自治区、直辖市。这些师资包括创业培训服务机构人员、高校师资、创业专家、企业家等。为加强师资能力提升，人力资源和社会保障部每两年组织一届"马兰花全国创业培训讲师大赛"。

（五）带动就业效果好。项目通过小班互动式教学，实现较高的学员满意度、创业成功率和企业稳定率，就业带动效果凸显，成为各级人力资源和社会保障部门推动"双创"稳就业，助力脱贫攻坚，促进职业能力提升的重要抓手。

二、与创业相关的法律法规

（一）创业相关法律

法律面前，人人平等。对大学生创业者而言，从企业设立、财务税收到人事管理，甚至破产倒闭，都需要严格遵守法律规定。

1．企业设立方面的主要法律

设立企业从事经营活动，要到工商行政管理部门办理登记手续，领取营业执照；如果从事特定行业的经营活动，还需先获得有关部门批准。我国企业的组织形式可以是股份有限公司、有限责任公司、个人独资公司、合伙企业，其中以有限责任公司最常见。企业成立时应该依据《中华人民共和国公司登记管理条例》等法规办理登记手续。另外，企业创建过程中，还需要建立知识产权保护体系，申请专利、商标和版权保护。这就涉及《中华人民共和国著作权法》《中华人民共和国商标法》《中华人民共和国专利法》等一系列法律。

2．企业发展方面的主要法律

企业设立后，需要进行税务登记和财务方面的工作。这就涉及税法和财务制度，因此，创业者对所得税的规定等需要熟练掌握。与企业经营活动相关的法律很多，创业者应对其有所了解，以保证合法营业，避免违法，保障自己合法的权益。创业者在企业经营中具体需要了解的法律包括《中华人民共和国民法典》《中华人民共和国劳动法》《中华人民共和国反不正当竞争法》《中华人民共和国消费者权益保护法》等。

与创业有关的法律主要是知识产权、竞争、质量和劳动等方面的法律。其中，知识产权是人们对自己通过智力活动创造的成果所依法享有的权利。知识产权包括专利、商标、版权等，是企业的重要资产。在创业的大潮中，因商标抢注、专利互撕发生的"血案"屡见不鲜。尤其是创业公司成立之初，很容易忽略知识产权的保护，自己的核心技术、公司商标一不小心就变成了别人的"专利"。例如，一家科技类初创企业在技术开发时与一合作伙伴签订了保密协议及合作协议，随后将自身核心技术方案共享给了合作伙伴，但没想到，该初创企业的技术方案被合作伙伴抢先申请了专利，导致初创企业在使用自身方案和技术时，竟然存在侵权的风险。

对初创企业来说，在成立阶段，保护好知识产权可以帮助企业规避无谓的损失和风险。长期来看，知识产权可通过许可经营或出售，带来经营收入；也可通过布局知识产权，建立起技术壁垒，从而支持后续变现。实际上，几乎所有的企业，都拥有一些对其成功起关键作用的知识、信息和创意。因此，对创业者来说，为了有效保护自己的知识产权，并且避免无意中侵犯他人知识产权的行为，了解知识产权内容及其相关法律是十分必要的。与创业联系比较紧密的主要有专利、商标、著作权和线上域名。对初创企业来说，这些布局都宜早不宜迟。一旦涉及产品和服务，就要申请商标，以免发生产品已经上线，却发现商标已经被人注册的情况。在此基础上，创业企业还需要对核心技术以及相关应用领域进行专利布局。很多创业企业，在初期人力和资金都有限的情况下，把更多的精力放在技术研发、融资上，却没想到因为知识产权，造成不必要的麻烦。例如，某初创企业，在早期未将其核心技术在相关应用领域进行专利申请，结果在该公司想要进军核心技术相关应用领域时，却发现为时已晚，众多竞争对手已经完成了专利布局，导致其技术应用受阻，无法形成有效的技术壁垒。像这种例子，创业者如具备充分的法律意识，原本是可以避免的。

他山之石

"喜茶"商标遭仿冒

美西公司旗下的"喜茶"品牌是我国极具影响力的茶饮料品牌，在特调茶饮服务和商品领域具有极高的知名度及广泛的消费者基础。美西公司旗下的"喜茶""HEEKCAA"以及图形等商业标识已申请商标注册并获准，现均处于有效期内。

2018年，美西公司发现一茶馆未经许可，在其经营场所内的店招、墙饰、茶杯、宣传单等部位大规模使用与公司注册商标相同的"喜茶""HEEKCAA"以及图形商标等标识，严重侵犯了公司的注册商标专用权。

2019年1月8日，美西公司向梧州市工商行政管理部门投诉，经该部门调查，发现茶馆经营的"港座喜茶"餐饮品牌属于某公司的特许经营运营项目。美西公司遂将该公司、茶馆的经营者陈某一并告上法庭，要求立即停止侵权，并分别赔偿300万元及100万元。

（二）创业相关法规

法规指国家行政机关制定和颁布的规范性文件，一般用"条例""规定""办法"等称谓。

对创业者而言，在开始创业前除了要了解创新创业的相关法律条文，还需熟知国家以及各级政府部门针对创新创业所设立的相关法规、规章。设立企业时，需要了解《中华人民共和国企业法人登记管理条例》《中华人民共和国公司登记管理条例》等工商管理法规，这样有助于享受税收等优惠政策。

创业者还应该了解《中华人民共和国增值税暂行条例》《中华人民共和国税收征收管理法》等法规及税法和财务制度。聘用员工时涉及社会保险问题，创业者需要了解《工伤保险条例》等诸多法规。

小贴士

特殊领域的税收优惠政策

按照《企业所得税法实施条例》的规定，企业从事下列项目的所得，免征企业所得税：蔬菜、谷物、薯类、油料、豆类、棉花、麻类、糖料、水果、坚果的种植；农作物新品种的选育；中药材的种植；林木的培育和种植；牲畜、家禽的饲养；林产品的采集；农机作业和维修等农、林、牧、渔服务业项目；远洋捕捞；等等。对个人或个体工商户从事种植业、养殖业、饲养业、捕捞业取得的所得暂不征收个人所得税。直接用于农、林、牧、渔业生产用地，免征城镇土地使用税。纳税人承受荒山、荒沟、荒丘、荒滩土地使用权，用于农、林、牧、渔业生产的，免征契税。

创业初期，资金的缺乏是不少创业者最为急迫的问题，税收优惠政策给予了一定的资金支持，真正起到了"解渴"的作用。

要点回顾

• 设立企业从事经营活动，必须选择适合的企业组织形式，到工商行政管理局等部门办理登记手续，领取营业执照，如果从事特定行业的经营活动，还必须先取得相关主管部门的批准文件。

• 公司经营地点的选择是创业者在创业初期面临的一大难题。企业创建之初，创业者还应当掌握如何进行员工的招聘、录用和薪酬设计。

• 企业应当依法设置账簿，根据合法、有效凭证记账，进行核算。依法实施企业财务管理，客观真实地反映企业资金运行状况，并以此为依据缴纳税款，是每一个企业的基本义务。其基本要求就是依法会计、依法纳税。

• 开始创业前，创业者需要了解各个城市的基本法律环境和创业相关政策。

关键名词

工商注册　建账做账　创业法律法规　创业政策

复习思考题

1. 企业工商注册的主要步骤包括哪些？
2. 如何进行员工的招聘、录用和薪酬设计？
3. 企业如何建账做账以及正确使用发票？
4. 大学生创业相关的法律法规及政策有哪些？

行动学习

登录所在城市的人社厅（局）、教育厅（局）、科技厅（局）、共青团以及学校的就业办、教务处等相关网站，了解最新的大学生创业扶持政策。

扫一扫
第十章阅读提高

扫一扫
第十章学习资源

附录

扫一扫

附录 A—科科通
教育信息技术有限
责任公司创业
计划书

扫一扫

附录 B— "创青春"
全国大学生创业
大赛

扫一扫

附录 C—中国
"互联网 +"
大学生创新创业
大赛

扫一扫

附录 D—创新创业
网站及微信公众号
推荐

参考文献

[1] 阿玛尔·毕海德. 新企业的起源与演进 [M]. 北京：中国人民大学出版社，2004.

[2] 埃里·克莱斯. 精益创业——新创企业的成长思维 [M]. 北京：中信出版社，2012.

[3] 彼得·戴曼迪斯，史蒂芬·科特勒. 创业无畏 [M]. 杭州：浙江人民出版社，2015.

[4] 彼得·德鲁克. 创新与企业家精神 [M]. 北京：机械工业出版社，2009.

[5] 布鲁斯·巴林杰. 创业计划书——从创意到方案 [M]. 北京：机械工业出版社，2016.

[6] 蔡剑，吴戈，王陈慧子. 创业基础与创新实践 [M]. 北京：北京大学出版社，2015.

[7] 陈永奎. 大学生创新创业基础教程 [M]. 北京：经济管理出版社，2015.

[8] 陈忠卫. 知行统一路 [M]. 北京：经济管理出版社，2017.

[9] 谌飞龙. 创业营销——创业项目包装与推介 [M]. 北京：机械工业出版社，2017.

[10] 程江波. 创业力——创业者的 9 堂必修课 [M]. 北京：机械工业出版社，2017.

[11] 迪安·A.谢泼德. 从柠檬到柠檬汁 [M]. 何云朝，译. 北京：中国人民大学出版社，2012.

[12] 丁栋虹. 创业管理 [M]. 北京：清华大学出版社，2006.

[13] 杜永红，梁林蒙. 大学生创新创业教育——基于互联网＋视角 [M]. 北京：清华大学出版社，2017.

[14] 郭斌，王成慧. 大学生创新创业案例 [M]. 天津：南开大学出版社，2016.

[15] 海迪·内克，帕特里夏·格林，坎迪达·布拉什. 如何教创业——基于实践的百森教学法 [M]. 北京：机械工业出版社，2015.

[16] 贺尊. 创意学概论（第 2 版）[M]. 北京：清华大学出版社，2016.

[17] 霍华德·H.弗雷德里克，唐纳德·F.库洛特克，理查德·M.霍杰茨. 创业学 [M]. 蒋春燕，译. 北京：中国人民大学出版社，2011.

[18] 李巍，黄磊. 大学生创业基础 [M]. 北京：中国人民大学出版社，2017.

[19] 李肖鸣，孙逸，宋柏红. 大学生创业基础（第 3 版）[M]. 北京：清华大学出版社，2016.

[20] 李华晶. 创业管理 [M]. 北京：机械工业出版社，2020.

[21] 刘平. 大学生创业基础 [M]. 北京：机械工业出版社，2013.

[22] 刘沁玲，陈文华. 创新与创业管理 [M]. 北京：清华大学出版社，2016.

[23] 刘志阳. 创业管理 [M]. 北京：高等教育出版社，2020.

[24] 罗宾·蔡思. 共享经济——重构未来商业新模式 [M]. 杭州：浙江人民出版社，2015.

[25] 马小龙. 大学生创业基础 [M]. 北京：高等教育出版社，2017.

[26] 苗苗，沈火明. 创新创业创青春 [M]. 北京：机械工业出版社，2019.

[27] 沈全洪，王旭光. 大学生创业方略 [M]. 北京：清华大学出版社，2016.

[28] 施永川. 大学生创业基础 [M]. 北京：高等教育出版社，2017.

[29] 斯科特·A.沙恩. 寻找创业沃土 [M]. 北京：中国人民大学出版社，2005.

[30] 孙洪义. 创新创业基础 [M]. 北京：机械工业出版社，2016.

[31] 孙玮霞. 大学生创新创业教程 [M]. 北京：高等教育出版社，2019.

[32] 王庆生，王坤. 大学生创业基础 [M]. 北京：清华大学出版社，2013.

[33] 王杉. 12 堂关键创业课 [M]. 北京：民主与建设出版社，2017.

[34] 吴昊，刘玉峰. 创课——大学生创新创业基础 [M]. 北京：中国财政经济出版社，2019.

[35] 徐俊翔. 大学生创业基础知能训练教程 [M]. 北京：现代教育出版社，2014.

[36] 薛艺，乔宝刚. 创行——大学生创新创业实务 [M]. 青岛：中国海洋大学出版社，2016.

[37] 杨华东. 中国青年创业案例精选 [M]. 北京：清华大学出版社，2012.

[38] 姚凯. 大学生创业导论 [M]. 北京：清华大学出版社，2017.

[39] 于晓宇，杨俊，贾迎亚. 向死而生——最大化创业失败的价值 [M]. 上海：复旦大学出版社，2020.

[40] 张玉利，李华晶，薛杨. 创新与创业基础 [M]. 北京：高等教育出版社，2017.

[41] 张玉利，薛红志，陈寒松，等. 创业管理（第 5 版）[M]. 北京：机械工业出版社，2020.

[42] 张玉利，杨俊. 创业管理（行动版）[M]. 北京：机械工业出版社，2017.

[43] 张志，乔辉. 大学生创新创业入门教程 [M]. 北京：人民邮电出版社，2016.

[44] 郑晓燕. 创业基础案例与实训 [M]. 成都：西南财经大学出版社，2014.

[45] 朱恒源，余佳. 创业八讲 [M]. 北京：机械工业出版社，2016.

[46] 庄文韬. 创新创业实用教程 [M]. 厦门：厦门大学出版社，2019.

[47] 杰弗里·蒂蒙斯，小斯蒂芬·斯皮内利. 创业学 [M]. 周伟民，吕长春，译. 北京：人民邮电出版社，2005.

[48] 许扬帆，孙黎，杨晓明. 微信迭代创新八字诀 [J]. 清华管理评论，2014（6）:46-47.

[49] 周苏，褚赟. 创新创业——思维、方法与能力 [M]. 北京：清华大学出版社，2017：128.

[50] 伊丽莎白·切尔. 企业家精神——全球化、创新与发展 [M]. 李裕晓，赵琛徽，译. 北京：中信出版社，2004.

[51] 王旭，朱秀梅. 创业动机、机会开发与资源整合关系实证研究 [J]. 科研管理，2010（9）:57.

[52] 亚当·J. 博克，杰拉德·乔治. 商业模式工具书——创新商业模式的工具、方法及案例演练 [M]. 王重鸣，译. 北京：人民邮电出版社，2020.

[53] 李永发，徐天舒，李东. 商业模式多空间演化轨迹研究 [J]. 东南大学学报（哲学社会科学版），2017，19（2）.

[54] 阿什·莫瑞亚. 精益创业实战 [M]. 张玳，译. 北京：人民邮电出版社，2013.

[55] 亚历山大·奥斯特瓦德，伊夫·皮尼厄. 商业模式新生代 [M]. 王帅，毛心宇，严威，译. 北京：机械工业出版社，2011.

[56] 奥利弗·加斯曼，卡洛琳·弗兰肯伯格，米凯拉·奇克. 商业模式创新设计大全—— 90% 的成功企业都在用的 55 种商业模式 [M]. 聂茸，贾红霞，译. 北京：中国人民大学出版社，2017.

[57] 于晓宇，蒲馨莲，桑大伟. 学会管理失败 [J]. 中欧商业评论，2018（7）.

[58] Read S，Sarasvathy S D. Knowing What to Do and Doing What You Know：Effectuation as a Form of Entrepreneurial Expertise[J]. The Journal of Private Equity，2005（1）:45-62.

[59] Chesbrough H，Rosenbloom R S. The Role of the Business Model in Capturing Value from Innovation：Evidence from Xerox Corporation's Technology Spin-off Companies[J]. Industrial and Corporate Change，2002，11（3）:529-555.

[60] Demil B，Lecocq X . Business Model Evolution：In Search of Dynamic Consistency[J]. Long Range Planning，2011，43（2/3）:227-246.

[61] Teece D J. Business Models，Business Strategy and Innovation[J]. Long Range Planning，2010，43（2/3）:172-194.

[62] Šimberová I，Kita P. New Business Models Based on Multiple Value Creation for the Customer：A Case Study in the Chemical Industry[J]. Sustainability，2020，12（9）:1-17.

[63] Magretta J. Why Business Models Matter[J]. Harvard Business Review，2002，80（5）:86-92.

[64] Zott C，Amit R. Business Model Design and the Performance of Entrepreneurial Firms[J]. Organization Science，2007，18（2）:181-199.